舟山群岛新区自由港研究丛书

丛书主编　罗卫东　余逊达

中国特色自由贸易港发展战略研究

Development Strategy Research of Free Trade Port with Chinese Characteristics

黄先海　陈航宇等◎著

本书受到浙江省哲学社会科学规划课题优势学科重点资助项目
“中国自由贸易区建设与浙江的战略选择”（14YSXK01Z）的资助。

总　序
开启舟山“自由港”筑梦之旅

舟山群岛是中国第一大群岛，拥有 1390 个岛屿和 270 多千米深水岸线，历史上被誉为东海鱼仓和中国渔都。从地缘区位来看，舟山是“东海第一门户”，地处中国东部黄金海岸线与长江黄金水道的交汇处，背靠长三角广阔腹地，面向太平洋万顷碧波，是我国开展对外贸易和交往的重要通道。从自然地理来看，舟山港域辽阔，岸线绵长，航门众多，航道畅通，具有得天独厚的深水港口和深水航道优势，是大型深水港及集装箱码头的理想港址。

舟山独特的地缘区位优势与自然地理优势，使它在 16 世纪上半叶就成为当时东亚最早、最大、最繁华的贸易港，汇聚了葡萄牙、日本等十多个国家的商人，呈现出自由贸易港的雏形。但后来由于倭寇入侵等原因，舟山成为海盗、海商与朝廷对抗的地方。明朝开始实行的“海禁”政策，使舟山的区位优势和地理优势未能转化为支撑舟山经济发展的产业优势。鸦片战争期间，那些来到舟山的侵略者也赞叹它优越的地缘区位和自然禀赋。一名英国海军上校在信中就曾这样写道：“舟山群岛良港众多……如果英国占领舟山群岛中的某个岛屿，不久便会使它成为亚洲最早的贸易基地，也许是世界上最早的商业基地之一……其价值不可估量。”然而，晚清政府孱弱无能，舟山的岛屿价值和港口优势并没有得到应有的重视和开发。因此，在近代中国百年历史中，舟山一直以“渔都”

存在着,无人梦及“自由港”。

新中国成立后特别是改革开放政策实施以来,舟山开始焕发勃勃生机,它的地缘区位优势与自然地理优势也受到广泛关注。随着改革开放的深化,2011 年 6 月 30 日,国务院正式批准设立浙江舟山群岛新区,舟山成为我国继上海浦东、天津滨海和重庆两江之后设立的第四个国家级新区,也是首个以海洋经济为主题的国家级新区,舟山群岛的开发开放上升成为国家战略。2013 年 1 月 17 日,国务院批复了《浙江舟山群岛新区发展规划》,明确了舟山群岛新区的“三大定位”(浙江海洋经济发展先导区、全国海洋综合开发试验区、长江三角洲地区经济发展重要增长极)和“五大目标”(我国大宗商品储运中转加工交易中心、东部地区重要的海上开放门户、重要的现代海洋产业基地、海洋海岛综合保护开发示范区、陆海统筹发展先行区),舟山的国家战略使命更加清晰。而后,随着我国“一带一路”倡议的提出,2014 年 11 月,李克强总理在考察浙江期间指出,舟山应成为 21 世纪海上丝绸之路的战略支点。殷殷期许承载了多少历史的蹉跎、时代的重托。

根据国际经验和中国的发展目标及具体情况,我们认为,实现舟山的战略使命,关键在于利用舟山的地缘区位优势与自然地理优势,把舟山创建成中国内地首个自由贸易港区。这既是舟山对国务院提出的“三大定位”、“五大目标”的深入贯彻,也是舟山“四岛一城一中心”建设目标的突破口和核心环节,更是我国发展海洋经济、创建国际竞争新优势的重大举措。

把舟山创建成中国内地首个自由贸易港区,其技术路线图大致是:从综合保税区到自由贸易园区,再到自由港区。具体而言,第一步,建设综合保税区,让舟山先拥有传统的海关特殊监管区。第二步,选择合适的区域建设舟山自由贸易园区,实行国际通行的自由贸易园区政策,实现贸易自由、投资自由、金融自由和运输自由,使之成为中国内地经济活动自由度最高、最活跃的地区。第三步,争取将舟山全境建设成自由港区,实现贸易和投资自由化,成为能与德国汉堡、荷兰鹿特丹、新加坡、中国香港等相媲美的自由港。

自由港作为国际通行的一国或地区对外开放的最高层次和最高形态，其建设内容是多方面的，比如推动建立完备的自由贸易区法律体系，建立简洁高效的自由贸易区管理体制，逐步放开海关监管、提高海关工作效率，促进金融制度改革等。同时，这些改革举措如何与国家的宏观制度环境相契合，也需要认真考量和应对。这就需要我们从国家战略的角度，先期进行科学的理论研究和顶层设计。基于这样的思路，从2013年开始，浙江大学社会科学研究院设立“浙江大学文科海洋交叉研究专项课题”，组织金融、管理、贸易、法律、生态等相关领域的专家学者，一方面研究借鉴国内外相关经验，一方面深入舟山进行调查研究，多领域、多角度、多层次地提出问题和分析问题，进而为舟山群岛新区“自由港”建设提供理论论证和决策咨询建议。现在，我们将成果结集为“舟山群岛新区自由港研究丛书”，并作为“求是智库”系列丛书之一献给大家，以响应我国“一带一路”倡议和海洋强国战略建设的伟大号召。

是为序。

余逊达

2016年12月8日

前　言

当今世界经济正在发生深刻的大变革、大转型，在经济增长动能、全球发展方式、经济全球化进程大变动的形势下找准方位，把握规律，果敢应对，是中国新一轮改革开放的重要任务。对此，党的十九大报告提出了“赋予自由贸易试验区更大改革自主权，探索建设自由贸易港”，“推动形成全面开放新格局”的发展要求，自由贸易港也成为国内外学者研究的热点之一。

界定自由贸易港的内涵是自由贸易港研究的基础。那么何为自由贸易港？汪洋曾在《人民日报》上撰文，指出“自由贸易港是设在一国（地区）境内关外、货物资金人员进出自由、绝大多数商品免征关税的特定区域，是目前全球开放水平最高的特殊经济功能区”。目前国际上对于自由贸易港并没有一个权威性的界定，自由区（free zone）、自由港（free port）、自由贸易区（free trade zone）、出口加工区（export processing zone）等相关概念均与自由贸易港存在一定联系，从这些自由贸易港相关区域的发展历程来看，不同发展时期其相关内涵也在不断变化，在中国特色社会主义进入新时代的背景下，“探索建设自由贸易港”的实质在于“探索建设中国特色自由贸易港”，这也正是国家主席习近平在博鳌亚洲论坛 2018 年年会开幕式上的主旨演讲中所指出的。

把握自由贸易港建设中的“中国特色”是自由贸易港研究的核心。而其中的“中国特色”又与新时代中国特色社会主义下的全面开放新格局密不可分。虽然自加入世界贸易组织(WTO)以来,中国开放型经济水平提升显著,但在贸易开放、投资开放、劳动力市场开放和金融开放上仍存在不少限制。在贸易开放上,当前中国所执行的贸易规则虽然比WTO框架下的标准有了较大进步,但与国际高标准贸易规则仍存在较大差距,关税和非关税的削减度均不如国际高标准贸易规则;在投资开放上,自由贸易试验区已在探索建立负面清单管理模式上提供了大量可复制、可推广的经验,但在市场准入、国民待遇以及营商环境等投资便利化方面与国际前沿标准仍存在一定差距;在劳动力市场开放上,近年来中国人力资本国际流动情况并没有显著变化,人力资本国际流动性较低,并且在人力资本国际流动管理上有着相关制度设计存在缺陷、申请审批程序烦琐、市场对资源的配置效应受限、各地方政府无序竞争、配套服务水平较低等问题;在金融开放上,对比发达国家而言,中国在金融开放度方面仍存在较大差距,自由贸易试验区虽然在金融开放上进行了相关试验,但仍在市场准入、从事业务等领域有着严格的限制,从而制约了人民币国际化进程。基于以上开放型经济发展过程中所存在的问题,本书认为自由贸易港建设中的"中国特色"主要在于以下四大开放,即以引领国际高标准贸易规则为核心的贸易开放、以优化负面清单管理模式为核心的投资开放、以提升资源配置效率为核心的劳动力市场开放、以推进人民币国际化为核心的金融开放,这也是本书的重点内容之一。

本书沿着"内涵界定——战略背景——战略意义——经验借鉴——模式选择——战略重点——政策仿真"的逻辑思路展开,兼顾了理论价值和实践意义。在理论研究上,本书运用新贸易理论以及区域经济一体化理论,阐述了自由贸易港模式选择的内在机理,模拟了自由贸易港建设的具体效应,为中国特色自由贸易港建设提供了理论支撑;在实践意义上,本书对自由贸易港的相关概念进行了梳理,归纳总结了国际自由贸易港建设中的经验,并为自由贸易港的贸易开放、投资开放、劳动力市场开放、金融开放提供了相关战略举措。

本书共十章。第一章为自由贸易港的内涵特征,对自由贸易港的基本概念、发展历史、开放特征和主要类型等进行了提炼总结;第二章为中国特色自由贸易港建设的战略背景,主要从世界经济面临深刻转型、中国改革开放进入深水区、自由贸易试验区改革面临挑战、自由贸易港建设条件日趋成熟四个方面展开；第三章为中国特色自由贸易港建设的战略意义，主要从推动形成全面开放新格局、助力“一带一路”建设、服务全面深化改革三个角度出发；第四章为自由贸易港的发展状况与经验借鉴，对中国香港、新加坡、阿联酋迪拜、荷兰鹿特丹四大国际主要自由贸易港的发展现状、发展趋势和经验借鉴进行归纳总结；第五章为中国特色自由贸易港的模式选择，首先对全球自由贸易港的典型模式进行归纳总结，随后阐述自由贸易港模式选择的内在机理，并对中国特色自由贸易港的最优模式进行了分析；第六章为以引领国际高标准贸易规则为核心的贸易开放，在研判国际贸易规则的发展趋势和把握中国现行贸易规则的基础上，运用 GTAP（Global Trade Analysis Project，全球贸易分析）模型分析中国实施高标准贸易规则的经济效应，并提出促进自由贸易港贸易开放的战略举措；第七章为以优化负面清单管理模式为核心的投资开放，通过对负面清单管理模式以及相关配套制度的分析，提出促进自由贸易港投资开放的战略举措；第八章为以提升资源配置效率为核心的劳动力市场开放，通过对中国劳动力市场开放的现状以及人力资本流动自由化的作用机制和影响的分析，提出促进自由贸易港劳动力市场开放的战略举措；第九章为以推进人民币国际化为核心的金融开放，通过对金融开放的国际背景、国际经验以及自由贸易试验区下的金融开放的分析，提出促进自由贸易港金融开放的战略举措；第十章是自由贸易港建设的政策仿真模拟，以贸易成本内生化的“中心-外围”模型为基础，对自由贸易港建设的影响进行分析，并为自由贸易港建设提出相关政策建议。

本书是集体合作的研究成果，先由我提出总体思路、框架结构、写作提纲，再由多人分工执笔，参加各章节初稿撰写的有陈航宇、范皓然、何秉卓、刘堃、邵婧儿、王毅、吴亚慧、吴屹帆、张胜利。各章节初稿完成后，由我和陈航宇博士进行了系统的修改和统稿。本书的写作得到了浙江大学、中国（浙江）自由贸易试验区研究院、中国（浙江）自由贸易试验区管委会的大力支持。因时间与水平所限，全书的部分内容及某些观点难免存在值得进一步商榷之处，敬请读者不吝赐教。

黄先海

2018 年 4 月 15 日于浙大玉泉

目　录

第一章
自由贸易港的内涵特征

2017年10月，习近平总书记在党的十九大报告中明确提出，“赋予自由贸易试验区更大改革自主权，探索建设自由贸易港”。这无疑是中国当前众多深化对外开放举措中最令人瞩目的新步伐，更加全面地开启了中国新时代对外开放的新目标和新任务。深刻理解自由贸易港的基本内涵是建设国际高标准的自由贸易港的必经之路。放眼全球，遍布世界各个角落的自由贸易港和自由贸易区（包括出口加工区、免税仓库区、科学工业园区、经济技术开发区等各种称谓的自由经济区域）在其悠久漫长的历史进程中展现了不可替代的作用，为一国的经济发展水平的提高奠定了不可磨灭的基石，也为世界贸易的发展积累了丰富的经验。

一、自由贸易港的基本概念

截至目前，自由贸易港（简称“自贸港”）是全球开放水平最高的特殊经济功能特区，较传统经济特区来说有着更多的优势。探索建设自由贸易港，是在自由贸易试验区发展模式基础上的一个重大飞跃，中国未来将不断地推动自由贸易试验区的升级与改革。

自由贸易港是一种不断创新的区域开发开放机制，是一种促进贸易的特殊工具与联系国际经济的特殊形式。热那亚（意大利城市）于1547

年建成了世界上的第一个自由贸易港(雷格亨自由贸易港),之后这种开放形式在世界范围内获得了蓬勃的发展,目前全球已有超过100个国家和地区设立了1200多个各类形式的自由贸易港(区)。而国际贸易自由化、市场经济全球化以及新兴经济体的崛起所带来的产业不断升级,使自由贸易港在功能拓展、产业结构调整中,随着经济环境的变化形成了新的发展模式。

(一)自由贸易港的定义

汪洋于2017年11月在《人民日报》撰文指出,"自由贸易港是设在一国(地区)境内关外、货物资金人员进出自由、绝大多数商品免征关税的特定区域,是目前全球开放水平最高的特殊经济功能区"。

自由贸易港是设在一个国家或地区的境内关外、货物资金人员进出自由且绝大多数商品可以免征关税的特定区域,且一般为港口(空港)城市,是目前全球开放水平最高的特殊经济功能区(施琍娅,2017)。自由贸易港在扩大对外贸易、增加财政收入、创造就业机会和繁荣经济方面有重要意义(谷源洋,1987)。"自由"的意义为该港口或口岸不受任何国家的海关所管辖,全部或者大部分进出口货物可以豁免关税或仅缴纳少量关税而通行,并可以在港内进行装卸、储存、再改装或分装、装配、加工或转运他国而不受海关限制。但该"自由"的前提条件是外国船舶进出自由贸易港时必须遵守港口领土所属主权国家有关环保、卫生、治安及移民等的政策和法律法规(洪山,1996;沈世顺,1984)。"境内关外"的意义即为在主权国家境内,海关辟出一个专门的区域,进出该区域的货物就相当于进口与出口。区域内可以豁免关税、增值税等,流通的货物可以减免流通税。如此一来,该区域内的企业不出国门便可享受相关的优惠政策,通关速度和便利度都有相当大的提高,有利于两头在外、大进大出的加工贸易的发展。而自由贸易港的地理位置就在这片区域内,因此有着极大的优越性。

概括来说,自由贸易港是国际上对可以进行贸易、投资、金融等活动的自由港口城市的通俗称谓,指一个国家或地区的港口(空港)城市,被置于境内关外的特别区域,允许外国船只(飞机)、境外货物、资金与人员自由进出，全部或者绝大部分进出自贸港的货物可以豁免关税，并且港内货物的装卸、改装、分装、储存、装配、加工或转运至其他地区均不会受到自贸港所在国(地区)海关控制的一种经济特区的存在形式。

世界上绝大多数自由贸易港分布于沿海地带，但也有位于内陆地区的自由贸易港，例如内陆国瑞士拥有20个散落在国内不同区域的自由贸易港。绝大部分的沿海自由贸易港将其地理位置的优越性以及港口和运输设备、装卸设备的先进性发挥到极致，从而可以免除进出口货物的关税和相应的海关监管，同时还可开展各色各样的货物储存、分拣和设备升级改装等业务。自由贸易港一方面吸引外国船只从而扩大转口贸易业务，达到商品集散的作用，另一方面通过吸收外汇发展经济金融行业(图1.1)。

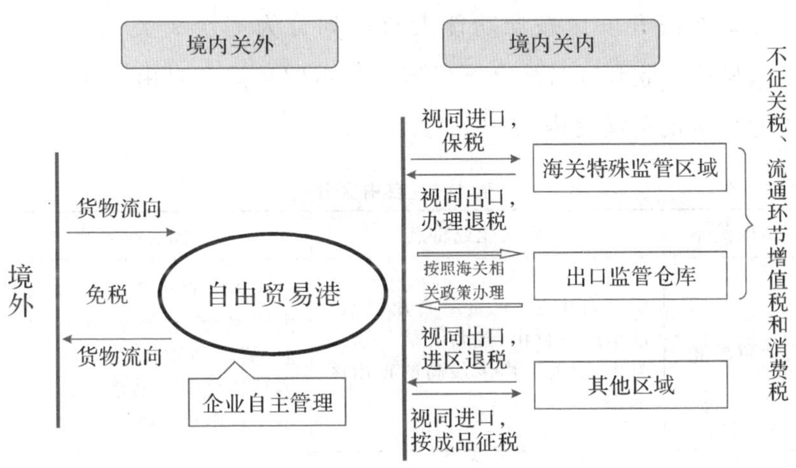

图1.1　自由贸易港

在亚太地区，新加坡自由贸易港与中国的香港自由贸易港是自由贸易港政策最为完备的两大自由贸易港，两者凭借位于海洋货运枢纽地带的不可多得的区位优势，充分利用自身资源，制定开放政策，吸引了大量集装箱货船前往中转，从而一举成为世界集装箱中转量名列前茅的两大港口。在欧盟地区，法国马赛港、荷兰鹿特丹港、德国汉堡港和不来梅港是最具代表性的自由贸易港，有着悠久的历史。在中东地区，阿联酋迪拜自由贸易港是世界上最大的自由贸易港，地处亚非欧三大洲的交汇点，是波斯湾地区著名的国际商业中心，也是国际集装箱枢纽港。

（二）与自由贸易港相关的其他概念

关于自由贸易港的概念，迄今为止并没有出现一个公认的权威性表述，因此不同的国家和地区可能会使用不同的称谓和术语表达“自由贸易港”这一相同的概念。与此同时，随着航海贸易时代的发展和变革，世界各地出现了与自由贸易港在属性上类似但于功能上略有差异的新型自由区。层出不穷的新概念不免带来使用上的困扰，因此我们必须厘清自由贸易港及其相关概念，建立一个清晰的概念体系，并且明确自由贸易港在该体系中的内核。

1. 自由区

全球经济开发区按照功能大致可划分为三个大类：自由区（free zone）、科技产业园区与综合开发区。自由贸易港和自由贸易区等均包括在自由区的范畴之内（表 1.1）。

表 1.1 自由区分类

自由区类型	主要功能或特点	代表性区域
自由贸易港	资金自由进出，贸易自由开放，航运通行自由，经营人员与雇工自由；目前自由度最高的自由区形态	中国香港自由贸易港、新加坡自由贸易港、德国汉堡自由贸易港、英国利物浦自由贸易港、法国马赛自由贸易港、瑞典斯德哥尔摩自由贸易港
自由贸易区	集进出口贸易、加工制造业、商品展销和多种金融服务于一体的多功能自由区	德国基尔自由贸易区、荷兰威廉斯塔德自由贸易区、奥地利格拉兹自由贸易区、中国上海自由贸易区
保税区（保税仓库）	货品集散中心、保税仓储、出口加工、转口贸易	荷兰阿姆斯特丹保税仓库、瑞士苏黎世保税区、阿根廷布宜诺斯艾利斯保税区、中国上海外高桥保税区

续表

自由区类型	主要功能或特点	代表性区域
出口加工区	制造、加工、装配出口货物，仓储	爱尔兰香农出口加工区，印度坎德拉出口加工区，中国台湾高雄出口加工区、深圳出口加工区
边境自由区	进出口贸易、加工制造、转口贸易	墨西哥马奎拉多拉边境工业区、中国广西边境自由区
对外贸易区	与自由贸易区的功能大致相同，区别是对外贸易区不含零售功能	美国纽约 1 号对外贸易区、新奥尔良 2 号对外贸易区、迈阿密 32 号对外贸易区等对外贸易区
保税港区	仓储物流、国际贸易、中转贸易、商品展销、加工制造等，区内交易不征收增值税和消费税	中国上海洋山港保税港区、天津东疆保税港区、浙江宁波梅山保税港区
自由经济区	综合型区域	俄罗斯纳霍德卡自由经济区、韩国济州特别自治道
自由金融区	各种货币可以自由兑换与储存	美国纽约、英国伦敦、德国法兰克福、法国巴黎等
自由保险区	大型工程保险、特殊保险等	美国纽约、英国伦敦

自由区是一种区域性的开发和开放机制，目前普遍认为对“自由区”最权威的定义来自 1973 年的《京都公约》。《京都公约》是首个将自由区纳入其中的国际规范，明确规定了自由区的设置与关闭，区域内商品货物准入、监管、所有权、移动和税费缴纳等具体的事项。该公约内的条款是各个国家(地区)制定与执行自由区管控政策的重要参考。根据《京都公约》对自由区的定义：“自由区指一国的部分领土，在这部分领土内运入的任何货物，就进口税及其他各税而言，被认为在关境以外，并免于实施惯常的海关监管制度。”(海关总署，2003)自由区分为商业区和工业区，一般设立于海港、内河港、航空港或具相同地理优势的区位，遵守一国(地区)内的法律规定，由海关当局、其他当局、自然人或法人经营管理。

从上述定义可见，一国(地区)开辟自由区的目的在于为进入该区域的货物免除进口各税和其他相关课税，从而发展其对外贸易。该特定区域具有“境内关外”的属性，虽空间位置设于关卡之外但管辖权属于领土主权国家，故其各项事宜无须与其他经济体磋商谈判，可单方面提供贸易便利和优惠措施。

自由区具备多种功能。一是仓储，自由区内进出口货物不征收关税且免于海关监管使其通关便捷，同时不受进口配额限制，又因区域内仓储费用低廉，吸引进出口货物存放。二是转运，该功能与仓储功能互相配合，即货物在区内存放、分装、整理或加改标签后转运可免除相关通关转运手续所带来的不便，从而加快货物运输，减少存放时间，加速资金的运转。三是加工，区内企业进口加工贸易所需的机器设备、原材料、中间品、零件等免除所得税和关税，给予企业更大的利润空间和货物、资金的自由，有利于吸引加工制造业企业入驻。四是金融中心，自由区内的外汇管理制度相对国内一般地区更为宽松，自由区有着独立的金融和外汇体系而不受银行的多种限制，这使得资本能够自由地进出流动，从而吸引国（地区）内外大型金融机构从事国际金融活动，有利于东道国（地区）的金融市场接轨国际，打造国际金融中心。

基于“境内关外”的特殊属性，自由区包含了现今绝大多数的特殊贸易区域，在功能和区位的选择上呈现了不同的特点。

2. 自由港

追溯历史进程，自由港（free port）的出现要比自由区更早。换句话说，自由区最早是以自由港的形式出现的，后来随着世界贸易和航海业的变革逐渐发展为其他形态。因此无论从概念还是从实体上来说，自由港产生的历史时期要远远早于出现在法律图书中被概念、抽象化的自由区。

自由港最初可追溯至古代的腓尼基时期，主要指分布在地中海附近的船舶等交通工具可以自由航行的港口。事实上，这种来自东道国（地区）准予自由航行的自由港通常只是一个可供自由通行的码头，只有在码头的范围内，国（地区）内外商品货物可以自由流通，而港口的其他区域是不允许这样做的。早期出现的自由港是真正意义上的以港口作为基地的口岸，多为海港或内河港，通常是国际贸易水路运输的重要通道与节点，具有得天独厚的区位条件，主要发展转口贸易和转运业务，有着商品集散中心的作用。但是随着航空运输业的日益强大，空港自由港逐渐成为新兴之秀。世界上涌现出了众多著名的自由航空港，例如荷兰的斯希普霍尔。

自由港区指的就是位于上述海港或空港内的一个封闭的自由港，一般来说是港口或设区的城市内的一个部分。另外，自由港市的概念不同于自由港区，指的是整个港口甚至整个城市都被包含在自由港之内。自由港市通常是主权国家设立的具有某种战略意义的以水路运输业为主导产业的港口城市，如中国香港就是典型的整个城市都是自由港的城市。由此可见，自由港的概念可以从某个港口内的特殊区域扩展至整个港口城市(图 1.2)。

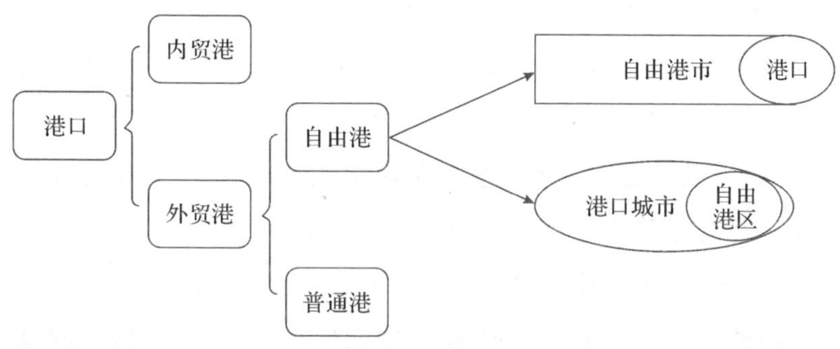

图 1.2　港口与自由港的分类

自由港是历史上最早出现的自由区的形式，是当今自由贸易港的前身。但出现于欧洲的自由港仅是东道国(地区)给予开放的港口(空港)，区域内，外国的船只和飞机等交通工具可以自由通行，国(地区)内外商品准予自由流通，并不具备如今的自由贸易港的加工制造、金融投资、商品展销等功能。

3. 自由贸易区

自由贸易区(free trade zone)一词涉及两个实质含义相去甚远的概念：广义的自由贸易区(free trade area，简称 FTA)和狭义的自由贸易区

(free trade zone,简称 FTZ)。

广义的自由贸易区是在世界贸易组织(WTO)制定的《关税与贸易总协定》框架下的特殊区域概念,是基于经济主权让渡的区域制度安排,指签订该协定的成员之间相互就贸易自由化取消关税和数量限制以及其他限制性贸易法规(曹建明,1994)。通过缔结条约,取消或减少成员之间的贸易壁垒,给予关税退让或非关税优惠,目的在于使得成员的商品、服务和资本可以在区域内自由流动而不受限制,即具有"互惠性"特征。自由贸易区内的自由贸易分为商品的完全自由贸易与商品的部分自由贸易。如北美自由贸易区(NAFTA)和美洲自由贸易区(FTAA)对所有商品实行自由贸易,而欧盟(EU)只对工业品实行自由贸易。除此之外,协议的各成员依然可以对协议非成员采取关税与非关税壁垒的贸易限制政策,使其保持对外贸易经济政策的独立性,即具有"排他性"特征。

相对应的狭义自由贸易区不涉及双边或多边贸易协定,亦不在 WTO 的最惠国待遇贸易规则范畴之内。世界海关组织(WCO)在《关于简化和协调海关业务制度的国际公约》中提出了有关狭义自由贸易区的相关概念:指一国(地区)在领土之内划定一个区域,任何货物进入该特定区域内,可以享受进口关税及其他海关优惠政策,即被视为关境之外而免受通常的海关监管(海关总署,2003)。该概念赋予了狭义自由贸易区以"境内关外"的含义,因此,该种区域更为明确的名称应为"自由贸易园区",以此将其与广义自由贸易区加以区分。自由贸易园区的核心特点是单一国家或地区的政策行为,自由贸易园区有着"境内关外"的属性,且对区内货物实行免税或保税政策。

通过上述概念描述可见,自由贸易区与自由贸易港的定义相去甚远(表 1.2),而自由贸易园区与自由贸易港的确有异曲同工之处,"境内关外"的开放特征是两者最大的相似之处,即自由贸易园区和自由贸易港均允许进入该区域内的货物享受进口关税及其他海关优惠政策。但自由贸易园区却不具备自由贸易港所拥有的物流枢纽、自由加工制造、拆装等功能。

表 1.2　自由贸易区与自由贸易园区的对比

自由区类型	异						同
	核心内容	设置主体	地理范围	规则来源	法律依据	主要特征	
自由贸易区（FTA）	区内成员国彼此降低甚至取消各类贸易限制，同时保留各自对外贸易政策独立性	两个及两个以上主权国家或地区	两个及两个以上关税地区	世界贸易组织（WTO）	成员国共同缔结的双边协议或多边协议	互惠性、排他性	降低贸易成本，减少贸易摩擦，扩大对外贸易开放度，促进国际商务和国际贸易发展，获得更高的福利水平
自由贸易园区（FTZ）	一国或地区划出特定区域，对区内货物实施保税或免税等优惠	单个主权国家或地区	单个关税地区内的一个部分	世界海关组织（WCO）	所在国或地区内的法律法规	境内关外	

4. 出口加工区/加工出口区

出口加工区与加工出口区属于同一概念（export processing zone），是自由贸易园区在功能上的减少与弱化。出口加工区是经济特区的一种形式，指一国或地区划定一块靠近港口、机场等交通便利区位的特殊封闭区域，接受海关监管但享受“境内关外”的海关优惠政策，用于专门加工、制造、装配出口的商品。任何进入该特殊区域的进口货物仅能用在加工制造或转配后的再次出口，或留存在该区域内自由流通，而不必缴纳关税或享受相关海关优惠政策。当该区域内制造、加工、装配后的商品进入国内市场销售时，必须补缴原进口关税。

出口加工区已有约 60 年历史。世界上第一个出口加工区的雏形是 1959 年的爱尔兰香农区，由香农国际机场的一家免税店发展而来。真正意义上的出口加工区诞生于 1965 年的中国台湾，高雄出口加工区的出现意味着台湾的工业化进程转向了出口导向型。在此之后，世界各国（地区）纷纷设立出口加工区以吸引外资和扩大出口。改革开放后，中国大陆的沿海地区开始兴建出口加工区。目前已有 38 个出口加工区得到国务院批准，其中 70%已正常运转的出口加工区设在东部沿海地区，中部和西部的出口加工区各占 15%，出口加工区在全国范围内达到合理的布局。

可以说出口加工区的功能是自由贸易港所具有的功能的一小部分，两者均享有“境内关外”的海关优惠政策，可以加工、制造、装配、出口商品，但显然，自由贸易港的转口贸易和金融投资等功能是出口加工区所欠缺的(图 1.3)。

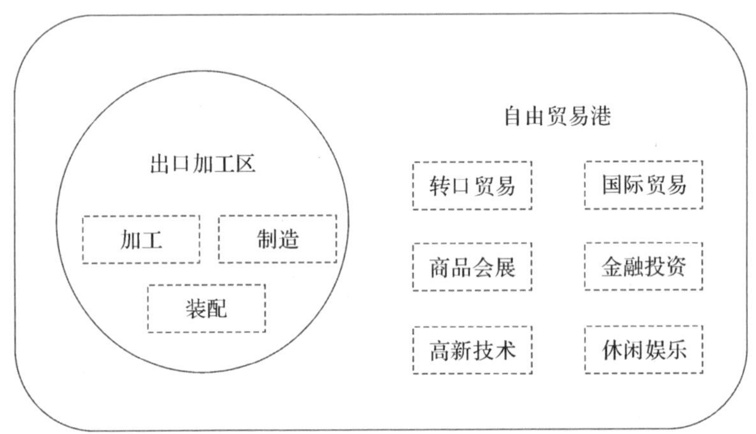

图 1.3　出口加工区与自由贸易港的功能对比

按照出口加工区的发展阶段进行划分，劳动密集型出口加工区、技术密集型出口加工区和高科技出口加工区是三种主要形式(表 1.3)。

表 1.3　出口加工区的低、中、高级形式

发展阶段	主导产业	特点
低级阶段	劳动密集型产业，如纺织、服装行业等	行业内项目周期短，投入少，运转快，技术壁垒低，原材料及产品易获得，劳动力素质要求不高，附加值低
中级阶段	技术密集型产业，如电子、机电、石化等	技术要求较高，设备先进，投入高，产品有较强的竞争力，不易受到世界经济波动的影响
高级阶段	技术密集型产业与高端教育产业	深度结合产、学、研(生产高精尖产品的同时培养世界一流人才)，拥有合理的产业结构和很高的技术壁垒，资金需求大，有很强的竞争力

从区位来看，出口加工区主要有四种类型：第一种出口加工区设立在自由港市(区)或自由贸易园区内，通常是制造业集聚区；第二种出口加工区设立在港口附近，利用港口的交通便利优势；第三种出口加工区设立在海港或空港内部，一般规模较小但货物的附加值较高；第四种出口加工区设立在边境地区，虽然海运不便但陆路发达，有利于向邻国出口(图1.4)。

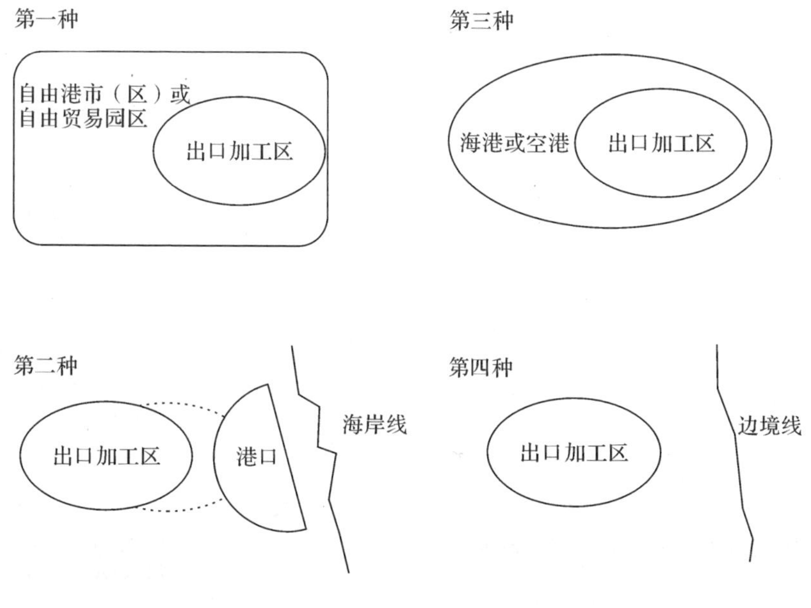

图1.4　出口加工区的四种区位形态

5.海关特殊监管区域

海关特殊监管区域(special customs supervision area)这一称谓的一般理解是：一国或地区的政府在该国或地区的领土内划定一块专门的区域，对区域内往来的商品、货物采取不同于该国或地区内部其他区域的税收政策、贸易政策和海关监管条令的特殊管制政策和海关税收优惠，以达到吸引外资或扩大对外贸易的目的。中国的海关特殊监管区域特指经国务院批准，设立在中华人民共和国境内，承担着国际产业转移、联通国内外市场的特殊职责，享受海关税收优惠和贸易便利的由中国海关实施封闭监管的具有特定经济功能的区域。

自1990年设立第一个保税区以来，为满足不同经济时期的发展需求，中国在借鉴其他国家和地区的海关特殊监管区域的基础上，建立了不同类型的具有中国特色的海关特殊监管区域，主要有六种模式，分别为保税区(bonded area)、出口加工区(export processing zone)、保税物流园区(bonded logistic park)、跨境工业园区(cross boarder industrial zone)、保税港区(bonded port area)和综合保税区(comprehensive bonded area)，其中跨境工业园区包括珠海跨境工业园区和霍尔果斯边境合作区。保税区是中国海关特殊监管区域中发展历史最悠久的一种模式，而保税港区和综合保税区是这六大类模式中开放度最高、功能最齐全的一种海关特殊监管区域。

自由贸易港是一种新时代背景下的新形式的海关特殊监管区域，是经一国或地区的政府所批准的在其领土之内的海关管辖范围之外的特殊区域，集上述六大海关特殊监管区域的功能于一体，并发展金融投资、高新技术等功能，成为国家或地区的对外门户(表 1.4)。

表 1.4　中国海关特殊监管区域的模式

海关特殊监管区域的模式	概念	主要功能
保税区	经国务院批准设立的可以供商品在较长时间内储存的由海关监管的特殊区域，又被称为保税仓库区	具有保税仓储、出口加工和转口贸易三大功能，兼具改装、分类、混合、制造、展览等功能
出口加工区	经国务院批准设立的用于专门加工、制造、装配出口的商品并享受税收优惠等政策待遇的特殊经济区域	主要用于出口或转口商品的加工、制造和装配等业务，同时发展机械维修、检测、研发等业务
保税物流园区	经国务院批准设立的在保税区内划出一定面积或紧邻保税区的特定港区内用以专门发展现代物流的特殊区域	进出口货物的储存、简单加工及其他增值服务，转口贸易，国际采购及分销，商品展览等
跨境工业园区	(以珠澳跨境工业区为例)位于中国珠海与澳门青洲之间的工业区，是“一国两制”的体现	粤澳合作试验区、工业化示范区、现代物流、展览、销售等
保税港区	经国务院批准设立在中国对外开放的港区和与其相连的特殊区域内的具有一系列特定功能的海关监管区域	主要具有口岸、物流和加工三大功能，具体有仓储物流、国际采购分销和配送、转口贸易、售后检测维修服务等业务

续表

海关特殊监管区域的模式	概念	主要功能
综合保税区	经国务院批准设立在中国内陆地区的集保税区、出口加工区等于一体的海关监管区域	具有与保税港区一致的功能，大力发展国际中转、分销、中转贸易和加工出口等业务

二、中国特色自由贸易港的内涵

中国虽然自加入WTO以来，开放型经济水平提升显著，但在贸易开放、投资开放、劳动力市场开放和金融开放上仍存在不少限制，而突破这些限制、进一步扩大开放的核心就在于建设中国特色自由贸易港。因此，国家主席习近平在博鳌亚洲论坛2018年年会开幕式上的主旨演讲中也提到，“探索建设中国特色自由贸易港”，这为中国自由贸易港建设指明了方向。中国特色自由贸易港是中国特色社会主义新时代下改革开放的窗口，是全面深化改革和全面开放新格局的重要样本，也是“中国开放的大门不会关闭，只会越开越大”的重要体现。那么何为“中国特色自由贸易港”？本书认为中国特色自由贸易港的主要内涵体现在以下五个方面。

一是要通过对标国际高标准规则来推动形成全面开放新格局。中国特色自由贸易港要在风险可控的前提下，促进货物、资金、人员等要素自由流动，要探索与国际接轨的高水平的贸易、投资、金融自由化便利化政策，要以先行先试国际高标准贸易投资规则为目标，进行风险压力测试，增强中国参与全球治理新模式建设的地位和话语权，打造开放层次更高的开放新高地。要形成“法治化、国际化、便利化的营商环境和公平开放统一高效的市场环境”，打造营商环境更优的开放新高地。

二是要通过打造陆海内外联动、东西双向互济的战略枢纽来服务于“一带一路”建设。中国特色自由贸易港不仅要与“一带一路”中的政策沟通、设施联通、贸易畅通、资金融通、民心相通相互呼应，还要以加快与“一带一路”沿线区域货物、资金、人才等要素自由流动为目的，引导“多国多港”的开放式港口合作网络，形成陆海内外联动、东西双向互济的开放格局，打造辐射作用更强的开放新高地。

三是要通过促进供给侧结构性改革来解决中国特色社会主义新时代的主要矛盾。中国特色自由贸易港建设必须以解决人民日益增长的美好生活需要和不平衡不充分的发展之间的矛盾为目的，因此习近平总书记在庆祝海南建省办经济特区30周年大会上的讲话中提到，“不能以转口贸易和加工制造为重点，而要以发展旅游业、现代服务业、高新技术产业为主导，更加注重通过人的全面发展充分激发发展活力和创造力。在内外贸、投融资、财政税务、金融创新、入出境等方面，探索更加灵活的政策体系、监管模式、管理体制，加强风险防控体系建设，打造开放层次更高、营商环境更优、辐射作用更强的开放新高地”。

四是要通过体现中国特色社会主义新时代的制度特色来推进“一国两制”实践。当前中国最为典型的自由贸易港便是香港和澳门，但其政治制度目前均为资本主义制度，在回归时也仅仅只是提到现有社会制度50年保持不变，中国特色自由贸易港建设则必须回答30年后香港和澳门自由贸易港将何去何从的问题。并且中国特色自由贸易港要“符合当地发展定位”，自贸港建设模式要因地制宜而非千篇一律。

五是要通过建立风险防范机制来减少自贸港建设对国内经济体制的冲击。这种冲击包括：第一，要素自由流动所带来的风险，自由贸易港建设过程中要利用智能化、信息化的手段对进出自贸港的货物、资金、人员进行精准管控，实现全港覆盖；第二，产业选择风险，要守住产业发展底线，坚决抵制黄赌毒相关产业；第三，系统性风险，要求自贸港建设要循序渐进，并且建立健全重大风险防控和应急响应机制。

三、自由贸易港的发展历史

自由贸易港是一种具有悠久历史的国际经济贸易联系形式、区域开发开放机制和一国（地区）的特别贸易促进工具，也是当今遍布世界角落的多种形式的自由区的最初形态。自由贸易港的最原始的形态可以沿着历史长河追溯至1547年欧洲的古老时代，彼时的意大利热那亚湾成立了世界上第一个自由贸易港——雷格亨(Leghoyh)自由贸易港,在这之后自由贸易港这种开放形式的特殊经济贸易区域在世界范围内得到了广泛的借鉴和蓬勃的发展。目前全球已有超过100个国家和地区设立了1200多个各类形式的自由贸易港(区)。

自由贸易港的更新换代是时代变革、各国贸易联系加强、国际运输业不断发展的产物,其发展经历了一个相当长的过程,形成了具有时代性质和地缘性质的发展规律,值得思考和借鉴。自由贸易港的发展历史可以归纳总结为三个阶段,分别是初创时期、拓展时期和完善时期(图1.5)。

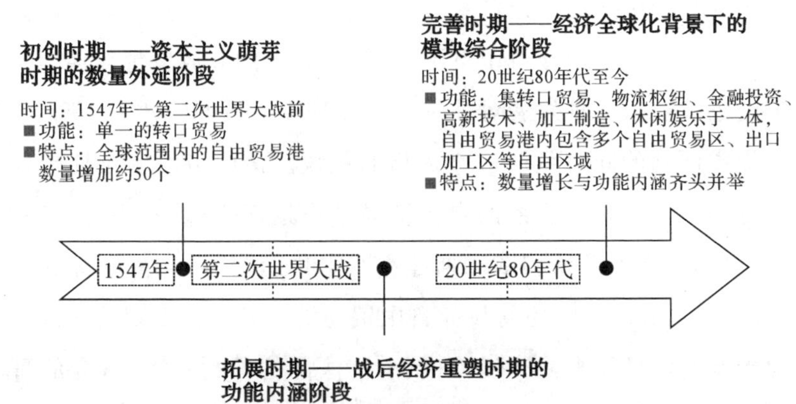

图1.5 自由贸易港的发展阶段

(一)初创时期——资本主义萌芽时期的数量外延阶段

自由贸易港的初创时期指的是自1547年世界上第一个自由贸易港——雷格亨自由港诞生至第二次世界大战之前的一段历史时期,该时期的自由贸易港的功能仅是单一的转口贸易,但是在数量上却有了实质性的增加。

学者认为自由贸易港的雏形最早可以追溯至古代的腓尼基时代(沈世顺,1984)。但第一个成形的自由贸易港出现于1547年。据统计,自世界上第一个自由贸易港在意大利产生后，截至第二次世界大战结束前夕，世界上陆续诞生了约50个自由贸易港，其中大部分出现在18世纪和19世纪(洪山，1996)。

在这一阶段，全球自由贸易港的数量围绕着两条主线有了显著的增长。第一条线是欧洲国家为扩大对外贸易和发展转口贸易而在国内港口开辟自由贸易港。作为世界上第一个自由贸易港，意大利雷格亨自由港的产生具有其特殊的历史背景。雷格亨自由港所属的意大利西北部城市里窝那(Lirono)地处连接远东、近东和欧洲的热那亚湾，热那亚湾是三个地区之间贸易往来的交通枢纽，商品经济发达，新兴商业城市众多。里窝那是地中海沿岸经济繁荣且封建统治薄弱的地区，该地的商人和资产者从封建主手中夺得了自治权，新兴商人的开放思想促使他们在里窝那的港口实行一种发展对外贸易和促进商品流通的政策，即在为往来船只提供便利的同时免征进口货物的关税。该政策的实行使旨在各国各地区加强经济贸易联系的自由贸易港应运而生(陈永山等，1988)。随后，意大利又在不勒斯和威尼斯建立了自由贸易港，接着欧洲其他资本主义国家也相继效法，纷纷设立自由贸易港或开辟自由贸易区以加强与其他国家的贸易往来，发展转口贸易。法国的敦刻尔克、丹麦的哥本哈根、葡萄牙的波尔多、德国的汉堡和不来梅……这些商业发达、贸易规模较大的港口城市先后被辟为自由贸易港，设立自由贸易港作为一种国际经贸联系的政策工具为处于上升阶段的资本主义国家所运用(李金珊、胡凤乔，2014)。

这些较早历史时期的自由贸易港仅局限于利用港口优越的地理位置条件进行转口贸易从而获得商业利益，是最低级的仅有单一功能的自由贸易港形式，其作用仅是打破封建成规、促进地区商品经济发展和扩大对外贸易，因此是一种基于当时客观经济和社会文化的贸易发展的必然结果和行之有效的形式。自由贸易港在欧洲经济发达的国家和地区纷纷设立，说明了在资本主义积累和上升的时期，自由贸易港作为一种政策形势确实为这些国家发挥了贸易渠道和商品集散地的重要作用，为加速当地的经济发展发挥了历史性的进步作用。

另一条线是欧洲列强为瓜分世界市场实现经济对外扩张而在其殖民地和半殖民地开辟自由贸易港。18世纪60年代，第一次工业革命的爆发为资产阶级的经济扩张奠定了技术基础。资本主义具有无限扩张的属性，一方面为满足大机器工业生产，需要取得足够的原材料和中间进口品，另一方面，资本主义商品生产数量的急剧增长对扩大海外市场的需求愈来愈烈。因而以英国为首的欧洲资本主义贸易强国开始沿着地理大发现开辟的通向亚洲、非洲和拉丁美洲的航线，使用暴力手段在已经征服了的殖民地和半殖民地的良好港口设立自由贸易港。据联合国工业发展组织调查，1704年英国占领了位于地中海沿岸的直布罗陀并将其开辟为自由贸易港，这是史料记载中最早被开辟为自由贸易港的殖民地。接着，在18世纪和19世纪，资本主义从自由竞争演化到了最高阶段的垄断资本主义时代，以商品输出为主的格局被以资本输出为主的格局所取代，争夺殖民地的主权和市场成为帝国主义赖以生存和发展的重要手段。自此，自由贸易港在新征服的殖民地和附属国被相继开辟，走出了地中海，向非洲、远东、近东、加勒比海甚至东南亚一带推进。新加坡在被英国占领后，于1819年被开辟为自由贸易港并在1824年的《英荷条约》之后与马来西亚的槟榔屿、马六甲一道归为英国管辖，合称为海峡殖民地，随后槟榔屿和马六甲也被辟为自由贸易港。紧接着1841年英国占领中国香港并对其实施殖民式统治后将其设立为英国在远东地区最为重要的一个自由贸易港。同年，中国澳门被葡萄牙辟为自由贸易港。

围绕着第二条线所产生的自由贸易港是帝国主义侵占海外市场的结果，是带有暴力烙印的数量外延概念。这些自由贸易港都是被迫开辟的，纯粹服务于帝国主义的私利，扩大了资本主义的商品输出和资本输入，而不以东道国(地区)的经济贸易发展为宗旨。

此时美洲大陆受到欧洲大陆的影响建立了一种别样类型的自由贸易港，即已经发展为自由贸易区的特殊经济贸易区域(邹俊善，1992)。乌拉圭在1923年建立了科洛尼亚自由贸易区，与此同时墨西哥建立了墨西卡利自由贸易区。为打破高关税壁垒和繁杂海关手续对发展对外贸易的阻碍，改变贸易地位逐渐下降的局面，美国国会于1934年通过了“对外贸易区法案”，规定了对外贸易区的行政管理机构、区内企业从事业务、相关立法和海关职责。美国于1936年设立了第一个自由贸易区——位于纽约布鲁克林的“纽约1号”，其在性质上类似欧洲的自由贸易港，但被以“对外贸易区”(foreign-trade zone)冠名。这类自由贸易区主要从事转口贸易，因此又被称为“美国型自由贸易港”(黄汉生，1992)。

(二)拓展时期——战后经济重塑时期的功能内涵阶段

自由贸易港的拓展时期指的是第二次世界大战结束至20世纪70年代末。该时期的自由贸易港已经不似初创时期的自由贸易港那样在数量上有相当大的增长，反而增长缓慢，几十年间全球仅设立了十几个自由贸易港，其中比较著名的有位于巴西亚马逊州、地处黑河和索里芒斯河交汇处的玛瑙斯自由贸易港，位于罗纳尼亚、濒临黑海的苏利纳自由贸易港，委内瑞拉的马格里塔自由贸易港等。

相反，这一阶段的自由贸易港在功能上显现出了惊人的扩大化的态势，即从初始时期以单纯发展转口贸易为主扩展为以转口贸易、直接参与国际贸易和出口加工制造业为综合目标的自由贸易港功能体系，甚至涉足金融、建筑、旅游等具有立体经营特点的新兴服务。前者的有代表性的自由港为德国汉堡自由贸易港和巴西玛瑙斯自由贸易港，而后者以中国香港自由贸易港和新加坡自由贸易港为典型的代表。

总体来说，拓展时期的全球自由贸易港体现了数量增长缓慢和功能趋于完善这两个主要特点。归根结底这一现象是基于当时的世界经济大环境变化和全球市场竞争发展的需要而产生的。这一时期，世界经济发生了翻天覆地的变化，战后帝国主义的殖民体系面临瓦解和崩溃，一些殖民地和半殖民地脱离帝国主义的魔爪后逐渐走上了民族独立和民族经济发展的道路，成为发展中国家或地区。为了振兴民族经济，各国和各地区纷纷试图摸索出适合本国和本地区经济社会情况的经济发展形式以使得经济发展能够快速地取得成效。在此过程中，建立一个有效的对外经贸往来形式对这些发展中国家来说也是当务之急。为了尽量避免发达国家的商品对本国刚刚起步的经济造成冲击，同时为了进一步发展国内经济，发展中国家或地区往往采取“进口替代”战略。然而，受限于资金短缺、人才不足、技术落后和市场狭小等因素，这种战略并不足以高效地促进本国经济繁荣，从长远来看反而将会带来“闭关锁国”的种种弊端。

因此，许多发展中国家转向了“出口导向”的经济战略，借鉴欧洲老牌资本主义国家的经验、殖民地与半殖民地的历史教训，运用自由贸易港的一些政策以展开对外经济贸易活动。这些国家通过设立“出口加工区”“自由贸易区”等形式的经济特区吸引外商投资，同时提供与自由贸易港相似的优惠政策以推动经济发展（杜强，1991）。自此，自由贸易港和自由贸易区进入了一个加速发展的时期，这些经济特区虽然名目繁多但是与自由贸易港有着密不可分的关系，从而使自由贸易港的形式和功能不断地扩充。1950 年，巴拿马率先在濒临大西洋的科隆港建立了南美洲最大的自由贸易区——科隆自由贸易区。随后，土耳其于 1953 年通过了《自由贸易法》并于 1958 年建成第一个自由贸易区。巴哈马自由贸易区、智利共和国的阿里卡自由贸易区、百慕大自由贸易港和马来西亚槟城自由贸易港等也纷纷成立。

从 20 世纪 40 年代中期开始，第三次科学技术革命迎来了大爆发。随着科技的飞速发展，商品生产能力得到快速的提升，生产国际化进一步加强。一些发达国家利用第三次科技革命和国际贸易的深刻变革，竭尽全力采用各种形式的国际交往方式以适应社会经济生活日益国际化的需求。其中，开辟商品贸易型的自由贸易港和自由贸易区就是其中一种对国际贸易发展产生了深刻影响的发达国家普遍采用的方式，发达国家以此参与国际贸易的竞争，以便输出商品，垄断资本，获得利润（黄汉生，1992）。美国分别在 1950 年和 1980 年修改和补充《对外贸易法》，允许对外贸易区扩大业务范围至加工制造业，规定自由贸易区内产品的国内加工成本免征关税，这两次对外贸易区经营范围的扩大极大地促进了美国对外贸易的发展，吸引了外商投资。

另一方面，发达国家也在这一时期纷纷调整国内产业结构，掀起了一股海外投资的热潮，将一部分劳动密集型商品的生产流程转移至发展中国家。全球价值链的转移促进和推动了出口加工区类型的经济特区在发展中国家和地区的蓬勃发展。出口加工区在选址、功能、政策、监管等方面都与自由贸易港有着异曲同工之处，是在自由贸易港单纯的转口贸易的功能上发展起来的集转口贸易、出口加工等功能于一体的自由贸易港的进化形式。也就是说，拓展时期的自由贸易港在功能上得到了综合发展，适应于世界经济环境、自身的发展和竞争的需要。

（三）完善时期——经济全球化背景下的模块综合阶段

20 世纪 80 年代至今，自由贸易港的历史进程进入了崭新的阶段，在这个阶段，自由贸易港展现出了数量外延与功能内涵共同发展的特点，并在经济全球化的背景下加入了金融、保险、旅游、商务、休闲娱乐等功能，形成了综合的模块体系。

国际经济区域化、国际化和集团化的趋势从 20 世纪 80 年代就已经开始显现，近年来更有加速发展的态势。新技术革命爆发以来，发达国家的跨国企业追求生产和市场的全球化，纷纷在全球布局子公司以争夺劳动力市场、原材料市场和消费市场。跨国企业的海外投资带动了又一次全球性的产业调整和海外投资热潮。众多发展中国家为顺应全球经济变革制定了改革国内经济和对外开放的政策。一些较早开放并已走在前列的发展中国家和地区变身成为新兴工业化国家和地区，典型代表便是“亚洲四小龙”，这些国家和地区为实现产业的多元化、高端化和持续发展，在大胆引进外来资本的同时向外输出资本（杜强，1991）。结合上述的几点因素，广大发达国家和发展中国家将设立自由贸易港视为在经济贸易全球化浪潮中追求生存和发展、振兴民族经济、吸引外商投资、学习外国技术和先进管理经验、促进本国金融保险业接轨全球的有力途径。

而在这一阶段的前期，即 20 世纪 80 年代，贸易保护主义在全球继续猖獗，较 20 世纪 70 年代有过之而无不及。这一时期的贸易保护主义以设立高额的关税壁垒为主要手段，配以进口许可证、进口配额等一系列非关税壁垒，限制外国商品的进口以使本国生产的商品免受全球市场的竞争，同时以各种优惠政策助力本国商品向国外输出。同时，全球经济的区域化、国际化和集团化的趋势更加推动了贸易保护主义的盛行，进一步恶化了国际贸易的环境。这时，以开放的姿态设立自由贸易港便是摆脱贸易保护主义的恶性循环和寻求经济贸易可持续发展的明智之举。

20 世纪 80 年代以来，美国加大力度增辟对外贸易区，英国也开辟了一些新的自由贸易港。俄罗斯、乌克兰、罗马尼亚、波兰等国家也相继开辟了包括自由贸易区在内的经济特区，越南、泰国、缅甸等中国周边的发展中国家也开始设立经济特区。菲律宾等东盟国家甚至设立了专门吸引中国台湾投资的区域。新加坡、马来西亚和印度尼西亚成立了“新加坡-廖内-柔佛三角洲”自由贸易区，类似的几国联合开辟的自由区在世界范围内得到了普及。

这些新兴的自由贸易港以及在自由贸易港基础上发展而来的自由贸易区均集转口贸易、物流枢纽、金融投资、高新技术、加工制造、休闲娱乐于一体，自由贸易港进入了一个科学化、综合化的集成发展阶段，为一国或地区的经济贸易发展做了更大的贡献。

四、自由贸易港的开放特征

从世界主要自由贸易港的运作情况和发展历史来看，自由贸易港主要以发展现代服务业为主，同时加快发展转口贸易、离岸贸易，扩大旅游业和航空航运产业，促进离岸金融业发展，进一步提升制造业水平，以高科技带动制造向智造转变。除了上述共同的发展目标外，全球自由贸易港还具有“境内关外”的典型的总体开放特征，准许境外的货物、资金和人员自由进出，并且在区域内施行宽松的管理制度。具体来说，自由贸易港的特征依托于自由贸易港集转口贸易、出口加工制造、商品会展、金融投资等功能于一体的综合发展路径，分为以促进人才流动为核心的人员进出自由、以提高通关便利化为核心的贸易自由、以吸收外资和先进技术为核心的投资自由以及以接轨国际市场为核心的金融自由(图 1.6)。自由贸易港利用其优越的地理位置和开放的管理制度吸引资金与技术流入，使其通过出口加工流入国(地区)内市场，或者通过出口加工与转口贸易流向境外市场。

党的十九大报告中明确指出，“赋予自由贸易试验区更大改革自主

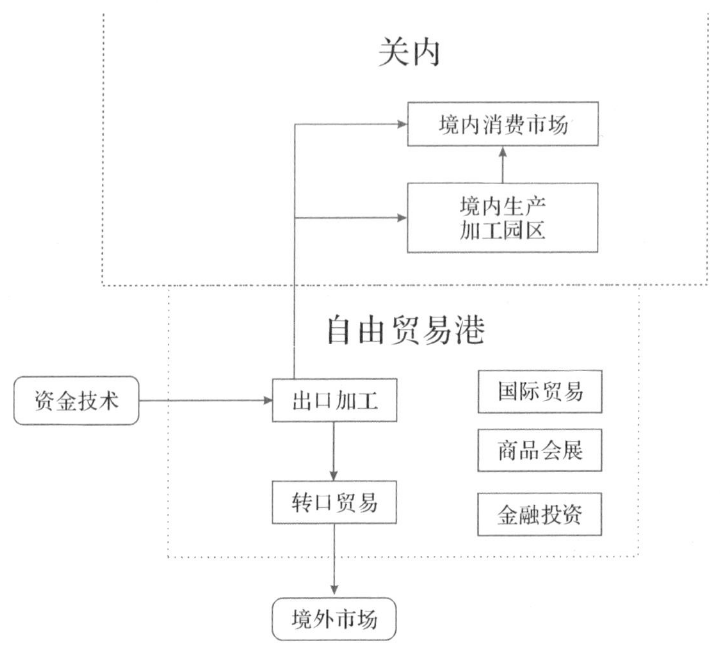

图 1.6 自由贸易港的综合功能

权，探索建设自由贸易港"，目的就是要参照先进自由贸易港的经验，进一步提升中国经济开放度，实现高水平的贸易自由化和投资便利化。因此，归纳总结出全球自由贸易港的主要特征对中国建设高标准的自由贸易港尤为重要。

（一）以促进人才流动为核心的人员进出自由

自由贸易港被定义为一个国家或地区被置于海关管辖之外的特别区域，该区域是该国家或地区领土之内的港口或空港城市，人员、外国船只和飞机等交通工具可以自由地进出，全部或者绝大部分国家人员可以自由进出该特殊区域，区内人员流动均不受海关控制，并且各种冗杂的手续得以免除。

同时，由于自由贸易港在对外贸易和投资方面具有较大优势，留学生有更强的意愿在自由贸易港工作。在自由贸易港工作的海外人士如果在其母国身居政府部门要职，在企业界具有较大的影响力，或者能够影响社会舆论走向，那么这些海外精英会对其母国与自由贸易港的贸易摩擦起润滑作用，促进其母国（地区）对设港国（地区）对外贸易的发展，有利于设港国构建和平发展的外部环境。

时至今日，自由贸易港已经从原来的传统意义上的港口（空港）中剥离开来，并在原始的自由港的基础上发生了质的变革。自由贸易港的主要特点已不再只是让过往的船只与飞行器自由通过，更是无须申报繁杂的海关手续，免除强制引航，航员也可以自由登陆港内，也已不再局限于进出口货物的保税与免税等单纯的商业贸易，实现了人员的自由流动。自贸港的出入政策十分自由，为商人、旅客、居民提供便捷的出入境通道和宽松的签证政策，国际化人才流动的便利也得益于此，也有一些自由贸易港实行行业配额制。自由贸易港的功能从最初的货物储存、集散、运输和转运逐渐扩展到了原材料加工、工业生产制造、装配与改装、转口贸易、商品展销、金融投资、国际贸易、国际服务贸易等方方面面，涉及人才流动、进出口贸易和境内外投资综合体系，并以促进人才引进和交流为发展动力，发展国际贸易、金融和投资所需要的中间服务。自由贸易港将境内经济与世界经济市场紧密相连，加快了一国（地区）的外向型经济的建设步伐。

自由贸易港实行"监管最小化"，即实现管理、贸易、金融、投资和企业经营管理的自由化机制。进入自由贸易港的各行各业的各个企业、个人均有充分的经济和人身自由。自由贸易港对港内企业和个人的业务范围没有较大限制，企业和个人可在港内对进出口货物进行加工制造、装卸转运、展览销售等，也可进行境内外投资等资本运作活动。港内企业经营人员和服务人员可以自由进出。

（二）以提高通关便利化为核心的贸易自由

自由贸易港是一国或地区在其领土内开辟的一块特殊区域，对于进入该区域的货物免除进口各税及其他相关课税，并减少或消除进出口贸易的关税壁垒，商品和货物可在港内自由流通，同时在港内可以展开服务于转口贸易的加工制造、拆装、分装、金融投资等业务，真正实现交易自由，从而提高对外贸易的开放度。

进出自由贸易港的货物相当于进口和出口，可以免去关税、增值税以及有可能产生的流通税，这样一来设立在国（地区）内的企业即使不走出一国(地区)的大门,也可以扎根在港内从而享受相关优惠政策待遇,减少税费成本。例如港内需要采购国(地区)内的生产设备或是原材料时,这些被采购的设备的原材料被视为出口货物,因此设备和原材料的供应商可以享受出口退税优惠。不仅如此,货物通关速度和便利度也得到了显著的提升,节省了宝贵的时间成本和物流运作成本,有利于两头在外、大进大出的加工贸易的开放与发展,对提高经济效益有重要作用。

在"境内关外"的基础上,全球自由贸易港在运作过程中,建立了"一线放开,二线管住"的制度,对禁运/管制清单外的商品免于惯常的海关监管,使通关便利并减少或豁免港内货物与境外往来的关税及其他课税。这里的"一线"指的是国境线,"一线放开"也就是说可以做到货物往来通畅,不报关,不报税,转口贸易不受限制。"二线"指的是自由贸易港与非自由贸易港的连接线,"二线管住"意指利用技术手段区分自由贸易港内企业的业务是离岸抑或在岸,以防止出现走私、逃税、热钱出境等扰乱国(地区)内经济秩序的行径,确保国家或地区安全。港内的企业要建立以诚信管理为基础的高效率的企业内部管理模式,全部或者绝大多数境外商品可以免税进出,港内货物的装卸、转运、储存、加工、分装和展览销售等活动可自行展开,不受海关常规限制(图 1.7)。

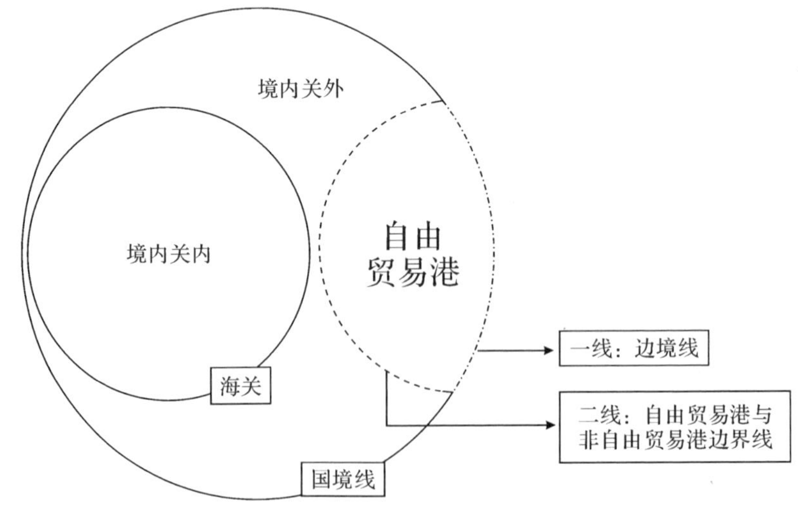

图 1.7 自由贸易港的监管

自由贸易港在本质上与传统意义上的港口(空港)无异,只不过自由贸易港在后者的基础上发展成了具有经济战略意义的运输枢纽与加工制造保税区域,两者的主要功能皆为提供便利、快捷、高效的运输和货物集散服务。与世界上现有的大量自贸区相比,自由贸易港的较高水平的发展在于一线即国境线的开放管理上。依托先进的信息化监管手段,自由贸易港将取消或在最大程度上简化进入港内货物的贸易管制措施,取消或简化一线的申报手续从而大幅提高贸易便利化水平。因此,港口(空港)的基础设施水平和信息化水平对于自由贸易港的建设至关重要。因此,自由贸易港的功能和发展目标都与货物的集散、运输有着密不可分的关系。这也奠定了世界上国际贸易规模大、进出口货物吞吐量大、国际航线数量多、辐射国家(地区)广、外向型经济发达、对外经贸政策灵活的港口(空港)能够发展为自由贸易港的基础。然而,具备上述特点的港口(空港)不在少数,有能力成为自由贸易港的却屈指可数,因为自由贸易港不仅仅依靠满足航运业需求的齐全的基础设施、完善的服务体系和优越的集运条件等硬件配套设备,还必须依赖国(地区)内健全的法律法规、特殊的优惠政策、专业的人才储备、发达的网络平台和优良的观念基础等软件服务。

全球著名的自由贸易港均将对外贸易便利化列为其主要目标,并在通关环节的简化和物流模式的高水平化上下足了功夫。例如世界经济自由度排名第一的中国香港自由贸易港,其报关手续十分简洁方便。除了无须报关的商品之外,香港自由贸易港对进出口商品的种类和价格等也基本不设管制措施,只要求货物在进入或输出之后的 14 天内向香港海关呈报详细的报关单。而中国香港自由贸易港的检验检疫环节更是实现了便利化,海关仅抽样检查、检验来往货物(郭兴艳,2013)。作为全球最重要的金融、服务和航运中心之一的新加坡自由贸易港,拥有全球最为高效的海关通关系统,其具有“一站式”的特征,网络连接了检验检疫、税务、安全、经济发展局、企业发展局等多达 35 个政府职能部门,与进口、出口、转口贸易相关的一切监管流程都可以通过该套先进的电子系统顺畅地进行(汪健、林国龙,2016)。而该系统的高效运行使得这些环节最快仅需 10 秒即可全部完成,10 分钟就可以获得审批结果。

自由贸易港对贸易的促进作用除了体现在对进出自贸港的货物视同进出口而减免关税、增值税、企业所得税、流通税等税收外,其所带来的更大的便利在于大大减少了货物报关、通关、检验检疫等贸易管制,使得进出口贸易获得更大程度的通关自由。畅通的贸易形式解决了传统贸易耗时耗力的弊端,降低了企业的时间成本和交易成本。而这些便利能够成为现实是建立在自由贸易港先进的信息技术水平和监督管理水平上的。

(三)以吸收外资和先进技术为核心的投资自由

在当前世界经济一体化、商品与资本市场全球化以及贸易自由化的时代背景下,无论是空港自由贸易港还是港口自由贸易港都在促进国际分工深化的同时,推动着经济全球化的持续发展。自由贸易港对国际贸易和金融投资的促进效用在很大程度上得益于其经济自由化的特征,这一特征具体反映在自由贸易港监管政策对资金实行全方位的有限制的自由管理。经济自由化特征也是“境内关外”特征在实际运营管理中的延伸。

自由贸易港在一国或地区的对外开放的进程中扮演着重要的角色,有着进出口贸易和境内外投资的门户作用,是本国(地区)的商品经济与资本市场与全球经济相互联系、交流合作的重要通道和桥梁。自由贸易港是一国或地区在其领土之内划定的一块特殊海关区域,实行特殊的管理制度,对待港内的企业不区分国别和社会性质,做到一视同仁和公平竞争,以促进对外贸易的发展,集中吸收外来资本和先进科学技术,吸引境外企业前来投资。

自由贸易港投资制度较为开放。知名的自由贸易港为本地投资和外来投资提供相同待遇,对外资没有任何歧视措施,实行少干预、无补贴政策,为所有有意在港内经营的公司提供公平的营商环境。企业注册简便,相关费用低廉。一些自由贸易港如新加坡自贸港采取外资准入开放的态度,除国防等特殊行业外,外资进入没有行业限制。新加坡自由贸易港也鼓励企业对外投资,并特别制定了海外企业奖励计划、国际化路线图计划、海外投资双重扣税计划等（商务部国际贸易经济合作研究院课题组，2014）。而中国香港自由贸易港的行业准入门槛更低，开放度更高。香港已经基本放开行业准入规则，甚至对私人投资和外来投资者的参与不加限制，更没有控股比例要求。只有赌博业受特区政府的严格监管，其次电信、广播等少数行业采取部分限制的进入模式，需要向政府部门申请牌照后才准予经营。中国香港对来自外商的投资行为实行“国民待遇”，依照《公司法》、《银行条例》、同业工商会等法律法规、行业规则来规范和约束外资公司在当地的经营活动。

（四）以接轨国际市场为核心的金融自由

自由贸易港作为国际贸易中心、国际航运中心枢纽的同时，又是国际金融中心。金融业的发展是一国（地区）对外开放进程中不可或缺的重要环节。在建设自由贸易港的过程中，金融开放对该国（地区）的经济繁荣的推动作用不可小觑，且作用模式将更加多元，不仅体现在满足自由贸易港建设时的一般性融资要求，还会在国（地区）内形成强大的助推之力。随着金融产业的集聚，其功能的日益增多与增强，金融业也将会成为自由贸易港发展的核心之一。随着金融业的发展壮大，自由贸易港将会成为区域性乃至全球性的金融中心，从而加速劳动力、资本、原材料等要素在自由贸易港及其辐射区域的汇聚，扩大相关地区资源整合的范围，提升相关地区资源整合的能力，进一步增强金融的支撑作用。

自由化的货币金融制度允许自由贸易港内实施最大限度的货币自由兑换、银行利率自由制定和外汇宽松管理，以打造资本青睐与聚集的热土，促进投资自由化。自由贸易港的金融服务具有多样化的特征，以全面开放或宽松的外汇制度和开放的货币市场吸引全球顶尖的金融机构汇聚于港。例如中国香港采取单一汇率制，无汇兑管制的措施，允许居民和非居民在境内外开立本币和外币账户，余额可自由兑换和划转，采取同样做法的还有新加坡自由贸易港。有的自由贸易港允许金融机构兼营离岸业务，通过在岸业务与离岸业务相互隔离防止本国（地区）货币体系遭受国际资本和离岸交易冲击。我国香港是最大的离岸人民币业务中心，拥有全球最大的离岸人民币资金池。在企业离岸贸易订单中，香港的银行可以为企业提供180天以内账期的贸易融资。有的自由贸易港允许各国企业在符合条件的情况下在港内进行发行股票或债券等融资活动。中国香港还拥有全球最大规模的债券市场，投资者可自由买卖香港债券市场上发行的产品，境外的融资方也可利用香港债券市场上发行的各类债券工具为其业务进行融资。新加坡与之类似，允许各国（地区）的企业在新加坡交易所发行股票或债券以提供融资租赁等业务。

五、自由贸易港的主要类型

随着世界各国经济联系的加强，港口的现代化水平在国内贸易和国际经济贸易中扮演着越来越重要的角色。基于不同的地理环境、发展战略和目标导向，全球的自由贸易港有着差异化的特色。因此自由贸易港在不同的划分维度上也产生了不同的类型，这也是自由贸易港朝向多元化发展的一个必然趋势。

（一）关税豁免范围：完全自由贸易港与有限自由贸易港

自由贸易港是一国（地区）在境内关外辟出的特殊区域，有着货物、资金、人员自由进出的特点，外国船只（飞机）等交通工具可以自由地进出，全部或者绝大部分境外货物可以豁免关税而自由进出港口（空港），且货物的装卸、储存、再改装或分装、装配、加工或转运均不受海关控制，各种冗杂的手续得以免除。然而，基于各国或地区对于其自由贸易港的不同定位，海关对货物关税的豁免程度不尽相同。根据货物海关豁免关税的范围，自由贸易港可以分为完全自由贸易港和有限自由贸易港。

1. 完全自由贸易港

完全自由贸易港指海关对进出自贸港的所有商品（除军火、毒品等国家严禁输入的商品外）都免征关税的具有完全开放性质的自由贸易港，是完全意义上的自由贸易港。目前世界上仅存的一个完全自由贸易港是中国香港特别行政区的香港自由贸易港。香港是国际公认的全球经济最自由、经济自由度指数排名第一的地区，其完全不干预的开放型经济政策是最为突出的经济自由化特征，并且鼓励自由经营的管理行为。在对港口的管理上，政府仅负责制定长远的港口发展战略规划，提供相配套的停泊处和避风塘等基础设施，而不采取特设区域或制定法令的措施进行管理。除上述基建之外的港口设施均由私营公司投资、持有和运营。在税费征收上，香港自由贸易港简化各项手续，豁免税费，吸引各国的船舶公司前来注册，服务船只“大型化”的需求。新加坡曾经是一个完全自由贸易港。1891 年英国人将拥有优越地理位置的新加坡开辟成为一个完全自由贸易港，但新加坡于 1959 年独立后实行工业化计划，将新加坡港转变为有限自由港以保护本国工业。

2.有限自由贸易港

有限自由贸易港指除了国家(地区)严禁输入的商品外，海关对来自国外进口的个别商品征收少量关税或采取禁止进口等不同程度的管制措施的自由贸易港。世界上绝大多数自由贸易港都是有限自由贸易港，如著名的新加坡港、阿联酋迪拜港、荷兰鹿特丹港、法国马赛港、德国汉堡港等。基于国家或地区的贸易政策和相关战略方针、国(地区)内经济发展水平及开放度、地理区位、邻国环境等，自由贸易港的性质可在完全自由贸易港和有限自由贸易港之间变换。但鉴于有限自由贸易港能够起到保护国(地区)内产业、防止走私等作用，更有利于当局政府对其进行监督管控，因而被更多的政府所选择，是全球自由贸易港的大多数。

(二)地理区域范围：自由贸易港市、自由贸易港区

自由贸易港是一国或地区在其领土之内、海关之外辟出的特殊区域，一般设置在一国或地区的海港或空港及其邻近地区。不同自由贸易港的面积大小相距甚远，大的可达上百平方千米，如阿联酋迪拜自由贸易港的面积达到了 135 平方千米，小的可以仅是一家免税商店，如爱尔兰香农国际机场的世界第一家免税商店，被形象地称为“微型自由贸易港”，其业务是销售“尚未进口的商品”，也就是免税商品，以赚得往来旅客的外汇。自由贸易港依照地理空间范围大小可以分为自由贸易港市(free trade port city)和自由贸易港区(free trade port quarter)两类(图 1.8)。

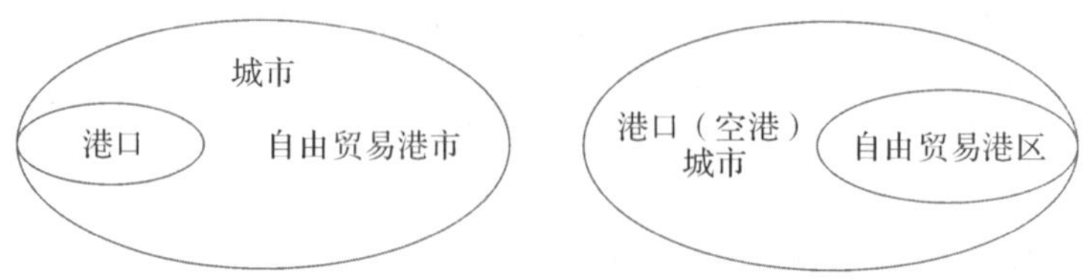

图 1.8 自由贸易港市与自由贸易港区的区位差异

1. 自由贸易港市

自由贸易港市指的是包含了整个港口或所在城市的，将整体区域视为境内关外的一类自由贸易港。这类自由贸易港的面积较大，也是较为开放的一类。自由贸易港市内的货物进出口与再加工业务不被征收关税，不管是当地居民还是外商都能自由居住，且均能享受市内的优惠政策。中国 香港和新加坡是典型的自由贸易港市，这两个城市的所有行政区域都被涵盖在自由贸易港市的范围之内。由于港口或城市的整体被视为关外区域，无法完全取缔走私行为，本地市民与境外人员也有可能在相处时发生摩擦，因此自由贸易港市的管理职责较为艰巨。一般来说，经济发达、政府高效、文化多元、整体素质较高、外来文明接受度高的地区才能成为自由贸易港市。

2. 自由贸易港区

自由贸易港区指设置在港口（空港）或设区城市内的一个封闭区域，即位于海港或空港内部的一部分的非关税区域，范围较自由贸易港市小得多。在自由贸易港区内，货物可以自由进出而无须缴纳关税，可以进行加工制造、装配、分类、混合、储存、展销等，但外籍商人没有居住权。德国的汉堡港、丹麦的哥本哈根港都是典型的自由贸易港区。欧洲国家的领土面积较小、人口流动性大导致其维持政治和社会稳定的成本高，加之欧洲各国在建设自由贸易港时期的经济与商业发展水平都处于世界领先地位，土地价值非常高而难以将国（地区）内的整个城市划定为自由贸易港，所以欧洲的自由贸易港多为自由贸易港区。借鉴欧洲各国的做法，对于世界其他国家（地区）来说，自由贸易港区的监管较为便利，因此世界上大多数的自由贸易港是以港区的形式设立的。

（三）港口发展形态：海港型、陆港型、空港型

现代自由贸易港发展至今，早已脱离转口贸易型自由区的低级形态，而成为目前世界上最优形式的自由区，有着最便利的基础设施、最先进的硬件设备和最高的开放度。现今的自由贸易港通常是由几个自由区组合而成的，因此有时无法仅从功能、政策范围、涵盖区位来分类。从物流发展的角度来看，自由贸易港是国际物流体系的重要节点，依托港口连接境外物流与境内物流。从港口的发展形态对自由贸易港进行分类，可分为海港型自由贸易港、陆港型自由贸易港和空港型自由贸易港（胡凤乔，2016）。

1. 海港型自由贸易港

海港（harbor）是服务于国际海洋运输的港口。海运是国际贸易中最重要的运输方式，海港型自由贸易港也是最古老的一种自由区形态，发源于2000多年前的地中海沿岸，是一种邻近海岸港和河口港的自由贸易港。海港型自由贸易港曾经在千年前就已出现并成为自由贸易港的主流形态，至今绝大多数自由贸易港或自由贸易区依然位于或邻近海港。自由贸易港的自由开放政策对港口的吞吐量有明显的扩大效应，对其运转能力有显著的增强效应，从而促进港口发展业务综合性、功能复合性和经济外向性。

2. 陆港型自由贸易港

陆港（land port）也被称为旱码头、无水港，是设在内陆城市的铁路、公路交会处，具有报关、检验、签发提单等口岸业务的便于货物装卸、储存的中心，是按照国际运输法规等设立的对外经贸开放的国际商业港口，为内陆城市提供便捷的国际港口服务。而陆港型自由贸易港不仅可以设立在铁路、公路交会处等大型城市交通枢纽处，还可以设置在边境地区。由此，陆港型自由贸易港也被分为内陆自由贸易港和边境自由贸易港。陆港型自由贸易港对内陆腹地的交通便利性要求较高，且必须借助资源和制度的支持。该种自由贸易港对加快内陆城市的对外贸易发展具有积极的作用，并为区域性经济发展不平衡的难题提供了一种解决思路。

3.空港型自由贸易港

空港(airport),即航空港,是民用航空机场及其相关空中、地面服务设施构成的整体,是保证航空飞机安全起飞与降落的基地和空运旅客、货物的集散地。空港型自由贸易港通常位于国际性大都市,拥有国际航线,设施先进,是集物流枢纽、加工制造、商务出行、休闲娱乐、免税购物等多种功能于一体的综合经济贸易区。拥有空港型自由贸易港的国际都市已显现出以空港型自由贸易港为核心的交通网络聚集态势,空港成为对外贸易的必经之处。世界范围内具有代表性的空港型自由区包括韩国仁川机场空港自由区、荷兰史基浦机场空港自由区以及美国杜勒斯对外贸易区。空港型自由贸易区的物流运输集聚不仅提高了空港的货运量,还吸引了民航客运业,从而使其成为国际性运输枢纽和贸易集散中心。

第二章
中国特色自由贸易港建设的战略背景

2017 年 10 月 18 日，习近平总书记在党的十九大报告中明确提出，“赋予自由贸易区更大改革自主权，探索建设自由贸易港”。探索建设自由贸易港，是顺应当今国内外经济形势以及深化中国改革开放进程的必由之路。本章将结合国内外经济局势，从世界经济发展变化、国内全面深化改革的紧迫性、中国自由贸易试验区改革面临的挑战以及自由贸易港建设的条件四方面阐述中国自由贸易港建设的战略背景。

一、世界经济面临深刻转型

世界经济变化日新月异，一方面，世界经济愈加多样化，不可预见的风险也逐年增加，面临的挑战更加严峻，另一方面，随着跨境电商、物联网等新兴商业形式以及技术的发展，新工业革命的成果正在逐渐拓展到供给端，以互联网技术为核心的新技术革命正在推动全球经济进入转型新时期。新型全球化将是更具包容性、普惠性、共享性的。我们需要洞察世界经济发展趋势，在趋势中把握发展规律，积极应对新的形势。

(一)全球化进程转变:“逆全球化”思潮下的新全球化机遇

受美国次贷危机影响，世界经济发展停滞，目前仍未恢复到危机发生前的水平。在世界经济不景气的情况下，国际社会上一些国家开始持有“逆全球化”甚至“去全球化”主张。部分发达国家支持“逆全球化”是因为，这些发达国家（地区）多数拥有成熟的工业体系，随着土地、人口红利等传统生产要素比较优势的丧失，传统产业不断向外转移，这些国家（地区）形成了国内产业的空心化趋势，传统产业利润率也随之下降，失业率不断上升，传统部门的利益受到了严重损害。而"逆全球化"思潮在一些发展中国家（地区）中盛行，是因为他们认为在国际分工中，美国等发达经济体作为主要的消费国享受了来自全球的廉价商品，而中国等发展中国家（地区）则作为主要生产国（地区）通过生产满足全球的产品需求实现了技术提升以及资本积累。但是处于全球价值链底端的资源出口国（地区）或者生产国（地区）并没有能享受到全球化分工带来的红利，反而出现了生产效率低下、资源枯竭、产业结构层次偏低等一系列问题。

综合来看，不论是发达国家（地区）还是发展中国家（地区），出现"逆全球化"思潮的原因可以归结为三点。其一，全球贫富差距扩大。发达国家（地区）作为国际规则的制定者，在国际贸易中是最大的利益获得者。而发展中国家（地区）在全球价值链中处于劣势地位，国际贸易中的剪刀差使得发达国家（地区）与发展中国家（地区）在国际分工中的利益分配不均现象更加严重，贫富差距扩大，加剧了"逆全球化"思潮。其二，全球失业问题凸显。2007 年，全球失业率只有 5.5%，失业人数为 1.78 亿。金融危机发生后，2009 年，全球失业率高达 6.6%，失业人数也超过 2 亿。过去近 10 年，全球就业形势依然十分严峻，2017 年全球失业率为 5.6%，仍未恢复到金融危机发生之前的水平，具体情况如图 2.1 所示。在现有国际分工体体系下，具有成熟工业体系的发达国家（地区）将劳动密集型产业不断向发展中国家（地区）转移，导致这些发达国家内的制造业部门失业率上升。这些传统制造业部门的失业群体正是反对资金、人力资源等重要生产要素自由流动的主要参与者。其三，发达国家（地区）自身发展遇到瓶颈。发达国家（地区）将国（地区）内的失业问题、难民问题等都归咎于全球化，使得经济发展趋于内向，成为近来"逆全球化"思潮的主要发源地，并逐渐影响到其他国家（地区）。

受"逆全球化"思潮的影响，不少国家（地区）为了保护本国（地区）经济，纷纷采取贸易保护措施，由此引发的贸易争端和贸易摩擦也随之增

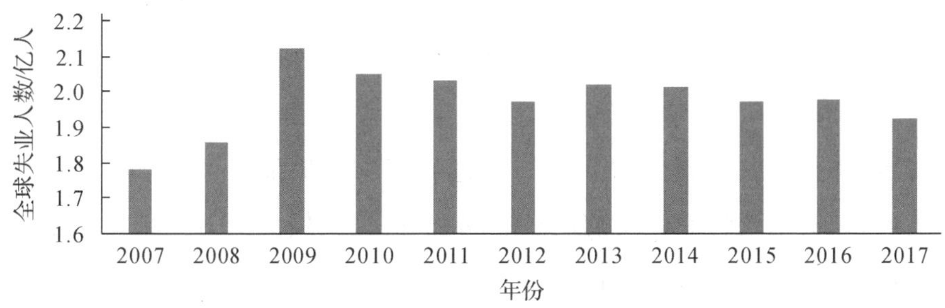

图 2.1　2007—2017 年全球失业人数

注:数据来源于 2007—2017 年《世界就业和社会展望报告》。

多。2015 年,全球采取的国际贸易保护措施的数量比 2014 年增长了 50%。2015 年的国际贸易限制措施数量是自由国际贸易措施的 3 倍。WTO 报告显示,2015 年 10 月至 2016 年 5 月,G20 国家实施了 145 项新的贸易限制措施,平均每月有近 18 项新措施出台,月均新措施数量为 2009 年以来最高水平。作为全球第一大经济体的美国,2008 年到 2016 年,对其他国家(地区)采取了 600 多项国际贸易保护措施,数量位居全球之首。

然而"逆全球化"并不能解决当前经济复苏缓慢的问题。长期以来,国际贸易作为全球经济增长的驱动力,年平均增长率是全球经济年增长率的 1.5～2 倍。而当前,随着贸易保护主义现象的抬头,国际贸易的发展遇到了巨大的阻滞。国际货币基金组织(IMF)在 2016 年《世界经济展望》报告中指出,1960—2015 年,全球贸易年均增长率为 6.6%,全球实际增长 3.5%。其中,2008—2015 年,全球贸易年均增长率实际为 3.4%,全球经济实际增长 2.4%。2016 年,世界贸易额增长率仅为 1.7%,是全球经济增速的 80%。当前,随着全球价值链下中间产品贸易的发展,国际分工从产业间分工逐渐转向产品内部分工。在这种全球价值链分工体系下,各国(地区)产业机构之间的关联度日益紧密,各国(地区)只有加强与他国(地区)在经济活动上的合作,在互联互通中实现产业的动态升级,才能通过全球要素的有效配置获得全球化红利。中国是全球化的参与者、受益者,也是全球化的积极推动者。2017 年,中国进出口总额年增长率达到14.2%，增幅创6年来新高，成为世界第一贸易大国。与此同时，根据IMF的数据，2009年至2015年，中国对全球经济增长的贡献率都超过25%，尤其是2013年至2016年，中国对世界经济增长的贡献率平均为31.6%，居世界第一。主张"回归本土"政策的美国，是实施贸易保护政策最多的国家，但是根据美国劳工部公布的数据，美国2007年至2014年的全要素增长率仅为0.5%，低于金融危机前的1.4%，2016年甚至下滑至0.2%。保守的贸易政策并没有对美国的生产效率产生积极影响。

可见，用保守的政策应对开放的世界注定是违背历史潮流的。历史上，已经发生过两次全球化。第一次全球化开始于18世纪中期，部分发达国家通过占领殖民，以野蛮的方式将殖民地国家强行推入全球化进程。在第一次的全球化中，第一次工业革命确立了欧洲在世界上的经济地位。第二次全球化始于20世纪中期，第二次世界大战后，美国迅速崛起为超级大国，成为第二次全球化的主导者。第二次的全球化以商品流动为基础，推动了生产的国际化分工。国际贸易的核心在于比较优势，交易各方生产自身具有比较优势的产品进行交易，进而获得贸易福利。

目前，经过数十年的发展，全球化在内容以及形式上都发生了巨大变化。国际投资取代国际贸易成为当今世界全球化的关键推动因素。外商直接投资(FDI)从20世纪70年代以后就呈现出高速发展的势头。1980年，全球FDI存量为7万亿美元，仅占全球进出口货物贸易总额的34.2%。而到2016年，全球FDI存量已达到26.73万亿美元，与全球进出口货物贸易总额的比重也已经增长至169.28%(图2.2)。1980年至2016年近40年间，全球FDI流入存量年均复合增长速率达到3.8%，而这一时期国际贸易总量的年复合增长率只有1.2%。

外商直接投资活动的高度活跃使得经济全球化的基础从国际贸易转化为外商直接投资的发展。外商直接投资的内涵实际上就是各种要素通过资本这一中介在全球进行流动。全球要素流动方向主要是从具备高流动性的要素(如技术、管理经验、品牌、销售渠道、设计理念、高素质人才以及货币资本等)的地区流向以流动性较低的要素(如廉价劳动

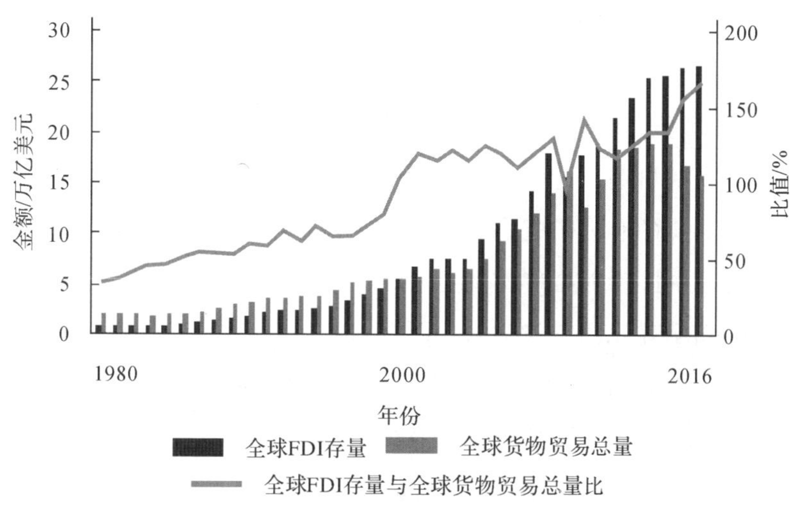

图 2.2　1980—2016 年全球 FDI 存量和全球货物贸易情况

注：全球 FDI 存量数据由历年《世界投资报告》整理所得；全球货物进出口总额数据来自历年《国际统计年鉴》。

力、土地、自然资源以及扶持性政策等）为主的地区。这种通过资本方式实现要素流动的外商直接投资使得各国（地区）的经济活动紧密联系在一起。虽然以商品流动为主要内容的国际贸易促成了生产的国际化分工，但是各国的经济活动仍是相对独立的；而外商直接投资则是通过资本带动要素在国家间的流动，从而实现各国要素之间的合作。各国（地区）不同的要素在同一种产品的生产过程中进行组合，生产的产品再由要素流入国（地区）向全球其他国家（地区）出口，进而也推动了世界贸易的增长。2017 年发布的《世界投资报告》指出，2016 年，跨国（地区）公司的国（地区）外分支机构的出口额达到了 6.81 万亿美元（表 2.1），占当年全球货物出口总额的 43.94％。可见，要素进一步流动也直接带动了商品的贸易，要素的流动是超越商品流动的存在，并且促使各国（地区）的经济在更深层次上实现了结合。此外，随着基础设施的不断完善以及互联网技术的发展，要素流动越来越便利，资源在全球范围内进行配置已经成为可能。第三次全球化已经悄然而至。

第三次全球化将以资源的全球配置为特征，以实现要素的自由流动为目标。一旦实现以资本、技术等资源配置为导向，参与全球化的各方可以实现利益共享，这更符合经济全球化所要倡导的普惠平衡方向。“逆全球化”对于积极倡导全球化的中国来说是一次重大的挑战，同时也是一次难得的机遇。近年来，中国积极构建的全面开放格局正是对推动新一轮全球化的有力响应，尤其是“一带一路”建设通过国家（地区）间的互联互通和国际产能合作实现要素在国家（地区）间的自由流动，是中国推动新一轮全球化的有益尝试。而探索建设自由贸易港的提出，更是中国对外开放的新高地，也将成为中国积极应对“逆全球化”冲击的重要举措，使中国通过扩大开放攫取新一轮全球化红利。

表 2.1　跨国（地区）公司的国（地区）外分支机构情况

年份	国（地区）外分支机构销售额/万亿美元	国（地区）外分支机构总资产/万亿美元	国（地区）外分支机构出口额/万亿美元	国（地区）外分支结构雇员/千人
1990 年	5.10	4.60	1.44	21438
2005—2017 年	19.97	41.14	4.98	49478
2014 年	33.48	104.93	7.85	75565
2015 年	36.07	108.62	6.97	79817
2016 年	37.57	112833.00	6.81	82140

（二）全球发展方式转变：创新、共享、开放理念成为发展新内涵

创新是全球经济发展的根本动力，对于历次的重大经济危机，世界经济均是凭借改革创新举措得以走出困境，重新焕发生机的。尤其是科技创新在各国（地区）重振经济的过程中仍是不可或缺的重要动力。科学和技术进步是一国（地区）生产力不断进步、发展的根本要素。上一次革命中最具革命性的成果无疑是互联网技术的诞生。而新一轮产业革命和技术革新方兴未艾，今后的技术创新模式必将以与互联网相融合为方向，数字经济、共享经济等新兴经济发展形式将成为经济增长新动能。

进入 21 世纪，互联网、信息技术得到了进一步发展。从互联网渗透率来看，截至 2017 年 6 月，全球互联网用户增长至 35.83 亿，全球互联

网的普及率已经达到了48.2%，而2016年年底，这一指标只有47.1%。其中，芬兰、瑞典、挪威、英国等国的互联网普及率都已经超过了95%，基本实现“网民即国民”。中国的互联网用户规模达到了7.72亿，渗透率为55.6%，虽然高于世界平均水平，但是与欧美等发达国家（地区）相比，还存在较大差距。全球互联网用户规模还将进一步扩大，eMarketer预测，到2019年，全球互联网用户人数将达到38.2亿，互联网渗透率也将超过50%，达到50.6%。从通信基础设施建设来看，全球固定宽带用户人数在5年间增长了61.1%，从2012年的5.4亿增加到2017年的8.7亿。根据思科数据，全球平均网速也将得到较大提升，到2021年，全球平均网速将达到53 Mbps，而2016年的平均网速还只有28 Mbps，提升近一倍。在移动宽带方面，全球移动宽带用户规模以每年超过20%的增长率扩张，到2017年，全球移动用户规模已经达到30.7亿。其中，新加坡的移动宽带普及率位居世界之首，4G普及率也已经达到82%，网速高达46 Mbps。得益于提速降费的政策支持，中国成为高速宽带用户增长最快的国家。截至2017年9月，中国使用光纤到户网络的用户规模占比为82.3%，其中60%的用户使用50 Mbps或更高网速的宽带。同时，中国移动网络基础设施建设也取得了很大成果。到2017年第三季度，中国3G/4G基站累计达到447.1万个，占移动基站总数的74%。移动网络覆盖率的进一步提升以及服务水平的提高使得中国移动网民人数也出现大幅增长，2017年中国移动网络用户人数高达12.3亿。

互联网的大力发展成为创新发展的重要推动力。根据世界银行的报告，互联网渗透率每增长10%，可推动GDP增长1.38%。尤其是依托于互联网的数字经济在商业、国际贸易等多方面呈现出强劲趋势，正成为促进各国经济发展的新增长动能。根据2017年联合国公布的《信息经济报告》，数字经济的规模已经从2012年的1.6万亿美元提高至2015年的2.5万亿美元。根据2017年发布的《世界互联网发展报告》，现在全球生产总值的22%都与覆盖资本、技术的数字经济存在密切关系。数字技术的广泛运用将推动全球GDP增加值增加近2万亿美元。

更为重要的是，到2025年，数字经济占全球GDP的比重有望超过50%，这也意味着今后全球经济增加值的一半将来自依托互联网的数字经济。而目前，一部分发达国家(地区)的数字经济发展已经达到了这一水平(表2.2)。2016年，美国的数字经济规模达到11.0万亿美元，占GDP比重的59.2%；英国数字经济规模虽然只有1.4万亿美元，但也达到了GDP比重的54.5%，超过了经济总量的一半；日本的数字经济规模占GDP比重的45.9%，也接近GDP的一半。此外，在2016年，全球信息和通信技术(ICT)产品以及服务的生产总值已经达到全球GDP的6.5%。可见，以融合创新为重要特征的数字经济作为一种新的经济发展形式，正成为世界各国(地区)谋求经济发展和突破的首要选择，也是各国(地区)实现转型升级、进一步提升全球竞争力、抢占全球竞争制高点的关键举措。

表2.2 2016年世界主要经济体数字经济发展情况

排名	国家	数字经济规模/万亿美元	数字经济占GDP比重
1	美国	11.0	59.2%
2	中国	3.8	30.1%
3	日本	2.3	45.9%
4	英国	1.4	54.5%

注：数据来自上海社科院发布的《全球数字经济竞争力指数(2017)》。

数字经济革故鼎新，成为各国(地区)改革创新过程中的重要驱动力。而数字经济的本质是信息化，信息技术是其发展的内生动力。以人工智能等为代表的新兴信息技术正逐渐成为全球创新活动的新高地。根据世界知识产权组织(WIPO)公布的《2016年度全球知识产权报告》，全球专利申请数量排名前十名的企业中，有9家是和互联网领域密切相关的企业(表2.3)。在技术专利申请数量前五名的领域中，数字通信和计算机技术的申请份额占据前两位(表2.4)，分别为8.5%和8.2%。尤其是数字通信技术，也是2016年专利申请数量增长速度最快的技术之一，增速达到10.7%，仅次于医疗技术和光学。由此可见，全球信息技术创新活动正处于高度繁荣期。全球信息领域创新活动的活跃是与数

表 2.3 2016 年专利申请数量排名前十的企业

企业	专利申请数量	专利申请数量增长幅度	是否与互联网相关
中兴通讯(中国)	4123	91.3%	是
华为技术(中国)	3692	-5.3%	是
美国高通公司(美国)	2466	1.0%	是
三菱电机公司(日本)	2053	28.9%	否
LG 电子(韩国)	1888	29.6%	是
惠普(美国)	1742	33.0%	是
英特尔(美国)	1692	35.4%	是
京东方科技集团(中国)	1673	33.0%	是
三星电子(韩国)	1672	-0.7%	是
索尼(日本)	1665	20.6%	是

注:数据来自世界知识产权组织公布的《2016 年度全球知识产权报告》。

表 2.4 2016 年技术专利申请数量排名前五位的类别

领域	专利申请数量	专利申请数量份额
数字通信	17776	8.5%
计算机技术	17155	8.2%
电机	14468	6.9%
医疗技术	14265	6.8%
测量技术	9338	4.4%

注:数据来自世界知识产权组织公布的《2016 年度全球知识产权报告》。

字经济的繁荣相契合的。数字经济不仅是信息产业的发展,也包括和其他产业的融合,具体来说,呈现在以下三方面:其一,以物联网为基础实现无线传输和以智能终端为载体的产品智慧化;其二,以云计算为基础,利用大数据和人工智能,实现服务数字化;其三,借助移动终端设备,以其为载体构建网上虚拟社区实现虚拟化消费。因此,全球信息技术创新活动活跃的领域也集中在智能终端设备、通信技术、人工智能、大数据、物联网等方面。经过几次创新浪潮后，通信技术、智能终端设备等领域的技术已经较为成熟，而以云计算、人工智能以及大数据为代表的信息技术正在加速创新。目前，云计算已经成为各互联网巨头公司争相布局、力争占据技术制高点的重点领域。亚马逊、微软、IBM和谷歌是当前云计算领域的主导企业，其云计算服务总值占据全球云计算基础服务总值的一半。中国的云计算还处于起步阶段，但是发展速度较快，尤其是阿里云和腾讯云处于领先地位。量子通信、5G等新兴通信技术也在蓬勃发展，其中，各国政府和运营商均已经规划商用5G将在2020年大规模运用，值得一提的是中国在5G标准制定上具备了引领全球的实力。而在人工智能方面，根据国际数据中心的预测，人工智能将会成为一个万亿美元级别的蓝海市场，而人工智能的收入也将以54.4%的年均复合增长率呈现快速增长的态势，人工智能将对各国(地区)经济产生革命性改变。因此，随着互联网赋能水平的大幅度提升，依托互联网、以信息化为本质、融合创新的数字经济正成为各国创新增长的新动力，云计算、人工智能以及大数据等信息技术领域也将成为各国(地区)进行重要战略布局和优先发展的领域。此外，互联网以及数字技术的井喷式发展，使得数据也成为当今世界新的重要生产要素，蕴含着无穷的能量。数据要素所具有的可共享性、可运用性以及开放性，使各国(地区)可以通过萃取数据中包含的有效信息，使信息流带动资金流、技术流、人才流等要素流动，进而加速各生产要素在国家(地区)间的自由流动，优化资源配置，提高全要素生产效率，为新一轮全球化的深入以及各国(地区)创新活动的开展提供无限动力。

(三)全球经济治理体系转变:多极化趋势日益凸显

过去数十年，随着全球化的不断深入，全球经济活动融合日益加深，世界各经济体都得到了不同程度的发展，尤其是发展中国家(地区)在这一阶段的表现更为抢眼，逐渐成为世界经济发展的中坚力量，世界经济格局正在悄然发生变化，多极化发展趋势凸显。

2008年以来，金融危机、欧债危机、美债危机接连爆发，欧美等发达经济体均受到了不小的冲击，增速疲软，这些国家（地区）正在经历经济发展的低谷期。2009年，世界经济遭受冰封期，全球贸易交易量大幅下降，下降幅度达到12%，是近几十年下降幅度最大的一年。而受此影响最大的是发达国家（地区），以美国为例，美国商务部统计的数据显示，2009年美国货物贸易总额为2.62万亿美元，比2008年下降了22.9%，远高于全球下降幅度，尤其是进口贸易，当年进口贸易额只有1.56万亿美元，下降了25.9%。与此同时，和发达国家（地区）的经济表现形成鲜明对比的是，发展中国家（地区）在这一阶段的表现十分强势，发展中国家（地区）正成为世界经济发展中崛起的新兴力量。根据IMF于2018年4月公布的《世界经济展望》，2018年，发达国家（地区）的经济增速预计达到2.39%，而发展中国家（地区）的增速则是发达国家（地区）的两倍之多，达到4.80%，远远超过全球经济增长的平均速度3.80%。在新兴经济体中，以中国、印度、巴西、俄罗斯、南非组成的金砖五国的经济发展最为抢眼。2006年，金砖五国的GDP总量仅占世界GDP总量的11.23%，而经过10年的发展，2016年，全球生产总值的22.29%都来自金砖五国，金砖国家的全球经济总量占比在10年间翻了一番。此外，金砖五国的全球贸易总额比重也从2006年的11%上升到16%，对外投资比重从7%提高至12%，对世界经济增长的贡献率达到50%。值得一提的是，2016年，金砖五国之间的贸易总额接近3000亿美元，超过全球80%的国家的GDP。新兴经济体的发展无疑已经成为推动世界经济增长的重要引擎之一，其腾飞备受全球关注。

在新兴经济体崛起的同时，发达国家（地区）的经济复苏也在全面展开。2016年，美国的贸易总额达到3.71万亿美元，超越中国，重新回到全球第一大货物贸易国的地位。同时，美国仍然是世界最大的FDI流入国。而欧洲经济也处于持续复苏中，失业率也逐渐下降，2017年欧元区和欧盟经济增长2.5%，紧跟美国成为发达国家（地区）中的经济领跑者。此外，美国的“制造业回归”计划、日本的新材料革命以及德国的“工业4.0版本”等，也表明发达国家（地区）在新的经济调整中都在争取占据竞争制高点。可见，在当前语境下，世界经济格局已经从美国独霸转换成美国、欧盟、新兴经济体三足鼎立的局面。

但是，新兴经济体经济实力的提升却和其在全球经济治理中的话语权的提升不成正比。随着新兴经济体自身实力的提升，国际社会也通过一些举措试图增强发展中国家（地区）在全球治理中的话语权和投票权，例如以二十国集团（G20）代替传统的八国集团（G8），G20也成为发达国家和新兴经济体之间寻求合作和协调问题的重要平台。此外，IMF也通过了份额改革方案，增加了发展中国家（地区）在IMF的投票权。然而，就目前来看，新兴经济体仍没有将自身的经济实力完全转化为在全球治理问题的上的话语权，虽然IMF有意愿增加发展中国家（地区）的投票权，但是在真正转让时，发达国家（地区）仍没有按新兴经济体国家（地区）的意愿，只转移了3个百分点，而不是之前约定的6个百分点。然而，新兴经济体的国际竞争力在不断壮大，其参与国际事务的意愿也会越来越强烈，新兴经济体必然会要求在全球经济治理中发挥更大的作用。

面对现有的全球经济局势，中国也需要抢占先机，在制定新贸易规则、标准方面占据有利地位。当前的中国已经成为仅次于美国的全球第二大经济体，更是促进世界经济健康发展的主要推动力。根据世界银行对2012年至2016年世界主要国家和地区的经济增长的测算，美国对全球经济增长的贡献为10%，欧盟为8%，日本为2%，而中国有34%，超过了美国、欧盟以及日本的总和。作为世界经济复苏的助推器，中国经济正逐步走近世界舞台的中心，此时中国要做到有所为有所不为，韬光养晦的同时也需有所作为。中国可以取得如此大的成就，得益于入世以来的改革开放红利以及制度红利。面对日益多极化的经济格局，如何在全球经济治理中获得更多的投票权和话语权，在国际事务中发挥更重要的作用，将过去的被动参与转化为主动引导；面对日益严重的贸易保护主义，如何改变低成本扩张的出口导向型经济——这些问题都需要中国在日趋复杂的世界经济局势中，把握机会，审时度势，进一步扩大开放，加快形成深层次的全面开放格局，进而挖掘对外开放红利。建设自由贸易港，能够对中国深层次的对外开放格局形成引导作用。

二、中国改革开放进入深水区

改革开放以来，中国经济的高速发展主要得益于劳动力、土地、能源等传统要素红利的释放。然而，随着人口结构转变的完成和环境承载力的减弱，现有发展模式受到巨大冲击，中国正面临传统要素红利消失的困境。此外，中国仍然处于全球价值链的低端环节，随着国内传统要素优势的丧失，停留在原有的价值链分工体系将不利于中国在全球竞争中占据制高点。中国改革开放已经进入攻坚期，如何通过深化改革实现体制机制创新，提高资源配置效率效能，推动资源向优质企业和产品集中以及发展更高层次的开放型经济是中国目前面临的重要挑战。

（一）经济内生增长动力不足：亟待高质量发展

中国在经济快速发展阶段，主要依赖于劳动力、资本、资金以及能源等传统要素的扩张性投入。而随着人口结构的转变和资本回报率的下降，传统要素约束将逐渐强化，中国经济正逐步进入转型期。

从人口红利看，“劳动适龄人口持续增长”以及“人口抚养比持续下降”是“人口红利”的两个主要特征。但目前，中国的人口特征却出现了相反的表现，一方面，中国的劳动适龄人口数量逐年下降，人口老龄化趋势明显。2016 年，中国 15～59 周岁的劳动适龄人口数量相较于 2011 年的峰值水平，减少了 3325 万；而老龄人口 10 年间却增加了近 1 亿，其人口比例也从 2006 年 11.3％上升到了 2016 年 16.7％（图 2.3）。人口老龄化趋势的出现，使中国劳动力将从“无限供给”逐渐转向“有限剩余”。另一方面，中国的人口抚养比相应上升，从 2011 的 34.4％提高到 2016 年的 37.9％。根据莫迪利安尼的消费函数，人口抚养比的上升意味着消费的增加以及储蓄的减少，储蓄的减少会引起资本形成率的下降，进而无法为经济发展提供充足的资本。

同时，流动人口的减少也是造成中国劳动力供给不足的重要因素。2015 年，中国流动人口数量为 2.45 亿人，相较 2014 年减少了

200 万人(图 2.4)。2017 年 1 月印发的《国家人口发展规划》也指出,到 2030 年,中国农村向城市转移人口预计只有 2 亿人,转移势头将进一步减弱。

从资源条件看,改革开放初期,中国凭借丰富的自然资源形成了制造业的比较优势。但随着全球对环境问题和资源问题的关注,高污染、高能耗的发展模式和当今追求绿色、可持续的发展理念相违背,中国的经济也需要转向集约式发展。

从体制条件看,中国已经实现了从计划经济向中国特色社会主义市场经济的转型,国内市场机制也逐渐完善,计划经济释放出的制度红利对经济增长的推动作用也逐步弱化。

中国各项要素红利的逐渐消失,表明依靠传统要素红利驱动经济发

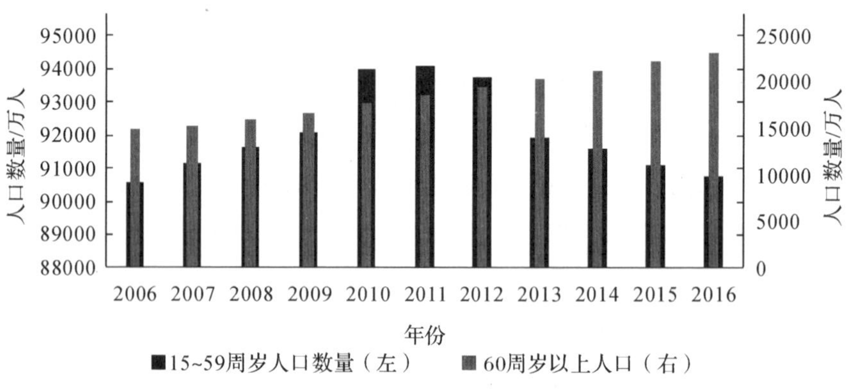

图 2.3 2006—2016 年中国人口结构

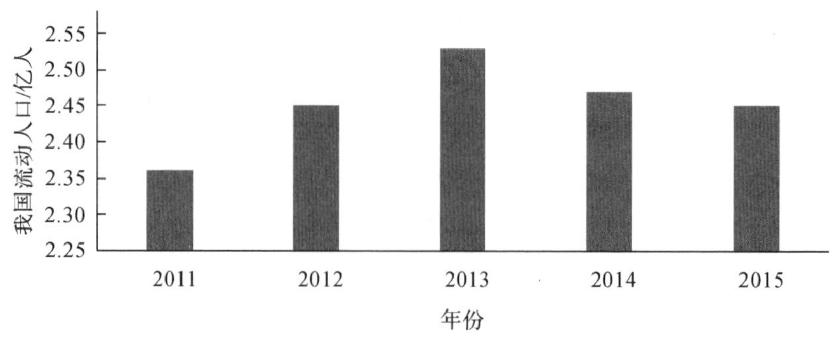

图 2.4 2011—2016 年中国流动人口

展的模式难以为继。探寻经济增长新动力,加快培育经济发展新动能,实现“高速发展、高端质量”是当前经济发展的关键任务。

（二）对外开放层次不高:市场准入有待放开

目前,中国的对外直接投资(OFDI)和外商直接投资(FDI)都表现出快速增长的趋势。2016年,中国实际使用外商直接投资金额为1260亿美元,较2015年增长4.1%。同时,中国在2017年的《世界投资报告》中被列为全球跨国公司最有可能去的东道国(地区)排行榜第三名,可见中国仍然是外商直接投资的重要选择之一。在对外直接投资方面,2003年中国的对外直接投资总额只有29亿美元,占全球对外直接投资流量总额的0.45%。而到了2015年,中国对外直接投资达到1457亿美元,首次超过日本,成为世界第二大对外直接投资国。

虽然中国对外直接投资和外商直接投资的发展带动了一部分技术、装备、服务等“走出去”和“引进来”,但是相较于全球主要发达国家,中国在国内外要素流动方面仍存在较多制约,尤其是对外商直接投资在服务业的准入限制方面还存在较为严重的问题,中国企业的对外直接投资也面临诸多约束。但是,以要素自由流动为特征的经济全球化则要求各个参与全球化的经济体减少对要素流动方面的控制。因此,目前中国在要素流动方面的制约,尤其是对服务业的外资准入限制以及针对企业对外直接投资的约束,阻碍了开放型经济的进一步发展。单纯的要素吸引战略带来了国内经济发展不可持续的问题,以外贸外资数量为主的经济开放成果评价体系忽视了开放效益,国内要素市场的扭曲部分导致外部经济的失衡,金融开放与竞争不足难以对创新提供有效的系统支撑等,这些问题阻碍了中国开放型经济水平的提升。因此,要真正融入以要素流动为特征的经济全球化,并成为经济全球化的引导者,就必须提高开放水平,而自由贸易港作为中国对外开放的最高层次,是融入经济全球化并成为全球化引导者的重要战略选择。

三、自由贸易试验区改革面临挑战

中国自贸区建设的稳步推进过程可概括为三个阶段:第一阶段,

2013年9月29日，中国第一个自由贸易试验区在上海挂牌成立，由此开启了中国自由贸易试验区的建设之路；第二阶段，2015年4月，在对上海自贸试验区辖属范围进行扩展的同时，中国增加了3个自贸试验区，分别为广东、天津、福建自由贸易试验区；第三阶段，2017年4月，中国又决定增加7个自由贸易试验区，除了浙江和辽宁自贸试验区位于东部沿海地区外，其余5个都位于中西部地区。目前，中国已形成了“1＋3＋7”的雁形式自贸试验区格局。中国的自贸区试验建设已经经历了5年的时间，取得了很大的成绩和进步，尤其是在贸易便利化、外商投资负面清单、服务业开放等方面的体制机制上的创新和探索，形成了一系列可复制、可推广的经验，有力推动了中国对外开放的深入。然而，中国的自贸区建设和探索虽然取得了不错的成绩，但是也存在一些突出的问题，尤其是一些关键领域和重点行业的开放、监管方式的改进以及制度层面的突破都面临着很大的挑战。

（一）开放领域受限：开放广度和深度不足

自贸区负面清单，即《自由贸易试验区外商投资准入特别管理措施》自2013年10月1日公布以来，就持续缩短。2013年上海自贸试验区实施的第一版负面清单列有190项特别管理措施，出现“禁止”字样的条例共有38条，2014年的负面清单有139项，2015年的有122项，而到2017年只有95项，在2015年的基础上再减少27项。虽然负面清单的内容在不断缩减，但是中国自贸试验区的开放水平仍低于外界预期水平。尽管2017年的负面清单只有95项特别管理措施，但是其中出现的“禁止”字样仍有33处，且与《外商投资产业指导目录（2017版）》的禁止类基本保持一致。在一些关键领域和较敏感环节，开放度仍处于较低水平。在禁止的项目中，有17项出现在文化、体育娱乐业，专业技术服务业，信息传输、软件和信息技术服务业等重点领域。在减少的10个条目中，主要是轨道交通设备制造、医药制造、道路运输、保险业务、会计审计以及其他商务服务6条，其余4条为整合时减少。而在减少的27项特别管理措施上，一些关键领域，如金融业，文化、体育和娱乐业以及信息技术服务业等基本不涉及，金融业仅减少4项，信息技术服务业仅减少1项,文化、体育和娱乐业仅减少2项,负面清单减少的项目主要集中在制造业,具体情况如表2.5所示。

表2.5 《负面清单(2017版)》删减条目和项目分布

大类	领域	减少措施数量	总减少数量
采矿业	金属矿及非金属矿采选	2	2
制造业	航空制造	2	10
	船舶制造	2	
	汽车制造	1	
	轨道交通设备制造	2	
	通信设备制造	1	
	矿产冶炼和压延加工	1	
	医药制造	1	
交通运输业	道路运输	1	2
	水上运输	1	
信息技术服务业	互联网和相关服务	1	1
金融业	银行服务	3	4
	保险服务	1	
租赁和商务服务	会计审计	1	4
	统计调查	2	
	其他商务服务	1	
教育	教育	1	1
文化、体育和娱乐业	新闻出版、广播影视、金融信息	1	3
	文化娱乐	2	

注:由公开资料整理所得。

在开放的领域中,外资准入标准的界定十分模糊,没有明确规定相应可行的实施方案细则,过于宽泛的限定造成了“大门开了但是出现玻璃门、弹簧门”的现象。为了吸引高质量的外商直接投资,中国承诺给予外商直接投资主体国民待遇以及最惠国待遇,但是在外资准入阶段却没有遵循内资企业的标准给予外商同等地位的对待,而是予以“准入后国民待遇”。准入前国民待遇有两方面的含义：其一是要求东道国（地区）对于外商投资者予以与国内投资者同样甚至更高的待遇；其二也要求东道国（地区）从行政考量出发强调“有限的准入前国民待遇”，对禁止进入的行业、限制进入的行业需要明确列出。但是，中国自贸试验区目前对准入前国民待遇认识不足，这也导致准入前国民待遇的相关细则并没有在自贸区的负面清单中得以落实。

在部分开放的领域，开放涵盖的内容与国际经济贸易新规则的规定还存在明显差距，在教育、文化娱乐以及文化保护等领域都还需要进一步扩大开放范围。以文化领域为例，根据《负面清单（2017 版）》，文化行业禁止项目有 12 项，占所有禁止项目的 36.4%。同时，负面清单也扩大了对外资的禁止、限制口径，涉及外商直接投资的准入许可证、专项报批以及行政审批等制度。这些举措的实行，要求相关政策需要具备高度透明性以及较强的可实践性。然而，当前中国自贸试验区相关部门对文化领域获得许可证的程序、条件等规定都比较模糊，其政策的可操作性有待提高。此外，负面清单在文化领域开放的国际准则对接方面也存在不足。从美国和韩国的 FTA 协定中对于文化领域负面清单的细则中可以看到，其涉及的国际准则包括准入前国民待遇（NT）、最惠国待遇（MFN）、市场准入（MA）、商业存在（LP）、高管及董事会（SMBD）、业绩要求（PR）等。而中国自贸试验区的负面清单在对文化领域的开放内容和范围上，并没有与高管及董事会（SMBD）以及业绩要求（PR）等国际准则进行对接。可见，在部分开放的领域，负责清单在内容上还要积极与国际经济贸易新规则相呼应。

而在金融业开放方面，中国自贸区虽然在金融制度创新层面取得了良好的成效，有效激发了金融市场的活力，但是仍存在较多不足。第一是自由贸易账户（FT 账户）的作用范围受到限制，限制主要集中于境外融资，而在类似机构跨境双向证券投资等其他金融业务方面则难以发挥 FT 账户的功能。这是由“二线有限渗透”所造成的，其使得境内其他账户很难对 FT 账户内的资金形成有效补充，而只能依靠境外市场或通过贸易结汇方式获取，资金获取渠道的限制也造成了金融业务的开展困难。第二，资本可兑换项目的推进十分迟缓，关于进一步扩大个人可兑换金额、允许符合条件的机构和个人在境内外证券市场投资等政策细则至今仍未出台。而这些政策正是中国自贸试验区资本兑换项目的关键环节，只有保证资本的自由流动，中国的金融地位才能有所突破，抢占制高点。第三，金融服务业的开放度不高，从负面清单中金融服务业项目的占比可以看出，金融业的比重较大。此外，在负面清单中，对外资在银行、基金公司等持股的限制要求也比较多，要求外商直接投资的持股比不超过49%。第四，政策出台和政策落地之间没有达成一致。一项政策的有效落地需要有相关详细且具备强可操作性的实施细则的搭配。然而，金融服务业开放领域面临的一大难题就是，大方向的政策引导不断出台，而实施细则的推行相对迟缓，而且一些细则事实上还不够细致，缺少具体措施。中国自贸试验区金融开放领域深度的不足，也使得上海国际金融中心的建设进程受到了阻滞。

自贸试验区开放广度和深度的缺陷，使得中国虽然已经建设了11个自贸区，但是自贸试验区的建设重点还是基础设施建设以及吸引外资等传统模式，这和要求自贸区进行制度创新的初心是矛盾的。

（二）贸易监管受限：监管内容和形式尚待改进

海关监管制度创新对于中国自贸试验区的进一步建设有着重要意义。目前，中国自贸试验区在创新海关监管制度方面取得了一定成效，上海、天津等各个自贸试验区纷纷推出海关创新举措，其中一部分措施已经在全国得到复制、推广，大连海关通过复制上海自贸试验区的14项监管创新举措，大幅提升了通关效率，改革成效初显。然而，和相对成熟的自由贸易区相比，中国在海关监管改革上仍存在较多问题。

尽管中国自贸试验区在监管上已经确立了“一线逐渐彻底放开，二线管住，区内自由”的原则，然而在实际操作上，一线放开的程度仍和成熟的自贸区存在较大差距。“一线放开”是指实现货物自由，具体要做到三方面的要求：第一，按规定允许进出口的商品，在自由贸易区可以自由进出，没有原产地、数量等限制；第二，进入自由贸易区的商品无须缴纳关税和其他进出口税，更不需要办理相关的海关手续；第三，针对进入自由贸易区的商品,海关也不需要其出具相关担保。然而,中国的自贸试验区在“一线放开,区内自由”这一点上还只是在原有海关特殊监管区域的监管模式上进行了微创新,尚未真正实现高水平的贸易便利化、自由化。当前中国自贸区试验虽然对货物豁免了关税,但是在货物流通上仍存在一定限制。例如上海自贸试验区实行的“银行担保账户”模式,虽然提高了银行担保的审批和通关效率,但是实质上,进出口企业仍需要向海关出具担保,未能实现高水平的自由化。所有进入自贸试验区的货物也都要进行申报,自贸试验区并不能做到借助货物风险分类、企业信用分级等措施对重点事项采取监管。

此外,随着互联网的普及,跨境电子商务蓬勃发展。尤其是中国的跨境电子商务发展十分迅速。2016 年,中国进出口跨境电商的交易规模达到 6.3 万亿元,占其进出口贸易总额的 25.89%。跨境电商的发展也给中国自贸试验区的监管带来了很大的挑战。而从目前来看,中国自贸试验区在对区内跨境电商交易商品的监管方面还存在较多不足之处。第一,中国自贸试验区对跨境电子商务交易商品的监管力度缺乏合理性,一方面对风险较高的特殊商品没有实施严格的监管,另一方面对于风险较低的货物又没有简化不必要的监管程序,这主要是因为目前自贸试验区对特殊货物的界定相对模糊,从而造成了对特殊货物的归类困难;第二,跨境电子商务的运作方式和传统的进出口业务有明显的不同,消费者可以直接通过快递方式收到境内外商品,因此之前处于相互独立状态的普通货运、快递等在监管和贸易上的关系变得越来越紧密,然而目前自贸试验区的海关监管还没有采取措施来应对这种变化;第三,跨境电子商务在消费上和供应上都表现出“碎片化”,使得跨境电子商务企业不能获取增值税发票,也没有可用于结算的单证,进而不能顺利结算外汇,更无法享受出口退税政策,跨境电子商务结汇以及退税难题对企业造成了巨大的损失;第四,自贸试验区都建立了公共信息平台,但是各个地方没有建立起一致的数据元标准,标准化工作缺失会使得各个地区的跨境电子商务信息不能得到有效交换,这不论是对贸易的监管还是数据的统计都会形成挑战。由于上述种种问题,跨境电商货物的通关效率较低。

（三）行政权力受限：缺乏改革自主权

中国自贸试验区的推进工作主要由自贸试验区管理委员会（简称“管委会”）负责。中国的自贸试验区主要存在两种管理体制：第一种是管委会和政府机构相互融合，紧密联系；第二种是管委会和政府机构属于两个相对独立的机构。在前一种管理机制下，由于管委会和政府机构是相互融合的，管委会可以凭借政府的相关行政权力组织推进自贸试验区的改革工作；而在后一种管理机制下，由于管委会和政府处于相对分离的状态，管委会只能通过协调各个政府部门的工作来推进自贸试验区的改革进程。而本质上，不论是哪种管理机制，管委会本身不存在相应的行政权力，行政权力只归属于政府机构。在这样的情况下，管委会实际上只是作为一个协调者而存在。管委会成立的初衷是负责自贸试验区的改革创新工作，但是改革自主权的缺乏，造成了管委会处于责任重大却又缺乏实质性权力的尴尬境地。这种不对等的情况使得管委会的很多改革工作只能流于表面而难以触及核心，改革效率不高。

这首先就体现在自贸试验区改革创新细则落地缓慢的现象上。中国自贸试验区都提出了一系列改革工作，但这仅仅是为自贸试验区提供了改革创新的大方向，还需具备可操作性的具体实施措施。但是由于管委会缺乏行政权力，不能直接推进具体改革举措的落地，只能依靠相关政府部门推动细则落地，而这又涉及多个部门之间的工作，需要政府各个部门之间的相互协调配合。很多自贸试验区的制度创新政策难以落地，细则出台迟缓，就是因为政府各个部门之间的意见难以统一，协调难度大。例如，上海自贸试验区早在 2015 年 11 月就已经出台了《进一步推进中国（上海）自由贸易试验区金融开放创新试点加快上海国际金融中心建设方案》（简称“金改 40 条”），然而其具体细则的出台进程却十分迟缓，除在同年 12 月出台了首项细则，直到 2016 年 11 月才再次出台相应细则，截至目前，“金改 40 条”中仍有部分细则尚未出台或推出创新案例。此外，尽管上海自贸试验区在 2013 年设立之时就已经建立了安全审查制度和反垄断审查制度，但是迄今也未有具体的实质性细则落地，这也导致中国自贸试验区的安全审查和反垄断审查至今都无法有效展开。

其次，自贸试验区缺乏改革自主权也体现在其改革创新举措还没有触及改革的核心上。目前的改革措施多数集中于具体操作流程，本质上只是利用信息技术优化流程提高办事便捷性以及行政效率，只是行政上的边际创新。这种制度创新大部分属于细枝末节的创新举措，虽然在一定程度上减少了企业的成本，但是远没有满足企业真正的需求。制度创新和企业需求之间的差距和政策创新主体的错位有关。管委会缺乏实质性权力，而拥有行政权力的政府与自贸试验区之间不存在密切关系，对自贸试验区的情况自然也没有管委会清楚。政府作为自贸试验区改革创新的主体，缺乏对自贸试验区实情的了解，也就没有动力推动创新，这就导致许多切合市场需求的根本性的创造性改革举措不能真正落地，出台的创新举措往往较为分散且流于形式。

因此，在当前自贸试验区缺乏改革自主权的情况下，自贸试验区的制度创新和政策革新很难有实质性的进展，这也造成了目前自贸试验区的改革效果和社会预期之间的差距，没有实现建立自由贸易试验区的初衷，即作为中国改革的试验田。

（四）对标规则受限：与国际高水平经贸规则存在差距

要建设国际一流的自贸区，提高自贸区的开放度，就必须要对接国际高标准经贸新规则。通过采用负面清单，中国自贸试验区在外商投资层面已经和国际高水平的经贸规则相对标。但是综合来看，目前中国自贸试验区在对标国际高标准贸易、投资新规则方面还存在很多不足，尤其是在当前国际社会最为关注的“边境后措施”的议题上。之前为实现贸易投资的自由化而签订的投资贸易协定主要注重“边境措施”，重点在于准入条件以及国民待遇等问题。随着全球价值链向纵深方向发展，国际新规则更加注重“边境之后”的相关议题，包括劳工保护、国有企业、气候问题、电子商务、知识产权等议题。而中国自贸试验区在这些议题上尚未给予足够关注，还没有建立起一套系统的制度框架。以竞争中立为例，竞争中立是目前国际新规则中的重要内容之一，是指使竞争不受外来因素的干扰，其出发点在于强调企业间的竞争应该集中于市场，不应受到政策等非市场要素的影响，其核心是对现有的国际经济规则进行更新和调整，以此来保障私营企业与受到更多政策支持的国有企业之间竞争的公平公正性。竞争中立的出现，对中国国有企业"走出去"形成了巨大的挑战。竞争中立新规则带来的挑战，需要中国自贸试验区对竞争中立规则率先进行实践，积累经验。但是目前，中国自贸试验区对竞争中立尚未进行操作，因此也就无法为应对竞争中立规则提供实践支持。

四、自由贸易港建设条件日趋成熟

历史上，各国建设自由贸易港时机的成熟与全球化进程及其经济发展存在密切关联。目前，全球化进程发生了深刻的转变，提高对外开放度、增强国家之间的互联互通以应对全球化新形势是一国在新一轮全球化中占据竞争制高点的关键之举。作为世界上最大的发展中国家，中国应时而使，建设自由贸易港的时机逐渐成熟。

（一）政策环境支撑：全面开放新格局正在稳步推进

党的十九大以来，中国全面开放新格局正在稳步推进，开放深度和广度日益提升。从外商投资环境来看，通过探索实行准入前国民待遇和负面清单制度，扩大市场准入，中国外商投资环境不断优化。一方面，中国外资管理体制改革不断深化。《外商投资企业设立及变更备案暂行办法》出台，将经营范围不涉及准入特别管理措施的外资并购纳入备案管理。同时，"放管服"改革持续深化，负面清单以外的外商投资企业设立及变更备案全部可以在网上办理，便利化水平大幅提高。另一方面，中国外商投资领域持续拓展。2017 年，中国在 2015 年版本的基础上再次修订了《外商投资产业指导目录》，对外资准入的限制领域缩减了 65％。而自贸试验区的外商投资准入负面清单，从 2013 年的 190 项缩减至 2017 年的 95 项，同时在对外商投资开放度较低的服务业领域，如金融、文化等行业，也呈现出逐步放宽的趋势(图 2.5)。2018 年外商投资负面清单会进一步修订，自贸试验区试行的外商投资负面清单将逐步扩大到全国。在一些领域中，外资股比和经营范围，将会被放宽或者取消限制。除了修订

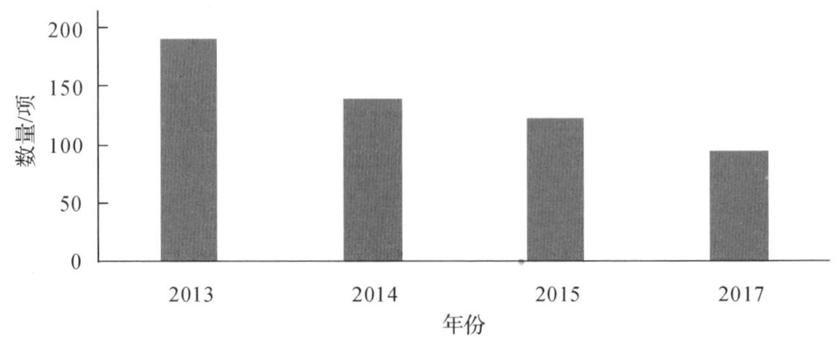

图 2.5　自贸区负面清单特殊管理措施数量

《外商投资产业指导目录》以及减少负面清单限制性措施外，中国同时修订实施《中西部第五外商投资优势产业目录》，新增了 139 条鼓励外商投资条目。

根据 2017 年商务部公布的数据：中国新设立外商投资企业 35652 家，同比增长 27.8%；实际利用外资 8775.6 亿元，居世界第二。同时，外商在高技术服务业领域的活力也被有效激发。中国外资的产业结构也不断优化，向高新技术产业聚拢的现象日渐明显。2017 年，中国高新技术产业吸收外资 2509.8 亿元，占当年使用外资的 28.6%，同比增长 61.7%。中国外商投资环境的优化，使得中国成为外商直接投资的重要东道国（地区）之一。中国在 2017 年的《世界投资报告》中被列为全球跨国公司最有可能去的东道国（地区）排行榜第三名。

从对外直接投资看，党的十八大以来，随着中国对外投资政策日益透明化和公开化，对外直接投资呈现出良好的发展态势。2003 年，中国的对外直接投资总额只有 29 亿美元，占全球对外直接投资流量总额的 0.5%。而到了 2015 年，中国对外直接投资总额达到 1457 亿美元，占全球对外直接投资流量总额的 9.9%，首次超过日本，成为世界第二大对外直接投资国。伴随着对外直接投资总额的增长，投资结构也在不断优化。2017 年，租赁和商务服务业、金融、批发和零售、采矿、制造业成为中国对外直接投资的主要投资行业（图 2.6），企业正在通过“走出去”构建全球性贸易、生产和创新网络。此外，《对外投资备案（核准）报告暂行

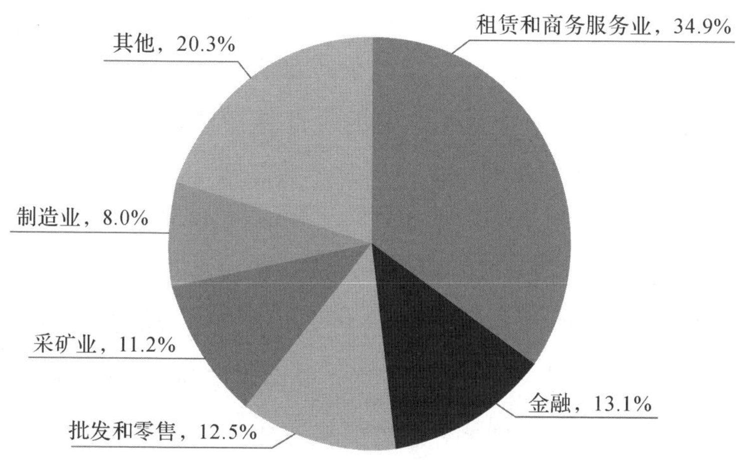

图 2.6　2017 年中国各行业对外投资占比

办法》、《企业境外投资管理办法》等一系列新政策的发布，取消了项目信息报告制度，简化了核准、备案的申请手续，也放宽了核准、备案的时间底线。中国对对外直接投资事前管理进一步简化，但是对事中以及事后管理逐渐加强，一方面增加了定期信息披露要求，另一方面还要求各部门进行联动式的事中事后备案或核准。中国对外投资管理方式日趋理性。

从贸易便利化来看，2017 年的《中国贸易便利化年度报告》显示，中国贸易便利化测评总分为 73 分，在全球已经处于中上水平，尤其是中国"单一窗口"建设得到了极大的发展。国际贸易"单一窗口"已经在全国范围内覆盖，货物通关时间平均可以缩短一半以上。中国国际贸易"单一窗口"建设实现了进出口贸易 9 项基本服务功能——货物申报、舱单申报、运输工具申报、许可证件申领、原产地证书申领、企业资质办理、查询统计、出口退税和税费支付等的在线办理；实现了 11 个部委信息化系统"总对总"对接和数据的互联互通。据最新统计，"单一窗口"单日申报量突破 57 万票，主要申报业务（货物申报、舱单申报、船舶申报）覆盖率达到 30% 以上，其中货物申报每日超过 14 万票，累计注册用户达 7 万余家。

（二）经济发展支撑：中国成为全球经济增长引擎

改革开放以来，中国的经济得到了明显发展，为自贸港建设的稳步推进奠定了有力的物质基础。

2013年至2016年，中国国内生产总值从54万亿元增长到74万亿元，经济总量稳居世界第二位。国内生产总值年均增长7.2%，高于同期世界2.6%的平均增长水平。中国对世界经济增长平均贡献率为30%左右，超过美国、欧元区和日本贡献率的总和，居世界第一位。供给侧改革深入推进，尤其是数字经济等新兴产业迅速发展。目前，数字经济在中国呈现出良好的发展趋势。2016年，中国数字经济规模首次超过20万亿元，达到22.4万亿元（折合约3.8万亿美元），超过日本和英国，排名世界第二。同时，中国数字经济增长速度高达16.6%，显著高于全球主要发达国家（美国数字经济增速为6.8%，日本为5.5%，英国为5.4%）（图2.7）。

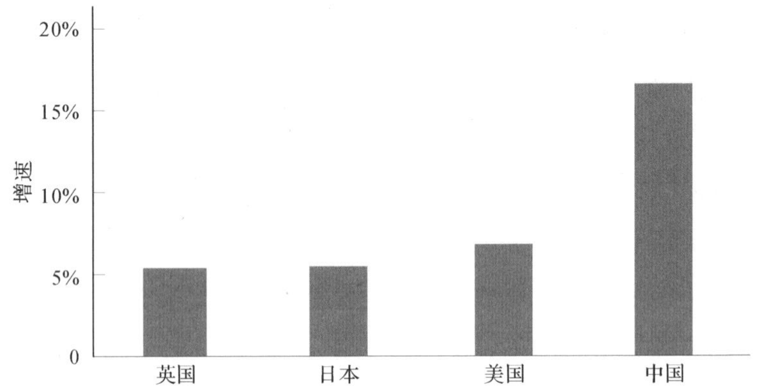

图2.7 2016年世界主要经济体数字经济增速情况

注：数据来自上海社科院发布的《全球数字经济竞争力指数(2017)》。

此外，中国也成为全球对外直接投资(OFDI)的增长引擎。发达国家（地区）尚未从金融危机中完全恢复，对外投资动力明显不足，全球对外直接投资不稳定性增强。中国对外直接投资则表现出强劲的发展态势，成为全球跨国投资的主要驱动力。2012年至2017年，中国一直都是全球对外直接投资排名前三位的国家，对全球对外直接投资总量的贡献达到20%左右，投资的国家达到190个，已经覆盖全球81.2%的国家（地区）。

在对外贸易方面，2017年中国货物贸易进出口总值27.8亿元，其中出口15.3万亿元，进口12.5万亿元，中国自2009年开始，已经连续8年成为全球货物贸易第一大出口国和第二大进口国。在全球需求持续紧缩的情况下，中国出口占市场份额从2011年的10.4%上升到2016年的13.2%。其中，中国与“一带一路”沿线国家的贸易是其对外贸易的亮点所在。2017年中国对“一带一路”沿线国家(地区)进出口总额达7.4万亿元，同比增长17.8%，高于同期中国外贸整体增速3.6个百分点。其中，中国对“一带一路”沿线国家出口额为4.3万亿元，同比增长12.1%；进口额为3.1万亿元，同比增长26.8%。

在进出口总量发展的同时，中国的贸易伙伴也更加多元化。截至2017年，中国已经和24个国家或地区签署了16个自由贸易协定，这16个自由贸易协定呈现出立足周边、辐射“一带一路”、面向全球的特征(表2.6)。通过签订自贸协定，中国对自贸伙伴的货物关税水平实现了大幅降低，零关税产品税目占比及零关税产品进口额占比都达到90%以上，实现了国际上高标准自贸区通常的“双90”标准。同时，中国简化了货物贸易规则，扩大了服务业的对外开放，降低了外国投资的准入门槛，全方位、多角度推进了国际规则谈判和规制合作。2017年，中国与自贸伙伴的贸易投资额占中国对外货物贸易、服务贸易、双向投资的比重分别达到25%、51%、67%。自贸协定为中国开展国际贸易、投资合作提供了一个广阔的空间。

表2.6 中国自贸协定发展情况梳理

自贸协定进程	数量/个	参与国家(地区)
已经签署的自由贸易协定	16	中国-东盟，中国-新西兰，中国-新加坡，中国-巴基斯坦，中国-智利，中国-秘鲁，中国-哥斯达黎加，中国-冰岛，中国-瑞士，中国-韩国，中国-澳大利亚，内地-香港、澳门(CEPA)，大陆-台湾(ECFA)，中国-马尔代夫，中国-格鲁吉亚
正在谈判的自贸协定	10	中国-海合会，中国-挪威，中日韩，中国、日本、韩国、澳大利亚、新西兰、印度(RCEP)，中国-斯里兰卡，中国-以色列，中国-摩尔多瓦，中国-巴基斯坦(第二阶段)，中国-新加坡(升级谈判)，中国-智利(升级谈判)
正在进行可行性研究的自贸区	10	中国-巴拿马、中国-蒙古、中国-巴勒斯坦、中国-印度、中国-尼泊尔、中国-哥伦比亚、中国-斐济、中国-毛里求斯、中国-瑞士(升级)、中国-秘鲁(升级)

注：由公开资料整理所得。

（三）基础设施支撑：港口基础设施水平提升

改革开放以来，中国的港口得到了极大发展，基本构建了一套功能完整、全方位开放的港口体系，专业化、规模化水平大幅提高。

从设施规模来看，中国的港口基建规模显著扩大。改革开放初期，中国拥有生产用码头泊位不足800个，万吨级及以上泊位只有百余个。而到了2016年，中国港口已经拥有生产用码头泊位30388个，万吨级及以上泊位2317个，码头泊位大型化、规模化趋势愈发明显。2016年全国港口万吨级及以上泊位数量的具体情况如表2.7所示。

表2.7 2016年中国港口万吨级及以上泊位数量

单位：个

泊位吨级	全国港口	比上年末增加	沿海港口	比上年末增加
[1,3)万吨级	814	21	637	18
[3,5)万吨级	384	15	279	13
[5,10)万吨级	757	29	628	28
10万吨及以上	362	31	350	28
万吨级及以上	2317	96	1894	87

注：数据来源于2016年《交通运输行业发展统计公报》。

从港口的运输能力看，随着中国港口基础设施的不断完善以及装卸、疏运设备等配套设施的支持，港口生产水平明显提升，进而也保障了我国运输能源、原材料等大宗商品的能力。1978年，中国货物的吞吐量只有2.8亿吨，经过近40年的建设，2016年，中国港口完成货物吞吐量132.0亿吨、外贸货物吞吐量38.5亿吨、集装箱吞吐量2.2亿TEU[①]。中国沿海港口在货物吞吐量方面的能力提升极大增强了其沿海港口在国际上的竞争力。2016年，在全球港口货物吞吐量中，全球前十大港口货物吞吐量合计达到58.2亿吨，而中国在全球前十大港口中占有7个席位，吞吐量占全球十大港口货物吞吐量合计数的74%，其中

① TEU，twenty-feet equivalent unit，国际标准箱单位。

宁波-舟山港还是全球货物吞吐量排名第一的港口。在港口集装箱吞吐量上，仅上海港就已经占到全球前十大港口集装箱吞吐总量的17%，上海港也从2009年开始连续7年成为全球第一大集装箱港口，这主要得益于洋山深水港的建成以及上海经济腹地的市场优势，2014年至2016年全球十大港口货物吞吐量情况如表2.8所示。

表2.8 2014—2016年全球十大港口货物吞吐量

港口	2016年		2015年		2014年	
	吞吐量/万吨	同比增速/%	吞吐量/万吨	同比增速/%	吞吐量/万吨	同比增速/%
中国宁波-舟山港	9.18	3.26	8.89	1.83	8.73	7.91
中国上海港	7.01	−2.23	7.17	−5.03	7.55	−2.71
新加坡港	5.93	3.13	5.75	−0.17	5.76	3.23
中国苏州港	5.74	5.71	5.43	13.36	4.79	5.52
中国天津港	5.50	1.66	5.41	0.19	5.40	7.78
中国广州港	5.22	0.19	5.21	4.41	4.99	9.67
中国唐山港	5.16	5.31	4.90	−2.20	5.01	11.33
中国青岛港	5.01	0.80	4.97	6.88	4.65	—
澳大利亚黑德兰港	4.84	6.84	4.53	—	—	—
荷兰鹿特丹港	4.61	−1.07	4.66	4.72	4.45	0.91
全球十大港口	58.20	2.25	56.92	—	—	—

注：数据由公开资料整理所得。

从港口信息化普及情况来看，中国的信息化水平有了长足的发展。当前，中国主要沿海港口，比如上海港、宁波-舟山港、天津港等均已经构建完成EDI网络系统，中国80%的国际集装箱运输可以实现电子数据交换，并依靠信息资源规划技术实现数据整合。随着互联网的快速发展，中国的一些主要港口还推出了“互联网＋港口”业务模式创新平台，包括上海港的“一港通”、宁波-舟山港的“易步通”、青岛港的“物流电商平台”、大连港的“蓝迈”等。这些港口互联网平台提供的服务主要涉及口岸通关一体化信息服务、金融服务、物流电商、数据对接、业务预约、SAAS云服务、船舶供给等方面，中国“互联网＋港口”主要模式如表2.9所示。

表2.9 中国“互联网＋港口”主要模式

港口	平台	平台模式
上海港	一港通	携手上海吉联，缔造物流O2O管理平台
宁波-舟山港	易步通	海铁联运加快融入“互联网＋”时代；综合5个子系统，实现数据互通
青岛港	物流电商平台	与港口相关的上下游客户的业务和信息资源被整合到一个物流和电商的大平台上，只要客户提交一个货物需求，平台就可以为客户的货物提供从采购到交付的全程物流服务
大连港	蓝迈	借助“互联网＋”建无人码头，通过自主研发的智能化集装箱码头操作系统TOP，建设无人码头

注：根据公开资料整理。

对外开放是中国与世界经济融合的重要举措，也是中国不断进行制度创新及获取制度红利的重要来源。中国经济要保持持续活力，离不开对外开放的深入推进。中国对外开放的推进，是对国内外经济环境变化的积极应对，也是推动中国制度创新向市场化方向前进的有效倒逼机制，增强了市场的决定性作用。1980年设立的经济特区是连接中国与世界经济的重要窗口，随后设立的14个沿海开放城市开启了我国东部沿海地区经济崛起之路，其迅速成为中国经济发展的重要引擎。2001年加入WTO后，中国成为“世界工厂”，通过不断提高自身的供给能力实现与全球需求的完美对接，“中国制造”在世界舞台上初露锋芒。此外，自贸试验区的建设推出了“负面清单”管理模式，投资自由化进程进一步深化，资本、人员、技术等要素在自贸试验区内的流动更加自由，在降低交易成本的同时，也提高了资源配置效率，增强了经济活力。一轮又一轮的对外开放形成了中国渐进式开放路径，也成为中国和全球经济融合的催化剂。在更为广阔的世界市场中，中国经济的供给侧与需求侧能够达到更高水平的均衡，扩大产出效应，提升福利水平，增加贸易所得。自由贸易港在国际上被视为是一国对外开放水平最高的形式。中国提出建设自由贸易港也是其新一轮扩大开放的重要举措，沿袭从综合保税区到自贸试验区的渐进式对外开放，是渐进式开放路径的关键一步。

第三章
中国特色自由贸易港建设的战略意义

2017 年 10 月 18 日，习近平总书记在党的第十九次全国代表大会上提出，要赋予自由贸易试验区更大的改革自主权，探索建设自由贸易港。这标志着自由贸易港的探索性建设以一种更加成熟的姿态成为中国在新时期经济建设的全新举措。可以预见的是，自由贸易港将以其在贸易、金融、航运等领域极高的自由开放度成为中国许多国家战略的重要支点。自由贸易港与国家重大战略的关联、在推动它们的落地实施和成果取得的过程中所体现的战略价值以及这些战略价值的具体实现方式，将是本章重点讨论的内容。

一、进一步推动形成全面开放新格局

中国致力于打造外向型经济发展模式，对外开放是中国社会经济发展过程中一以贯之的基本战略。自由贸易港作为优化区域开放布局的新思路，必将成为中国对外开放之路上一次富有挑战又意义非凡的伟大尝试。总体来看，自由贸易港将为中国的对外开放带来积极效应：一方面，建设自由贸易港可以更加充分地发挥海洋在促进经济发展过程中的作用；另一方面，作为自由贸易区的“升级版”，自由贸易港在功能和政策上的独特性和先进性，将引领中国的对外开放向更高层次发展。自由贸易港是当前中国开放型经济的最高层次和最高形态，探索建设自由贸易港势必会推动全面开放新格局的形成。

（一）落实海洋强国战略，打造中国海洋经济

当前，中国依托临海的区位优势和丰富的海洋资源，正加快建成海洋强国。而在海洋强国的丰富内涵中，又以发展和建设海洋经济强国的战略意义最为重要。大力发展海洋经济，能够有效增强中国在石油、矿产、天然气等采自海洋的资源性商品的定价和交易等方面的制度性话语权，进一步提升中国对大宗战略资源的全球配置和驾驭能力，并带动相关产业的发展。自由贸易港作为中国新一轮对外开放的新高地，整合各方面的前沿资源，必将极大地增强中国的海上经济实力，这主要体现在以下两个方面。

一是自由贸易港的诸多政策和制度便利显著提高了港口经济效率。对绝大多数商品的关税减免是自由贸易港的核心特征之一，并且关税减免的范围和程度远超传统的自由贸易区。优惠的税收政策赋予很多货物在相当程度上的关税豁免，这必将伴随着各类入关手续的简化，大大提高货物的通关效率，从而带来极为可观的交易成本减省。除了关税优惠带来的货物入关便利，自由贸易港还允许经监管部门备案的企业在进出口部分货物时免于检验检疫部门的审核及其他过分严苛、烦琐耗时的检查程序，充分缩短了货物的滞港时间，提高了港口的运作效率。同时，自由贸易港允许企业合法地在港内对相关货物进行分拆、改装和加工等一系列业务活动，为企业在当地对货物进行中转或销售提供了便利的条件，免去了企业另寻别处所造成的成本消耗和效率损失。

二是自由贸易港作为大型的贸易货物吞吐平台，为中国海洋交通运输及配套产业的发展带来了新的契机，也将进一步提升中国海洋经济的国际影响力和竞争力。自由贸易港在减少交易成本上的巨大优势必将吸引各地的海运货物于此中转，货物在抵港的同时，也带来了对运输、仓储、加工等相关业务的需求，有效地刺激了自由贸易港所在区域为货物的中转和驻港服务的诸行业的发展。另外，以石油为重点的海上资源开采业务也可以依托自由贸易港实现规模的扩张和产品质量的提升，进而增强在全球资源市场中的竞争力和影响力，为世界范围内的资源供给注

入新动能。一般而言，自由贸易港的发展和成熟有以下两个较为明显的阶段。第一个阶段是由一般港口向国际海运中心的转变——随着自由贸易港中转货源的增加和货物吞吐量的提升，自由贸易港在国际海洋货物运输体系中的地位不断提高。加之各类优惠的管制政策和便利的制度安排，自由贸易港对全球货物运输表现出愈来愈强的吸引力，进而奠定其国际海运中心的地位。第二个阶段则是由国际海运中心向海洋经济中心的转变——在自由贸易港的货物流量不断上升的同时，如前所述，与货物的中转运输和加工处理相关的行业快速兴起，并开始在自由贸易港周围集聚。随着这些行业及其配套的基础设施的完善，以自由贸易港为核心的海洋经济区逐渐形成。它是以自由贸易港的建设为基础的结构严谨、功能整合的经济系统，多元且集中的产业体系不仅可以提供针对性的优质服务，也为经济发展挖掘了丰富的增长源泉，在整体上提高了中国海洋经济的核心竞争力。

（二）从“区”到“港”，发展更高层次的对外开放

从时间节点上看，自由贸易港这一概念的提出要晚于自由贸易区。这在某种意义上表明前者是后者发展到一定阶段所酝酿出的更高水平的对外开放媒介。应当注意的是，从自由贸易区到自由贸易港，不仅意味着贸易职能的进一步优化和健全，也标志着国际贸易的发展在构建新型开放经济格局的过程中发挥着更为强大的作用，为中国发展更高层次对外开放的探索和实践奠定了坚实的基础。

作为对外开放的“新高地”，自由贸易港主要通过以下两种途径推动中国的对外开放向更高层次迈进。一是自由贸易港允许企业开展离岸贸易。离岸贸易允许企业投资人在贸易的实际发生地或货物的实际交接地以外的其他地区开展相关贸易业务，大大减少了企业的额外成本消耗，为贸易各主体尽可能地争取到更多经济效益。贸易便利化是衡量一个国家（地区）开放程度的重要指标，也是探索建设自由贸易港的基本出发点。从这个意义上讲，首开离岸贸易之先河的自由贸易港打造了一个便捷高效的贸易平台，国际贸易的各方参与者对地理空间限制的突破成为可能，贸易利得得到更为充分的挖掘和渗透，这无疑使中国的对外开

放迈上了一个崭新的台阶。二是自由贸易港内的规则秩序与国际标准和惯例高度对接，这为高水平服务业的入驻提供了极好的制度氛围，同时也为离岸金融业务的开展创造了契机。从中国自由贸易区的发展现状来看，尽管部分建设时间较长的自由贸易区已经吸引了来自各行各业大量优质的国际企业和跨国公司，但在产业结构上仍以第二产业为主，对于第三产业特别是高端服务业的吸引力仍十分有限。自由贸易港则可以充分发挥其在政策制定和制度安排上的灵活性和自主权，实现港内规则与国际规则的高度一致，从而为全球企业入驻自由贸易港扫清障碍。由于服务业内部的规则较为复杂且跨国差异明显，行业标准和规则的国际化对服务业将表现出更强的吸引力，特别是会计、法律等在开展业务时对其所依赖的标准体系极为敏感的行业或将成为自由贸易港实现国际规则对接的最大受益者。另外，服务业的快速发展势必对外汇、结算等金融业务的开展提出更高的要求，与离岸贸易类似，离岸金融在业务运作上的高效便捷为企业带来了极为可观的潜在利益，这将使健全和发展服务业成为自由贸易港在未来健全金融市场过程中的主流趋势。

二、促进多边联结互动，助力"一带一路"建设

经济发展进入新常态后，结合国内外情势，中国酝酿并提出了"一带一路"倡议。其基本内涵是致力于建设丝绸之路经济带和21世纪海上丝绸之路，进而发展和深化与沿线国家（地区）的经济合作伙伴关系，打造在政治、经济和文化等领域的利益、命运和责任共同体。自由贸易港作为中国对外开放的新高地，在贸易便利化所取得的丰硕成果之上将进一步探索金融便利化的可行性，逐步实现资本以及劳动力等要素的跨境自由流动，并通过优惠便利的政策和制度体系吸引来自全球的企业。这将极大地丰富和加强中国与"一带一路"沿线国家在经济上的联系和互动，巩固互惠共赢的战略合作基础，对于中国"一带一路"倡议在新时期的落实和推进，以及将"一带一路"真正建设成为一条和平、繁荣、开放、创新、文明之路有着不可替代的重要意义。

(一)立足贸易便利化,实现金融便利化

中国已经建成或正在建设的自由贸易区均不同程度地实现了贸易便利化,通过贸易程序、手续的简化以及费用的降低,促进了中国货物和服务贸易规模的扩大。自由贸易港进一步提高了贸易便利化的广度和深度,但更为重要的一点是,自由贸易港标志着中国开启了探索以各种类型的离岸金融业务为核心的金融便利化的进程,从而使其与"一带一路"沿线国家(地区)的金融联系变得更加紧密。

如前所述,自由贸易港的本质是一个自由开放的市场,而金融领域则是其自由开放性最直接、最深刻的体现,因此构建一个法制健全、体系完善、运行高效的金融市场是探索建设自由贸易港的重要目标之一。自由贸易港为推进金融便利化而采取的突破性举措主要体现在以下三个方面。一是对外币与人民币自由兑换的限制进一步放开,主要包括增加可兑换外币的种类和兑换限额。外汇兑换的自由化使得更多的企业经营者能够在自由贸易港内实现更加灵活和充分的货币种类转换,为他们在中国开展商业投资、利润结算、资金流转等业务活动提供了诸多便利。二是大幅降低资本进出门槛,为资本的自由流动创造更加成熟的条件。在此之前,为维护金融市场特别是外汇市场金融秩序的稳定,中国对外来资本的进入和流出均有极为严格的规定。尽管考虑到中国尚处于对金融便利化的探索和试点阶段,允许外资完全自由进出是不现实的,但自由贸易港对资本跨境流动的限制将明显减少。这种减少不仅是对资金的来源国(地区)和目的国(地区)及流动规模约束的放宽,更体现在审批制度和审核程序的简约和高效上,以尽可能地减少企业在非生产领域的资源消耗。三是为境外投资者提供更多开放式的金融工具以帮助其融资。众所周知,几乎所有企业在经营初期都需要向市场获取资本,这依赖于以证券为核心的各种融资工具。自由贸易港通过向其他国家(地区)的企业开放更多金融工具,为它们提供了多元化的融资渠道,进而创造出更广阔的生存空间。

金融便利化是一个健全金融市场的应有之义,也是推动自由贸易港在将来成为国际金融中心的必要基础。随着自由贸易港的发展和成熟,金融便利化在自由贸易港内逐渐铺展和深化,必将成为"一带一路"倡议的关联国家(地区)与中国开展更加密切的经济合作的新动力和新契机,将为打造经济领域的利益共同体提供制度环境层面上的必要支持。

(二)深化要素的国家(地区)间自由流动

从"一带一路"倡议的精神内涵和目标规划来看,其重要目的之一是要发展和深化与"一带一路"沿线国家(地区)的经济合作伙伴关系。而经济上的合作在很大程度上依赖于生产要素,特别是诸如资本、劳动力等可流动要素的互动与交流。自由贸易港作为新时期推动"一带一路"倡议的催化剂,将着力消除生产要素空间移动的阻滞因素,打造实现要素在国家(地区)间自由流动的通道,完善要素的市场化配置,进一步提升全球资源配置能力,为中国与"一带一路"沿线各国开展更宽领域、更高层次的战略性经济合作提供新的窗口。

要素在国家(地区)间流动的自由度的提高主要得益于自由贸易港所实施的一系列创新政策,这些政策的主要目的在于给予资本和劳动力这两大关键要素在跨国(地区)性空间移动上更多的自由空间。对于资本而言,正如本节第一部分所提到的那样,中国将致力于在自由贸易港内建立一个自由开放、职能健全、运作高效的国际金融市场,这意味着建成后的自由贸易港每天将接纳来自世界各国(地区)用于各项金融事务的资金,同时也会有大量的资金离开自由贸易港,去往远在海外的投资人的账户。这种频繁的跨境资金往来必然要求自由贸易港放松对外来资本进出的严格管制,而采取更加灵活的政策措施,在充分保证资本的国家(地区)间自由流动的基础上,施行以风险防范为核心的金融监管体系。对劳动力而言,自由贸易港将为港内从事商务活动的居民提供更加方便快捷的出入境服务,主要包括签证手续的简化、门槛的降低和时效的延长,从而大大提高劳动力跨国(地区)流动的整体效率,有效降低企业人员调度的时空成本。另外,自由贸易港还将针对港内企业聘用的海外人才出台相关的优待政策,促进海外人才在中国安家落户,例如向工龄达到一定时长的外籍员工发放中国绿卡,为优秀的国外人才提供住房补贴和子女教育经费支持等。这些优惠政策将逐渐使自由贸易港内的海外人才产生巨大的向心力和凝聚力,吸引和鼓励来自世界各国(地区)的优秀劳动力入驻自由贸易港。从这个意义上讲，探索建设自由贸易港、促进实现要素在国家（地区）间的自由流动实际上是中国为开创与“一带一路”沿线国家在经济上的融合、互信和共赢的新局面所做出的重大建设性贡献，是中国在新时期继续推进“一带一路”倡议的重要一步。

（三）为企业资源的整合和共享提供平台

从本质上讲，“一带一路”倡议是一个合作共赢的倡议。在“一带一路”倡议的基本框架下，基于双（多）边对话合作机制，利用现有或正在搭建的区域合作平台，中国与沿线各国在经济发展的各个领域开展广泛而深刻的合作，共享发展建设成果。企业作为市场经济的细胞，无疑是这种跨国（地区）经济合作的重要载体。各国（地区）企业就重大项目而进行的合作和交流也是国家（地区）间开展经济合作的生动体现。自由贸易港依托自由开放的政策和制度体系，为来自世界各国（地区）的企业创造了便利的准入条件和良好的营商环境，有助于实现多国（地区）企业资源的空间整合和优势互补，必将成为加强中国与“一带一路”沿线各国（地区）联系与合作的经济纽带。

自由贸易港在多个层面为跨国（地区）企业入驻提供政策便利，主要体现在市场准入、政府监管、资金融转和税负优惠等方面。如前所述，自由贸易港将在自由贸易区的建设成果基础上，进一步开放允许外来资本持股的行业，并放宽部分已开放行业的外资持股份额限制，在一些非管制性行业，甚至还将探索允许海外投资者完全持股的可行性。对于政府监管而言，在自由贸易港内，政府部门将更多地扮演市场经济秩序的“监督者”和“维护者”，对大部分行业都不会采取直接的政策性干预。相关企业只要遵守自由贸易港推行的法律法规，就可以享受与境内企业相同的“国民待遇”。自由贸易港对企业内部资金，特别是利润跨境转移的限制也将大幅削减，主要体现在审批效率的提高和最高限额的提升。开放的国际金融市场将为外来企业提供充足的融资、融券工具和快捷的外汇兑换服务，显著降低企业在运作经营初期的成本压力。在企业税负方面，自由贸易港对国（地区）外企业征税的税种和税率均将明显减少。从国际经验来看，自由贸易港对大部分货物的进出口均免征关税，且不再增设营业税和增值税等额外税种。另外,自由贸易港内的企业都可在不同程度上享受在企业所得税征缴上的优惠——税率的降低当然是最直接的手段,但也有部分自由贸易港正在探索尝试一些新的政策,例如给予港内企业在一段时间范围内的所得税优惠,根据企业的所属行业、经营绩效等给予不同力度的税收减免,采取更加自由灵活的动态计税机制等。这些基于不同层面的税收优惠制度也将成为各国(地区)企业争相加入自由贸易港大家庭不可或缺的驱动因素之一。

当越来越多的投资者选择在自由贸易港内注册公司时,企业的空间集聚效应便开始显现。各国(地区)企业在自由贸易港内将实现资源和知识的交流和互补,发挥各自的比较优势,完善基于产业链的分工和协作机制,充分享受由资源整合、联结紧密所带来的生产效率的提高,从高度一体化的区域经济发展中获得切实的利益。从这个意义上讲,自由贸易港为中国与"一带一路"沿线国家(地区)开展更加广泛、更加密切的经济合作提供了一个新的思路,是新时期中国在"一带一路"倡议的总体框架下继续开创"互信互惠、共创共赢"新局面的坚实基础。

三、加快发展方式转变,服务全面深化改革

在经济新常态下,为了迎接全新的机遇和挑战,中国始终将居于全面深化改革核心地位的经济体制改革作为经济建设和发展的一项重大战略举措。经济体制改革的主要任务就是要革除现有体制中与新常态不相适应的部分,并努力构建能顺应经济发展潮流、有效刺激经济增长的制度体系。对自由贸易港的探索作为中国在对外开放领域的一次大胆尝试,其本质是在原有自由贸易区被赋予更高改革自主权的基础上所进行的新一轮制度创新。同时,建设自由贸易港让我们本已敞开的国门对全球企业进一步打开,激烈的市场竞争将倒逼国内相关企业进行转型升级。

(一)推动制度创新实践及其成果转化

制度创新是经济体制改革最为生动的体现。自由贸易港尽管在地理特征上被视为仅占据有限空间的港口,但其经济功能的实现主要依赖一系列突破性的制度安排。从这个意义上讲,比以往任何时期都更加开

放自由的制度环境才是自由贸易港产生巨大吸引力的源泉。

总体来看,自由贸易港的制度创新主要体现在以下五个方面。一是企业注册。在自由贸易港内,相较于境内其他地区,企业的注册手续将被大大简化,审核时间也显著缩短。任何自然人或法人只需满足最基本的要求并提交简单的书面材料就可以被批准在港内设立公司。二是行业准入。除了国家(地区)严厉管制或明令禁止的行业外,自由贸易港对私人或外来资本涉足的领域几乎没有其他额外限制。投资人只要在商务管理部门处登记备案(对于某些完全开放的行业甚至不需要这一步骤),就可以在自由贸易港所设定的法律制度框架内享受自由进出任何市场的"国民待遇"。三是外汇管理。自由贸易港在发展到一定程度后往往会因其在贸易、投资等领域频繁的大规模国际结算和资金周转而成为国际性金融中心。这意味着其对资金汇入汇出及结算币种的限制相较于其他地区有明显的减少。这不仅为企业或其他贸易主体在外汇兑换和资金运转上节约了大量的显性和隐性成本,也强有力地推动了人民币的国际化进程。四是货物监管。自由贸易港对进口、出口和转口货物通关程序的要求仍以"过程简化,效率提高"为核心目标。从现有的国际经验来看,世界几大著名的自由贸易港对一般货物的报关手续都施行了精简高效的规定,具体的措施包括:对需要呈报的交易和运输单证的要求相对于传统的自由贸易区进一步放宽,报关的总体费用显著降低,多项关联性手续的合并,采用高度电子化和自动化的申报审批系统等。五是税收政策。自由贸易港对大部分进出口货物都实行零关税或低关税政策,对企业所得税的税率和起征点也有极为优惠的规定。同时,自由贸易港在税收政策的制定和选择上享有充分的自主权,可以根据实际的发展状况和具体的战略规划进行灵活的设计和调整。自由贸易港在以上这些领域所进行的富有远见的政策尝试,不仅为自身的发展成熟奠定了良好的基础,同时也是中国新一轮经济体制改革的"示范性窗口",引领着其他地区积极开展对新制度、新思想、新方法的探索,并使创新成果辐射和渗透到经济发展的各个领域。

(二)激发国内企业探索转型升级之路

值得注意的是,自由贸易港是在自由贸易区基础之上提出的新概念，这意味着自由贸易港绝不仅仅是单纯的海运交通枢纽，它还是一个相较于自由贸易区更加自由开放的市场。市场的自由性集中体现在市场准入和市场竞争两个方面——市场准入的门槛和成本较低，任何企业只要满足相应行业的基本要求就可以进入市场。市场竞争不会受到扭曲性或保护性政策的干扰，任何企业都面临相同的外部环境和竞争压力；市场的开放性则主要与对海外企业的包容和接纳有关——开放的市场允许并鼓励来自全球的企业前来投资设厂。同时，市场的自由和开放还往往蕴含着公平，它们共同作为有效市场不可或缺的三大要素，也是自由贸易港最具代表性的经济特征。作为中国自由开放度最高的市场区域，自由贸易港的建立将吸引大批国内外企业入驻，并逐步在港内形成多元化立体式的产业集聚区。这为国内企业带来了两种转型升级的促进效应：一方面，在这些产业集聚区内，由于空间和生产上的紧密联结，国外企业先进的生产技术和工艺、优秀的组织和管理理念等将不同程度地向国内企业渗透，使国内企业在跟随性学习的过程中，也以它们为蓝本和借鉴，不断探索具有鲜明自我特色的转型升级方式，最终推动生产率的提高以及整个行业的长期发展和进步；另一方面，自由而激烈的市场竞争使每一个身处熔炉的企业都产生极强的危机意识，残酷的市场生存法则激励着企业在各个层面不断进行研发创新，并积极探索更加适应市场环境和机制，从而为其生存和发展赢得充分空间的组织和生产方式。特别是在那些与世界先进水平尚有明显差距的行业内，当以自由贸易港为代表的国内市场进一步开放后，国内企业固有的本土优势将会受到来自进驻港内的海外优秀企业的剧烈冲击，伴随而来的空前的竞争压力迫使其加快淘汰落后的生产技术，谋求转型升级的步伐。从这个意义上讲，自由贸易港实际上将为国内企业铺设一条系统性的转型升级之路——以更加自由开放的市场体系为基础，集聚国内外各个行业的优秀企业，充分发挥有效市场机制在推动企业研发创新过程中的基础性作用，促进生产技术、管理方式、销售策略等领域的互动和交流，引导国内企业积极进行自我完善和自我蜕变，进而实现更高层次的转型升级。

第四章
自由贸易港的发展状况与经验借鉴

本章首先从港口贸易、营商环境等角度入手全面总结了自由贸易港的发展现状，其次梳理了自由贸易港发展的阶段性特征，根据内外部条件深入剖析其发展的动态趋势，最后提炼出可资借鉴的经验。从案例上，本章参考了中国香港、新加坡、阿联酋迪拜和荷兰鹿特丹四个主要自由贸易港，这些自由贸易港虽然各具特色，但也呈现出一些有共性的发展规律和趋势，能够为中国内地建设自由贸易港提供有益的经验借鉴。

一、主要自由贸易港的发展现状

经过多年发展，主要自由贸易港从早期的贸易促进型专业化港口，到当今集贸易、投资、金融、物流于一体的综合性港口，在世界贸易和投资中扮演着越来越重要的作用，其发展现状可以从港口贸易、营商环境和产业配套融合等几个方面来认识。当然，自由贸易港的发展也不是一蹴而就的，而是经历了从初期的单一类型贸易港到综合型贸易港再到跨区域综合性贸易港的转变，产业则经历了从单一产业到多产业并举，再到产业融合升级发展的转变。

(一)中国香港

1.总体特征

第一,开放的投资环境。香港被誉为“全世界最自由的港口”,这主要得益于其“积极不干预”政策。香港特区政府致力于为市场营造最宽松、有效的环境。这具体表现为两方面:①企业注册快捷。企业注册无须现场申请以及办理繁杂的手续,只需网上申请,1个小时内即可获取所需证书。②投资制度开放。所有资金在香港不分来源,无任何歧视,实行统一政策,使得所有在港经营企业享受同等市场环境。

第二,自由的贸易方式。无论自由港的类型如何演变,其功能起源于贸易,落脚于贸易。自由的贸易方式是自由港须具备的最基本条件。香港的贸易自由有以下几种表现形式:①贸易管制少。也就是说,对配额等管制较少,一般货物的进口不受配额和其他限制,且经营权也不受限制。②可自由结算。在香港境内,任何企业可以以任意货币进行结算,也可同时开设多种货币账户,且香港高效运转的金融体系允许企业能够对多种货币进行自由组合,基本实现货币兑换自由,为自由贸易提供保障。③航运自由。交通运输进出香港不受海关限制,船只进出无须结关,在港内装卸、转运和储存不受海关控制,也无须接受额外检查。

第三,高效的通关过程。货物进出香港港口非常迅速,所有进出口商品基本不受管制,并且报关手续十分简便,在货物进出港的14日内呈报报关单即可顺利通关。

第四,开放的金融服务。香港作为亚洲乃至世界金融中心之一,汇聚了众多顶尖金融机构,覆盖了金融的各个领域,可提供多种多样的金融服务。并且,香港拥有全球最开放的货币市场,实行资本项目下的完全开放,资金不分来源,均可自由进出。

第五,低税负。香港吸引众多企业的一个重要原因就是低税负。香港的低税负主要由以下特征体现。一是除特殊商品外,一般的进出口货物进出港均不须缴纳任何关税;二是对于在港企业实行的低税率政策,利得税的税率仅为16.5%,低于世界上大部分地区。

第六,要素流动自由。首先,香港具有较为宽松的出入境政策,其商务、旅游的游客签证较容易获得。其次，优秀的人才进入香港工作只需要申请工作签证即可，这帮助香港从各地吸引了一大批优秀人才。最后，劳动力在香港也可自由流动，企业既可以雇佣本地居民，也可以雇佣外地居民。

当然，香港作为自由贸易港，其发展也不是一蹴而就的。分阶段来看，在不同的历史阶段，它的特征各有差异，这不仅取决于不同阶段的世界分工环境，也取决于它在不同阶段的目标定位，下面我们分不同发展阶段来具体分析其在各个阶段的不同特征。

2. 分阶段特征

从整个自由贸易港的发展历程来看，香港的发展大致可分为转口贸易自由港阶段、加工贸易型自由港阶段、综合型自由港阶段和跨区域综合型自由港阶段共四个阶段。每个时期的香港根据其发展阶段的不同具有不同的特征。

(1)转口贸易型阶段

总体来看，该阶段最大的特征为依赖于香港的历史条件形成的以简单的进出口转换为主的转口贸易发展模式，且其余大部分产业均服务于转口贸易。

1841 年至 1946 年的香港处于转口贸易阶段。这一阶段自由港的发展主要与香港得天独厚的地理条件、经济基础以及历史背景相关。香港自然资源匮乏，主要以渔业为主。但由于其紧靠太平洋，毗邻内地，地理位置优越。1841 年英国占领香港，并对香港实施殖民式统治及相关政策，使得香港越过第二产业的发展，一举从以渔业为主转变为以转口贸易为主要产业的城市。

香港的贸易主要以与内地以及英国和印度的贸易为主。香港从内地购进茶叶、丝绸、大米等特产，出口到英国及其统治下的印度；将从印度进口的鸦片和棉花转口到内地；将工业品从英国进口，转口到内地。

(2)加工贸易型阶段

本阶段的特征可归纳为：由外部“禁运政策”推动的从简单的转口贸

易向附加值更高的加工贸易升级。这一阶段的发展使得中国香港作为自由贸易港的贸易模式更加稳定，贸易更多地依靠内部生产力而并非外部环境。

20 世纪 50 至 70 年代初为香港的加工贸易型自由港阶段。这一阶段开始的标志是“世界对华禁运”的实施。由于美国及联合国在 20 世纪 50 年代初对中国实行了禁运以及经济封锁，与内地相关的贸易渠道被切断，导致其转口贸易额迅速下降，香港失去了其作为转口贸易港的优势，经济受到巨大冲击。但香港继续利用其背靠内地的优势，充分利用内地城市低成本的资金和劳动力，形成了以纺织业为主的劳动密集型产业。

香港的加工型自由贸易港阶段又可以细分为两个阶段。第一阶段为过渡阶段。这一阶段由 20 世纪 50 年代开始，至 20 世纪 60 年代结束。由于“对华禁运”政策的实施，香港的大部分转口贸易被迫中止，不得不转而从事加工贸易。由于香港的工业一般为低污染、生产设备较小的劳动密集型行业，且香港的土地较为稀有，因此小厂大多混杂于住宅区内，从而形成了众多的木屋工厂和住宅工厂。工业区则多以工业大厦的形式存在，形成了与世界上大多数工业区不同的多层高密度工业社区。截至 1959 年，香港本地产品在出口产品中的比重已经上升到 69.6%，转口贸易的地位开始逐步被加工贸易所取代。第二阶段为加工型自由贸易港加速发展阶段。一方面，香港凭借价格与成本的优势参与世界分工，使得制造业地位得到提升。另一方面，香港的高度开放，为加工产品的贸易提供了良好的平台。到 1969 年，由于出口导向型策略的实施，香港彻底改变了以转口贸易为主的贸易结构，香港的经济也不再完全依赖转口贸易，而开始向以轻工业及其产品出口为主转变，这标志着香港加工贸易型自由港阶段的到来。

(3)综合型自由港阶段

本阶段的特征可归纳为：由中国的改革开放政策和亚太经济一体化政策推动的全产业综合发展。并且这一时期，伴随着制造业的转型升级和服务业的崛起，香港成为一个产业附加值更高、运作更高效、功能更全面的综合型自由港。

20世纪70年代末，在中国实行对外开放政策的同时，亚太区域一体化不断推进，香港迎来新一轮的发展机遇。香港及时地把握发展机会，将制造业中劳动密集型行业向劳动力成本较低的珠三角地区转移，同时利用自身在发展前期积累的大量金融、管理以及技术方面的优势，进一步推动本土制造业的发展。同时，这一时期香港的金融、房地产和旅游等服务业迅速发展，这些产业与制造业相互融合，进一步加速了香港的发展。

这一阶段的发展具有以下两个主要特征：①制造业加速转型。由于资本总是会流向收益高的行业，因而金融、贸易和房地产行业更容易吸收资金，这导致制造业的研发活动资金不足，制造业仍以劳动密集型行业为主，技术密集型行业占比较低。然而香港凭借其世界贸易、金融中心的地位，快速地推进制造业的转型升级。一方面，由于高度开放，香港对世界市场的信息反应较为灵敏；另一方面，由于香港的制造业多以出口加工为主，严格的交货时间促使其制造业始终保持较高的效率。更进一步地，由于香港一直致力于加速产业转型升级，将劳动密集型产业大量迁往内地，而将一些自动化程度较高的高端制造业留在香港。这使得香港的制造业转型升级再一次加快步伐。②服务业崛起。根据前文所述，资本会流向回报率较高的金融、旅游、餐饮、保险、房地产等服务业。因而服务业在GDP中所占比重不断提高，1970年至1986年提升了5个百分点。在所有服务业中，金融、保险和房地产所占比例最高，总计高达17.6%。这主要有两方面原因：一方面，由于存在时差，香港在时间上弥补了伦敦和纽约证券交易所开市和闭市的时间差，具备发展金融业的良好条件；另一方面，香港自由的投资环境，使得境内外资本能够自由进出，这进一步推动了香港金融业的发展。

(4)跨区域综合型自由港阶段

本阶段的特征可归纳为：以系列跨区域合作组织和自由贸易协定为基础的“大产业”、“大区域”协同发展。在此背景下，香港作为亚太区域的金融、贸易、航运中心的地位更加稳固，充分发挥了其作为自由港的优势与作用。

自20世纪90年代开始的区域跨境合作区由于具有加强信息交流、技术合作、投资流动自由等优势，呈现出了巨大的发展潜力。香港顺应时代潮流，与内地的珠三角地区进行深入的区域合作。1997年后，香港与内地的合作进一步深入，香港的经济维持稳定的增长。这主要表现为稳定的经济增长、不断扩大的经济规模以及位居世界前列的人均GDP水平（表4.1）。

表4.1　1997年至2010年中国香港经济表现

经济指标	具体表现
经济增长	本地名义生产总值年均增速为2.0%，高于同期的韩国和中国台湾等地
经济规模	1997年中国香港本地生产总值为1.36万亿港元，至2010年末达到1.74万亿港元，增幅高达27.9%
人均收入水平	人均GDP由1997年的21.03万港元提高到2010年的24.67万港元，增幅达17.3%，排名亚洲第四、世界第二十三

与此同时，在这一阶段，香港的产业也呈现了一些特征：①服务业继续发展。包括金融、保险、批发、零售以及中介服务在内的生产性服务产业不断发展。同时，整体服务业占总产值的比重由1997年的85.12%上升至2005年的90.70%。②新兴产业不断发展。由于特区政府的大力支持，包括环保产业、检测认证、医疗服务、教育服务、文化及创意产业以及创新与技术在内的6个支柱产业成功落户香港。

在区域一体化的潮流下，香港加入了一系列跨区域合作组织，同时签署了一系列自由贸易协定。1995年，中国香港加入了WTO，并成为WTO的创始成员。同时，中国香港还加入了以亚太经济合作组织为代表的一系列合作组织，与新西兰、欧盟以及智利等多地签署了一系列自由贸易协定，这些积极参与到区域经济一体化的潮流中的行为为自由港的纵深发展创造了良好条件。

（二）新加坡

1. 总体特征

新加坡是全球贸易最自由的地区之一，高度开放的自由贸易政策是其取得巨大成功的主要原因。目前为止，新加坡在港口和机场附近总共设立了 8 个自贸区，分别由 3 家企业经营管理。凭借其优越的地理位置、开放的贸易政策、灵活的响应机制，新加坡已经成为世界上领先的自由贸易港。总体来说，它具有以下特征：

第一，营商环境优越。新加坡为企业营造了良好的营商环境，《2014 营商环境报告》显示，自 2006 年起，新加坡在全球 189 个经济体中位列榜首，且 8 年来始终维持其良好排名。这主要表现在以下几个方面：①企业注册便捷。任何国籍的成年人士，只需提供新加坡注册地址，委任 1 名新加坡董事、1 名当地秘书，并提供相应文件，即可在 3 个工作日内完成公司注册工作。②注册资本门槛较低。成立公司的最低注册资本为 10 万新元，且实行认缴制，可延迟缴足资本。③对经营活动约束较少。除常规法律约束外政府不对企业的正常经营实行其他约束。

第二，投资领域开放。除个别与国家安全相关的行业外，新加坡在外资的准入领域基本无限制，并且对企业的经营范围也无限制。不管公司名称如何，只要在合法的前提下，公司可自由经营任何种类的业务，并且其经营范围可以根据自身需求自由变更，无须审批。

第三，金融服务完善。新加坡为全球第四大金融中心，金融市场较为开放，金融服务较为完善。一方面，新加坡无外汇管制，汇兑完全自由；另一方面，金融服务覆盖面广。提供的金融服务涉及有关企业生存和发展的方方面面。企业只要符合条件，都有权在新加坡交易所发行股票或债券。与此同时，新加坡还具有成熟的融资租赁市场，能够为企业提供全方位的融资服务。

第四，贸易活动自由。新加坡的贸易便利化处于世界领先水平，主要体现在以下几个方面：①结算自由。新加坡无外汇管制，资金进出自由，能够自由结算；②贸易主体自由。贸易手续简单，只需简单的申请即可参加贸易活动；③航运服务发达。新加坡作为世界著名的航运中心，汇集了包括航运交易、航运经纪等环节的完整航运产业链，为开展世界贸易奠定了良好的基础。

第五，科技应用水平高。作为世界航运中心，需要政府职能部门、航运公司、物流公司以及法律部门的协同工作，面对庞大的合作体系以及繁杂的合作事务，新加坡积极开发高科技系统进行管理。Trade Net 和 Port Net 两个电子信息系统是新加坡世界航运中心信息平台的主要构成部分。以 Trade Net 为例，它是全国 EDI 贸易服务网，它将新加坡所有的贸易主体机构链接到一个网络中，使得信息可以共享，同时，将全国所有航运公司的管理信息进行联网，实现信息互通。

第六，临港工业发达。新加坡充分利用自身海港的水深以及便利的交通体系的天然优势，同时利用其作为物资集散中心的优越条件发展临港工业，充分发挥港口的综合区位优势。其工业主要集中于磁盘、集成电路以及炼油业，值得注意的是，新加坡是仅次于美国休斯敦、荷兰鹿特丹的世界第三大炼油中心。

第七，法制环境健全。新加坡自由贸易港的一切贸易活动依据是《自由贸易区法》，它几乎规定了贸易的各个方面，包括自贸区的功能定位、监管体制、税收优惠政策等。新加坡对企业日常的经营活动不进行过度干预，而是由执法机构通过一系列的法律进行监管，如《公司法》、《海关法》等。

同中国香港一样，新加坡也经历了漫长的发展阶段，在不同的历史阶段，它的特征各有差异，形成了新加坡独有的发展特色。下面我们分不同发展阶段来具体分析其不同特征。

2.分阶段特征

从整个自由贸易港的发展历程来看，新加坡的发展大致可分为转口贸易阶段、转口替代阶段、出口型工业化阶段、产业转型升级阶段、制造业与服务业并举阶段、产业再升级阶段共六个阶段。每个时期根据其发展阶段的不同具有不同的特征。

(1)转口贸易阶段

与中国香港类似，该阶段新加坡最大的特征为依赖于优越的地理位置、以简单的进出口转换为主的转口贸易发展模式，且转口贸易为地区经济的支柱。

新加坡地处东南亚核心位置，位于两大洋、四大洲的海、空航线交汇处，扼马六甲海峡的出入口，地理位置十分优越，为转口贸易的发展提供了得天独厚的自然条件。故在建国初期，新加坡便开始进行转口贸易。在这一时期，新加坡主要是作为欧洲、北美与东南亚贸易的重要中转站，转口贸易是国家收入的主要来源，占国民经济比重高达80%。

(2)转口替代阶段

这一阶段的特征可归纳为：实现自治后产业格局的首次推进，将经济结构由转口贸易向工业化推进的大胆尝试。

1959年新加坡获得一定的自治权，新政府意识到，若无产业支持，依靠单一的转口贸易模式不利于新加坡的长远发展，需要建立新加坡本土更牢固的经济基础。因此，刚刚取得执政权的新加坡政府的策略是：由以转口贸易为主转变为以工业为主，由工业化带动经济的综合发展。为此，新加坡政府实行了两项重要举措：第一，颁布《生产控制法令》，规定特定的商品只能由特定数量的企业生产，此举意在保护本地企业免受国外企业竞争；第二，颁布《新兴工业所得税减免法令》，减少企业税赋，鼓励本地新兴企业的发展和国外企业落户新加坡。

除了政策支持以外，新加坡政府还实行了一些其他的措施以鼓励工业发展。一是大力兴建基础设施，为工业发展创造良好条件；二是设立新加坡经济发展局，以促进新加坡工业的建立；三是积极引进国外先进技术，扶持国内弱势行业。以上各项措施，积极促进了新加坡工业结构的建立，从而改善了新加坡因过分依赖于其转口贸易的脆弱的产业结构。

(3)出口型工业化阶段

这一阶段的特征可归纳为：由新一轮宏观经济问题推动，向出口型工业化发展。这是新加坡政府在对自由港未来发展探索之路上迈出的重要一步，进一步扭转了依赖单一的转口贸易的发展的局面。

1965年，新加坡独立，一系列新的宏观经济问题开始显现：一是人口增加带来的就业压力,二是脱离马来西亚带来的经济压力。鉴于此,新加坡开始集中生产用于出口的劳动密集型产品,包括纺织品、服装以及日用家电等。新加坡开始进入出口工业化阶段。这个阶段的变革以1966年《自由贸易园区法案》的通过为标志。

为了鼓励出口,新加坡出台了一系列的优惠政策:一是对企业所获得的出口利润给予5到10年高达90%的减免税的优惠;二是安排经济发展局接洽那些想要在新加坡落地且目标是出口的制造商和生产商,并大幅削减针对出口生产商的公司所得税。

(4)产业转型升级阶段

这一阶段的特征可归纳为:由劳动密集型行业向技能密集型行业发展的转型升级。这一阶段的升级为新加坡日后的高速发展奠定了坚实基础,使得新加坡的产业结构向更高级别迈进。

经过前几个阶段的发展探索,新加坡的经济得到了巨大的发展。然而,依靠劳动密集型产业发展经济只能带来较低的附加值,要想进一步发展,需要提高劳动生产率。鉴于此,新加坡开始着力发展设计、信息科技、电脑附件制造业等技术密集型行业,通过不断提高产品质量和降低生产成本,增强产品的世界竞争力。

为了达到以上目的,新加坡政府采取了以下措施:首先,对技术密集度较低的行业施以限制,取消优惠待遇,促使企业向高科技行业转移;其次,加强基础设施建设,为进一步发展提供保障;最后,积极培养技能型人才,设立技术培训中心,逐渐淘汰低技能型工业,走向高科技水平。

(5)主要产业由制造业向服务业转变阶段

这一阶段的特征可归纳为:由以制造业为主向以服务业为主转变。这一阶段新加坡具备了一定程度的综合实力,成为公认的世界枢纽,许多企业总部选择落脚于此。

在之前的发展阶段里,制造业对经济的贡献超过了其他行业,这显示出工业化和产业升级给制造业带来的蓬勃发展。新加坡政府开始思考更进一步的发展策略。在一般的产业升级演进规律里,一般会经历"二、三、一"向"三、二、一"发展的阶段。依据此规律,新加坡的产业开始由以制造业为主向以服务业为主转型。

(6)产业再升级阶段

这一阶段的特征可归纳为:在亚洲金融危机推动下,向更高级别的制造业和服务业升级。这一阶段的升级使得新加坡的产业技术含量更高,生产过程更清洁,这些变化更加有利于自贸港的长期发展。

1998 年亚洲金融危机爆发,随之而来的是全世界范围内对电子产品的需求下降,且新加坡的劳动力成本上升,许多公司关闭了在新加坡的工厂。面对越来越激烈的竞争,新加坡政府开始思考如何进行新一轮的产业升级。新一轮的产业升级基于以下方向:一是引进高端电子产业和产品;二是在国内培育世界范围内的新兴产业;三是充分发挥新加坡环境一流的优势,引进和发展生命科学和环保产业;四是发展教育,积极培养本土优秀人才。

(三)阿联酋迪拜

1. 总体特征

第一,优越的地理位置。阿联酋迪拜港优越的地理位置使得其海、陆、空运输均十分方便,能够快速地将货物运往周边的各大消费市场。并且还拥有连接港口、机场和自贸区的“物流绿色通道”,货物运输十分便捷。

第二,集中式管理。阿联酋迪拜的港口归地方政府所有,由地方政府负责港口的基础设施建设、招商引资以及园区开发,并对阿联酋迪拜港的一切事物实行统一管理。统一的港口管理能够在很大程度上提高港口的运作效率,避免不同管理机构之间协作不当造成的效率损失。

第三,优惠的投资政策。外资企业在阿联酋迪拜落户的政策十分优惠:一是 100%的外资拥有权;二是免除 50 年的所得税;三是企业由于生产需要进口的设备和原材料免除关税;四是允许资本自由进出。

第四,有力的自治团体。为了更好地保障企业的利益,阿联酋迪拜民间自发成立了阿联酋迪拜工商会,该组织成立的目的便是为企业营造良好的营商环境,使得企业在迪拜境内能够更加便利地开展贸易活动。这个团体的存在也规范了企业在迪拜境内的活动,从而使得迪拜港能够更加高效地运作。

阿联酋迪拜的发展历经200多年,依靠自身独特的地理位置和发展背景,形成了其特有的发展特征。下面我们分不同发展阶段来具体分析其不同特征。

2.分阶段特征

阿联酋迪拜港位于阿联酋东北沿海,地处亚、欧、非三大洲的交汇点,是中东最大的自由贸易港和波斯湾地区著名的世界商业中心,主要有拉什德港区和杰贝拉里港区。其发展历程主要经历了以下三个阶段:

(1)珍珠港口和贸易港口时期

这一时期港口发展的主要特征为:凭借优越的地理位置发展起来的以珍珠为主的贸易活动。这一阶段,阿联酋迪拜港的贸易形态以单一商品为主,奠定了阿联酋迪拜港在波斯湾地区的核心贸易地位。

早期,迪拜港只是一个小型港口,贸易活动并不频繁。直至18世纪末19世纪初,英国出于倾销的需要,开始以迪拜为中心向其周边国家倾销以珍珠为主的各种商品,迪拜因此成为著名的珍珠港口。

到了20世纪初期,面对来源于日本的激烈竞争,迪拜作为珍珠港口的优势不复存在,取而代之的是贸易。为了确立其在波斯湾地区贸易港口的核心地位,迪拜于1904年取消了其原本就较低的关税(5%),成为一个自由港。凭借自身优越的地理位置和免税的有利条件,阿联酋迪拜港一跃成为地区商品贸易中心。

(2)基于石油贸易的发展启动期

这一阶段的主要特征为:基于石油贸易的港口再发展。这一阶段由于大量石油资源的发现,迪拜港的贸易有了极大发展,伴随而来的是更完善的港口基础建设和更专业的港口管理机制。

1960年迪拜发现了石油,这给迪拜带来了巨大的财富,也带来了新一轮的发展契机。根据统计,1960年至1977年,阿联酋的石油收入从3300万美元增加到80亿美元,到1980年更增至192亿美元。但迪拜的领导人并未满足于眼前的利益,而是开始考虑未来石油资源枯竭可能带来的困境。鉴于此,迪拜充分利用迪拜港优越的地理位置和作为贸易港口积累起来的各种资源，大力建设迪拜港，发展贸易，使其成为周边海湾国家石油的集中出口港口。

为了达成以上目标，迪拜的领导者采取了一系列的措施：一是大力兴建基础设施，包括投资建设拉什德港、疏浚杰贝阿里港和建设阿联酋迪拜世界机场；二是设立专门的港口管理机构——阿联酋迪拜港务局，以对迪拜的两大港口的事务进行全方位、专业的管理。

(3)独立后加速发展期

这一阶段的主要特征为：完全自治后的独立、高速发展期。这一时期得益于领导者正确的执政理念和政策，迪拜港完全成为中东地区的区域中心，也成为世界上著名的自由贸易港。

1971年，迪拜独立，脱离了英国殖民者的统治，获得了完全的自治权，获得了完全自主的发展机会，这为其进一步的发展提供了政治保障。加之前期的各项基础设施建设，迪拜港进入了高速发展期。这一时期，迪拜成为阿联酋和整个中东地区的金融、经济、贸易、商业和旅游中心。迪拜积极抓住这一时期的发展机遇，制定了建设世界级的贸易中心的发展战略。与此同时，随着资本市场的不断完善，阿联酋迪拜的融资效率大大提高，大量的资金开始流入阿联酋迪拜，为其经济发展注入新的活力。这一轮的飞速发展为迪拜积累了大量的基础设施，包括世界上第一家七星级酒店、全球最大的人工港以及客机航队等。

这一时期的发展，主要得益于领导者正确的执政理念和政策，政府在经济发展中起到了重要作用。政府秉持市场经济的理念，最小化对经济的干预，打造自由的投资环境，从而吸引了大批的投资者。同时，为了吸引世界上的大公司落户迪拜，政府大力投入，继续扩建机场，设立自由区，不断完善基础设施。由于政府一系列致力于吸引投资者的举措，迪拜集中了阿联酋70%左右的非石油贸易，成为该国的贸易中心，并一举成为世界上的第三大转口贸易港，仅次于中国香港和新加坡。

(四)荷兰鹿特丹

荷兰鹿特丹港是欧洲第一大港口，它连接了欧洲、美洲、亚洲、非洲、大洋洲五大洲，是一个地理位置十分重要的港口，素有“欧洲门户”之称。

不同于其他的自由港，鹿特丹港的自然优势十分明显：内部河道宽广，航船可自由通行；外部河道水深，可停泊巨型游轮。世界上海运最为繁忙的多佛尔海峡就位于鹿特丹，因此，它是一个十分重要的交通枢纽，也是荷兰的集散中心。

1. 总体特征

第一，高效的运营模式。在发展早期，与其他自贸港类似，鹿特丹港采取产权和经营权相分离的经营模式。政府拥有港口，但不参与经营和管理，而是将其委托给专业机构统一管理，再向其收取租金，这种管理模式被称为“地主港”管理模式。而后，鹿特丹也在不断探索更好的管理模式。鹿特丹市港务管理局代表市政府主管鹿特丹港，对港内的土地、码头、航道和其他设施进行统一开发，管理模式已经由过去的“地主港”变为“由港务局主导港区发展的模式”。

第二，优惠的贸易政策。作为一个以转口贸易为主的贸易港，鹿特丹港内的保税仓库只收取存储费用，而不收取关税，还将货物进出港的手续尽可能地简化，使得货物能够最快地进出港。

第三，十分先进的物流服务。领先的物流业体现在硬件和软件两个方面。在硬件方面，鹿特丹能够提供各种货物的仓储条件。同时，鹿特丹有发达的交通系统，覆盖了欧洲的大部分工业地区。软件方面，Masersk、Buss 等世界一流的物流公司共同构成了鹿特丹的物流软件系统。这些公司在提供综合性的物流处理和分拨服务的同时还提供货物运输的“门对门”服务，在高效利用原有物流系统的同时还为跨国的物流服务提供了有力保障。在鹿特丹，发达的交通网络以及一流的物流公司共同构成了世界上最先进的物流业。

第四，完善的基础设施。鹿特丹的码头数量众多，且各种码头具有不同的功能，能够满足不同的需要。在所有的基础设施建设中，鹿特丹最重视运输系统。整个鹿特丹港的建设以新航道为主轴，由上游向下游、由北向南、由东向西、由近市区向大海延伸，构成由港口铁路、海路、公路、内河和城市交通系统及机场连接的集疏运系统。除此之外，鹿特丹的管理设备和操作手段也实现了高度现代化。

第五，广阔的经济腹地。在鹿特丹的周围分布着荷兰的主要工业城市，周围发达的铁路和公路把这些城市和鹿特丹连接了起来。且位于德国、法国、瑞士等国的欧洲的主要工业城市也聚集在鹿特丹周围，这些国家生产的原材料需要进口，产出的产品需要出口，鹿特丹港这个位于枢纽位置的港口自然地就成了商品的转运中心。鹿特丹的腹地宽广，甚至辐射到了欧洲的北部、中部以及东部的一些地区。

第六，高度信息化的港口。高度信息化、自动化是鹿特丹港的一大发展特色。其管理方式和技术手段都已经实现了高度自动化，现已形成了专业化、柔性化、规模化、信息化的格局。除此之外，鹿特丹还建成了大型的虚拟贸易平台，大大提升了贸易的效率。

第七，临港工业体系十分发达。其临港工业为鹿特丹的经济贡献了50%的增加值。鹿特丹一共有7个临港工业区，包括其传统的优势产业炼油业以及石油化学工业，形成了以优势产业为核心的临港工业带。

鹿特丹最初只是荷兰的一个工业城市，经过数百年的发展，逐步成了欧洲第一大港，以及全球著名的炼油和化工基地。这期间，鹿特丹经历了漫长的发展历程，每一个阶段又有着不同的特征。

2.分阶段特征

(1)以临港工业体系为主阶段

本阶段最大的特征为：以自身优越的地理位置和工业基础发展临港工业体系。这一阶段鹿特丹以炼油和化工工业为核心，奠定了自身作为欧洲重要的化工港口的地位。

鹿特丹除了是荷兰重要的对外港口外，还是荷兰的工业中心。鹿特丹充分结合自身的两种特点，积极发展临港工业，包括炼油、钢铁和食品加工等。通过不断的完善和发展，鹿特丹形成了一套完整的临港工业体系，并向城市延伸。临港工业贡献了鹿特丹经济50%的增加值。前面已经提到，鹿特丹是荷兰重要的工业城市，其中，最突出的表现即是它作为世界上重要的炼油和化工工业基地，拥有众多世界级的炼油厂和化工企业。全球著名的石油公司，如埃索美孚、科威特等均在鹿特丹港落户。因而，鹿特丹是欧洲重要的化工港口。

(2)以物流业为主阶段

本阶段的主要特征为:由物流业推动的港口新一轮发展。这一阶段的发展提升了鹿特丹港的世界地位,并且由于港城一体化理念的实行,港口的物流发展还带动了城市的经济发展。

从20世纪80年代开始,鹿特丹开始重视物流业的发展,将发展港口物流作为自己重要的发展目标,不断根据世界物流中心的标准和世界物流市场的需求调整自身的发展方式,力争使自身成为世界上重要的物流中心。同时,鹿特丹政府积极引进物流业相关技术,期望以技术带动港口物流业的发展。政府的大力推动带来了明显的效果。鹿特丹的货运量占荷兰的78%,总货物吞吐量居世界第五位、欧洲第一位。鹿特丹秉持港城一体化的发展理念,港口物流的发展带动了城市的经济发展,荷兰政府也从港口物流发展中获益。

(3)高质量港口建设阶段

本阶段的特征为:政府主导下的高质量港口建设。这一阶段以全方位的高质量港口建设为目标,覆盖了各个方面,港口的建设进入更高级阶段。

鹿特丹积极促进港城一体化,试图以高质量的港口建设促进城市的发展,主要计划以以下6个目标为指导来建设高质量港口:

①综合型港口。除了港口传统的装卸、运输功能,还试图在工业、物流以及各种新兴商业活动中发展港口。

②可持续发展港口。积极促进港口企业共享各自设施,开发新的技术以相互利用剩余产品。积极引进环保产业,促进港口可持续发展。

③智慧型港口。与教育部门和科研机构合作,为港口企业提供高学历的人才及其他创业条件。

④快捷港口。保障进出港的各种交通方式畅通,使得货物进出港能够快捷、高效,为货物运输提供良好、安全的环境。

⑤绿色港口。充分利用港口天然的良好环境,发展港口的旅游业,建设生态旅游景点,兴建绿化区域和娱乐设施。

⑥洁净港口。减少港口的废气排放,减少噪音,保持港口洁净。力

保港口不影响居民的正常生活。

(4)第三产业发展阶段

这一阶段的主要特征为：以旅游业和文化业为主的第三产业发展阶段。这一阶段除了港口工业为港口创造收益外，港口还通过自身的建设吸引了更多的外来财富。

由于建设了港口景区和拥有许多著名的博物馆，鹿特丹的旅游业十分发达。加之当地居民积极修复被毁历史建筑，与港口主题相融合的旅游景观每年吸引了大量游客前来参观。除旅游业外，鹿特丹的文化产业也十分发达。每年9月，荷兰鹿特丹都会举办港口节，吸引大量的游客前去参观。与此同时，荷兰鹿特丹还会在节日期间举办各种与港口、海运相关的学术研讨会，其间还伴随着各种娱乐活动，为港口带来巨大的经济效益。

二、自由贸易港的发展趋势

纵观各个自由贸易港，其发展轨迹各异，都是一定历史阶段的产物。但随着时间的推移，这些自由贸易港也呈现出具有共性的趋势特征。本节先分析中国香港、新加坡、阿联酋迪拜和荷兰鹿特丹发展的内外部条件，再进而总结其发展演变的总体趋势，最后对其发展前景进行展望。

(一)中国香港

自1841年自由港政策实施以来，香港自由港已日渐成熟，逐步由低级阶段向高级阶段发展，且功能上逐步由单一向综合方向发展，形态上由贸易型向功能型发展。香港自由港在成立之初，功能较为单一，以简单的转口贸易为主，其主要为货物交换双方提供中转场所。直到20世纪50年代，香港才依靠由内地转移的资本、技术、劳动力等资源建立起了一系列以出口为导向的工业。此后，香港又充分利用美国、日本等发达国家提供的技术、管理和发展经验，由加工贸易逐步拓展到交通运输、金融、旅游、房地产等多个行业，形态逐步由贸易型向综合型发展。目前，香港已经成为世界贸易中心、金融中心、信息中心和航运中心。其详细发展趋势见表4.2。

表 4.2 中国香港自由贸易港发展趋势

时间	阶段	推动因素	特征
1841 年至 1946 年	转口贸易阶段	香港的英国殖民式统治背景以及优越的地理位置	以简单的进出口转换为主的转口贸易发展模式
20 世纪 50 年至 70 年代初	加工贸易阶段	外部“禁运政策”	由简单的转口贸易向劳动密集型的加工贸易转变的发展模式
20 世纪 70 年代末至 90 年代初	综合型阶段	中国的改革开放政策和亚太经济一体化政策	全产业综合发展，制造业转型升级，服务业开始崛起；产业附加值更高；运作更高效；功能更全面
20 世纪 90 年代至今	跨区域综合型阶段	系列跨区域合作组织和自由贸易协定	“大产业”、“大区域”协同发展，作为亚太区域的金融、贸易、航运中心的地位更加稳固

由表 4.2 可以看出，香港的发展依次经历了转口贸易阶段、加工贸易阶段、综合型阶段、跨区域综合型阶段共四个阶段。在功能上，发展主要体现为由单一向多元化发展；在形态上，发展主要体现为由贸易型向综合型发展。历经了百余年来的完善和发展，香港已经成为世界贸易中心、金融中心，堪称是世界自由贸易港的典范。

（二）新加坡

新加坡是一个因港而兴的国家，1819 年英国人登陆新加坡，看中它得天独厚的地理位置，随即在此兴建港口，开始转口贸易。近 200 年来，新加坡自由港经历了一系列变迁，发展模式逐步升级，已经成为亚洲自贸港的典范，为新加坡的经济发展做出了重大贡献。新加坡自由贸易港的详细发展趋势见表 4.3。

表 4.3 新加坡自由贸易港发展趋势

时间	阶段	推动因素	特征
1819 年至 1959 年	转口贸易阶段	英国人发现新加坡优越的地理位置	以简单的进出口转换为主的转口贸易发展模式

续表

时间	阶段	推动因素	特征
1959年至1966年	转口替代阶段	获得自治权,需建立更加稳固的经济基础	实现自治后产业格局的首次推进,将经济结构由转口贸易向工业化推进的大胆尝试
1966年至1972年	出口型工业化阶段	国家独立、人口增加带来的就业压力导致的新一轮宏观经济问题	以1966年《自由贸易园区法案》的通过为标志,是由工业化向出口型工业化发展的阶段,是新加坡政府在对自由港未来发展探索之路上迈出的重要一步
1972年至1989年	产业转型升级阶段	依靠劳动密集型工业的发展趋于饱和	由劳动密集型行业向技能密集型行业发展的转型升级阶段,新加坡的产业结构向更高级别迈进
1989年至1997年	主要产业由制造业向服务业转变阶段	产业升级的自然规律	由以制造业为主向以服务业为主转变阶段,此时新加坡具备了一定程度的综合实力,成为受跨国公司认可的世界枢纽
1998年至今	产业再升级阶段	亚洲金融危机爆发,世界范围内对电子产品的需求下降	向更高级别的制造业和服务业升级的发展阶段,使得新加坡的产业技术含量更高,生产过程更清洁,更加有利于自贸港的长期发展

从表4.3我们可以看出,新加坡自由港的发展历经了转口贸易阶段、转口替代阶段、出口型工业化阶段、产业转型升级阶段、主要产业由制造业向服务业转变阶段和产业再升级阶段共六个阶段。从功能上看,发展趋势主要表现为由单一型向综合型发展;从产业结构上看,主要表现为由低附加值产业向高附加值产业发展,由劳动密集型产业向技能密集型产业发展;从管理方式上看,主要表现为由集中管理向专业化管理发展。不同于中国香港,新加坡的产业转型升级的主要推动因素多是自身发展的需要而并非外部因素。从未来发展前景看,新加坡自由港的发展将有以下几大趋势。

(1)综合化、离岸化

新加坡完善的自贸港体系正在逐步形成,这一点既体现在数量上也体现在空间分布上。与此同时,自贸港的功能也在不断向综合化的方向迈进。得益于得天独厚的地理位置、开放的投资政策以及良好的营商环境,新加坡总部经济尤为发达。截至目前,已经有超过4000家企业选择将总部设在新加坡。与此同时,新加坡利用其自贸港的天然优势,开展离岸贸易计划。具体来看,新加坡分别于1989年和1990年实施了“特许石油贸易商”和“特许世界贸易商”计划,众多跨国公司开始在新加坡开展贸易活动,在过去的20年中,这些公司的加入使得新加坡的离岸贸易增长率达到了15%。综合化和离岸化会成为新加坡未来的发展方向。

(2)产业继续升级,整合,优化

从目前新加坡自贸港的发展中可以发现,传统的自由贸易港在继续开展贸易和仓储业务的同时,也在积极发展加工制造业。无论是劳动密集型工业还是技术密集型工业,新加坡自贸港一直在不断进行着产业升级,以后新加坡将不断向更高级别的产业转型。

(3)信息化水平进一步提高

前文已经提到,新加坡自由港的信息化水平较高,位列全球领先地位。Trade Net和Port Net两个电子信息系统,对新加坡的航运系统进行着全面、高效的管理。未来,还会有更多的纵向部门、横向企业加入到电子系统中,进一步丰富港口电子信息系统,也会有更多的电子信息系统加入到港口管理的行列中,使得港口的各项活动能够更加高效地进行。

(三)阿联酋迪拜

从18世纪末到现在,阿联酋迪拜经历了200多年的发展,已经逐步从一个小小的珍珠港口发展成为中东最大的贸易中心,以及世界上著名的金融中心、贸易中心。具体来看,其动态趋势如表4.4所示。

表 4.4　阿联酋迪拜自由贸易港发展趋势

阶段	推动因素	特征
珍珠港口和贸易港口时期	优越的地理位置以及英国的倾销需要	凭借优越的地理位置发展起来的以珍珠为主的贸易活动
基于石油贸易的发展启动期	中东地区大量石油的发现	基于石油贸易的港口再发展。这一阶段由于大量石油资源的发现,迪拜港的贸易有了极大发展,伴随而来的是更完善的港口基础建设和更专业的港口管理机制
独立后加速发展期	领导者执政政策的推动	得益于领导者正确的执政理念和政策,迪拜港完全成为中东地区的区域中心,也成为世界上著名的自由贸易港

从表 4.4 可以看出,阿联酋迪拜经历了多年的发展,港口的各个方面都趋于完善。从功能上看,逐渐从简单的珍珠贸易港转变为区域综合贸易中心;从商品种类看,逐渐从以珍珠、石油等单种商品的贸易为主转变为多种商品的集散中心;从贸易地位来看,逐渐从贸易小港转变为中东地区最大的贸易中心以及世界上著名的贸易中心。

在未来,阿联酋迪拜港的发展趋势可总结为以下几点:

(1)基础设施建设和信息化建设进一步加强

在未来 10 年,阿联酋迪拜的目标是建设成为类似于中国香港、新加坡的全球交通枢纽。因此,阿联酋迪拜将会继续加强基础设施建设,推动港口的信息化,提高港口运营的技术含量,争取成为一个“货物集散港”和“物流信息港”。

(2)部分港口业务私有化

在管理模式上,原来迪拜港口一直由迪拜政府经营,现准备将港口的诸如货物装卸、仓储等部分业务私有化,交由企业运营。这种举措可以使得港口的管理更具灵活性,能够更快响应市场的变化,增强港口竞争力。

(3)港口联运协作

迪拜政府打算将迪拜拉什德港、迪拜海关以及杰贝·阿里自由贸易区三个机构合并,这不仅将提高港口、海关和自贸区的管理能力、服务水平以及运行效率，还会减少内部竞争，改善港口投资环境。

（四）荷兰鹿特丹

自1961年吞吐量首次超过美国纽约港成为世界第一大港之后，荷兰鹿特丹曾一度稳居世界第一大港的地位。尽管在后来让出了世界第一大港的位置，但鹿特丹一直是欧洲第一大港，也是世界上最大的原油储备港。自建立以来，鹿特丹港不断调整自己的发展方向，通过不断的升级和完善，已经发展成为一个较为成熟的综合型自由港。具体来看，其发展趋势可总结为表4.5。

表4.5　荷兰鹿特丹自由贸易港发展趋势

阶段	推动因素	特征
临港工业体系为主阶段	优越的地理位置以及扎实的工业基础	以优越的地理位置和工业基础发展以炼油和化工工业为核心的临港工业体系，奠定了鹿特丹港作为欧洲重要化工港口的地位
物流业为主阶段	港口日益增多的贸易活动的需要	由于港城一体化理念的实行，港口的物流发展带动了城市的经济发展
高质量港口建设阶段	港口管理者为了更好地建设港口的新一轮的发展规划	港口建设覆盖了各个方面，港口的发展进入更高级阶段
第三产业发展阶段	港口管理者计划向附加值更高的产业转型升级	通过自身的建设吸引了更多的外部财富

从表4.5我们可以看到，荷兰鹿特丹港的发展大致也经历了以第二产业为主到以第三产业为主的过程。与前面提到的自由贸易港类似，鹿特丹港的发展历程从功能上看，主要表现为由单一向综合化转变；从产业结构看，主要表现为由以临港工业为主转变为以第三产业为主；从管理模式上看，由“地主港”的管理模式向“由港务局主导港区发展的模式”转变。

鹿特丹港未来的发展趋势可总结为以下几点：

（1）向多功能、综合型港口转变

鹿特丹港早期是一个物流型自由港，后来在发展中逐步衍生出了仓储、加工以及生产等功能。鹿特丹作为欧洲运输网络的重要中枢，功能越来越健全，开始逐步向产业集聚度更高、提供一站式服务的多功能、综合型自由贸易港转变，是一个集商品、贸易、资本、信息与人才于一体的综合体。

(2)泊位向深水化发展

近年来，各种运输船舶均向大型化发展，较浅的海港无法适应船舶发展的需要。为了适应这一趋势，鹿特丹在面临自己水深较浅的劣势的情况下，积极兴建大型的深水泊位，以满足停泊货船不断提高的水深要求。

(3)集疏运系统进一步完善

随着经济的不断发展和全球经济一体化进程的加快，对港口的综合性运输能力的要求也不断提升。鹿特丹顺应这种要求，建设了由港口铁路、公路、内河以及城市运输系统构成的集疏运系统，未来会进一步扩展运输网络，使其更加完善、便捷。

(4)港口服务信息化

在当今社会，信息和通信在所有的经济活动中发挥着越来越重要的作用，这在港口的建设上更是显得尤为重要。在未来，鹿特丹会加强港口的信息化建设，协同电信、海关、商检等部门拓展综合信息服务功能。这些功能的发展将会在未来进一步促进金融业、文化业等第三产业的发展。

(五)自由贸易港总体发展趋势

1.港口功能:由单一化向综合化转变

早期自由贸易港根据不同的功能可划分为多种发展模式，但无论是工业型还是商贸型的自由贸易港，目前都有相互融合的趋势，逐渐向功能更加完善的综合型自由贸易港转化。随着自贸港的功能不断向加工制造、贸易、物流和科技等领域发展，自由贸易港已经超越了经济发展水平以及地域的限制，由具有单一功能、以转口贸易为主的初级阶段，向具有生产、加工和贸易功能的中级阶段转变，再向具有多种功能、拥有很强竞争力的产业集群的高级阶段转变。世界上大部分自由贸易港都具有生产、加工、仓储、贸易、金融等多种功能。

2.产业结构:由加工贸易向服务贸易转变

随着全球化的发展,服务贸易在世界贸易中的比重不断上升,自由贸易港顺应发展趋势,也在不断向服务贸易延伸。比如中国香港,依托自由港的优势,在金融保险、旅游文化、教育医疗等服务贸易领域快速发展。除中国香港外,许多自由贸易港也开始为更多的经济活动主体和环节服务,向更高端的贸易形态转型。

3.管理模式:由传统模式向现代化和高端化转变

各个自由贸易港在初创时由于历史条件不同、地理位置不同,管理水平也有较大差异,但经过长时间的发展,各个自由贸易港的管理模式都趋向规范化,不断向现代化和高端化转变。例如阿联酋迪拜港,在管理上实行"港区合一"的管理模式,成立专门管理港口事务的机构,它着眼于自由贸易港与城市的相互促进,超前进行整体规划,极富特色和成效。荷兰鹿特丹港的情况也与此类似,其管理模式也已经由过去的"地主港"变为"由港务局主导港区发展"的模式,由港务局负责对港口的建设进行整体规划。

4.制度设计:由贸易自由向多种自由联动转变

自由贸易港天然地有各种针对货物贸易的"境内关外"政策,包括关税豁免以及对在港生产性企业收取较低的增值税等,但各个自贸港的政策均在向总部经济、高端服务业、服务贸易等方面拓展。例如中国香港形成了完善的服务贸易管理、促进体系,新加坡为跨国公司的总部入驻制定了专门的支持政策。

三、世界自由贸易港的经验借鉴

通过前文的梳理、总结,我们发现,尽管世界上主要的自由贸易港的成长路径各不相同,发展现状也异彩纷呈,但还是呈现出了较为一致的发展规律,能够为我们兴建自由贸易港提供宝贵的经验借鉴,这包括开放的政策、政府角色定位和基础设施等多个方面。

（一）中国香港

香港的自由港政策及相应的自由市场经济体制带来了经济发展的奇迹，其发展的经验有如下我们可借鉴的方面。

1. 注重市场调节，减少政府干预

在市场经济的发展过程中，想要让市场经济充分发挥作用，政府应该扮演好“守夜人”的角色，即积极进行各项基础设施建设，营造良好的营商环境，保障市场的良好运行。在香港自由港发展过程中，特区政府发挥了良好作用，并没有采取划定特定区域和制定特别法律的办法，而是实行全境自由港政策，并积极提供各种促进贸易发展的便利设施，加强设施建设，制定简化海关税制、减免关税等相关政策，不断提供更为完善的贸易服务。

2. 降低税负，提升港口吸引力

香港的税负大大低于相邻的其他地区。其仅对一些特殊的商品如危害公共安全的商品、战略物资等征收关税，对于一般进出口商品均不征收任何关税，也没有任何关税限额和附加税。

3. 放权企业，提升运作效率

特区政府对于企业的贸易活动管理较少，大部分的贸易活动由私营企业自主负责。众所周知，航运和空运对于贸易极其重要，香港的航运和空运码头都由私营企业负责管理，享有高度的运营自由，从而在整体上大大提高了港口的运营效率。

4. 发展支持性行业，提升综合实力

众所周知，香港是著名的世界金融中心，具有庞大的金融网络，可提供完善的金融服务。这为在港企业提供了良好的融资环境，免除了企业“融资难”的后顾之忧，为企业的贸易活动提供了坚实的保障，同时也提高了香港自由港的综合实力，进一步吸引外资企业落户香港。

（二）新加坡

不同自贸港的发展趋势有一些共同点，但也有自身不同于其他自贸港的特色。新加坡自贸港在发展过程中，表现出了一些独特的发展特色，至少有以下三方面值得我们借鉴。

1. 高效的政府管理体制和完善的法律体系

新加坡自贸港的政府管理体制主要由两部分构成：财政部负责宏观规划，根据不同地区的发展需要设立自贸区；同时，财政部部长可以指定某单位或公司作为自贸区的主管或者经营机构。在自贸港的开发管理中，行政管理和经营职能分开，政府主要负责招商和规划，而具体的经营活动则由主管机构负责。早在 1966 年，新加坡就通过了《自由贸易区法案》。该法案对于自贸区的定位、功能、管理体制、运作模式等进行了全方位的规定，保证了自贸港的各项活动的有序进行。

2. 全方位的开放和优惠政策

新加坡为自贸港设计了高度开放的投资、金融以及税收等优惠政策，对外资进入的限制很少。在对外投资方面，新加坡政府鼓励企业走出去，积极开拓国外市场，并对走出去的企业进行财政支持。在金融领域，新加坡具有非常开放、自由的金融政策，不存在任何外汇管制，所有资金都可以自由进出。在税收政策方面，除了豁免关税之外，新加坡还普遍在企业所得税、增值税等方面进行优惠。

自贸港是迄今为止中国对外开放的最高层次，那么所谓的“开放”，就不应该是局部的开放，而应该是像新加坡一样的全方位的开放和优惠。中国的自贸港应该对这样的路径有所借鉴。

3. 先进的信息网络、发达的基础设施

为了保证货物、人流在自贸区内的高效运转，新加坡积极开发电子信息系统，以最大限度地提高港口运行效率。从 20 世纪 80 年代开始，新加坡开始大力开发 EDI 系统。1989 年，新加坡还推出了世界贸易信息化系统，它连接了新加坡海关、税务等 35 个部门，与进出口有关的所有手续均可在网内进行，从而提供了贸易的“一站式”服务。

完善的信息网络是保障港口高效运行的基础，也是自由港发展到一定阶段的必然产物，它能够大大加快自由港的发展速度，为进一步发展提供原动力。

(三)阿联酋迪拜

阿联酋迪拜作为整个中东地区的贸易中心,有其特有的发展经验值得我们借鉴,至少可总结为以下两点。

1.决策者的大力推动

迪拜之所以能够超越中东的其他海湾石油国家的城市成为中东最大的贸易中心,除了其优越的地理位置外,还得益于其领导者实行的正确的政策。不同于其他的海湾国家,阿联酋的领导者在发现石油后不是满足于现状,而是提前担忧未来10年、20年后石油枯竭的困境,大力兴建基础设施,促进港口的长远发展。

作为自由贸易港的领导者,不能过度干预港口的发展,但在一些历史关键时期,需要领导者引导自由贸易港向正确的方向发展。中国的自由贸易港建设也需要管理者在最初对自贸港的建设进行适度干预,指明发展方向。

2.专业机构的集中管理

迪拜设立港务局对港口事务进行全面管理,包括港口的基础设施建设、招商引资等。这在很大程度上能够提高港口的运作效率,避免不同管理机构之间的协作不当造成的效率损失。

中国的自由贸易港发展也可遵循如此的管理模式,在发展初期,设立专门的机构对自由贸易港进行全面管理,尽可能提高自由港运作效率。

(四)荷兰鹿特丹

荷兰鹿特丹港在发展的过程中表现出了鲜明的特色,有以下经验值得我们借鉴。

1.积极发展供应链和物流产业

在发展的过程中,鹿特丹港的管理者意识到港口的发展必须有发达的物流业作为支撑,于是将物流业作为重点发展对象,对物流的硬件和软件进行建设,既提供了覆盖欧洲大部分地区的公路、铁路以及海运交通系统,也积极引进了世界知名物流公司以构建物流软件系统。发达的交通网络以及一流的物流公司构成了世界上最先进的物流业。

发达的物流业是港口发展的有力保障，也是港口发展的必要条件，任何自由港的建设都应该重视物流业的发展。中国幅员辽阔，货物运输距离较远，发达的交通系统以及高效的物流服务就显得尤为重要，可以将宽广的内陆地区发展为自由港的经济腹地。因此，积极发展物流业是中国自由港建设的重要方向。

2. 建设临港工业体系

鹿特丹有非常完善的临港工业体系，其临港工业体系为鹿特丹的经济贡献了50%的增加值。炼油业和石油化学工业是鹿特丹的传统优势产业，鹿特丹以这两个产业为支点，发展出一系列的相关工业，形成了完善的临港工业体系。临港工业的建设，大大减少了货物到达港口的运输成本，同时也使得港口的产业体系更加稳固。

自由贸易港一般建造在沿海地区，中国沿海地区工业同样较为发达，中国自由港的建设也可充分利用原有的临港优势工业，发展出一系列的临港工业，这将十分有利于自由港的发展。

第五章
中国特色自由贸易港的模式选择

本章根据自由贸易港的发展特点将自由贸易港分为以降低贸易成本为核心的物流枢纽型自由贸易港、以嵌入全球价值链为核心的生产节点型自由贸易港、以全面开放为核心的综合型自由贸易港三大典型模式,构建了一个新贸易理论模型来阐述自由贸易港模式选择的内在机理,并利用相关数据对当前中国的相应参数进行简单估计,发现以全面开放为核心的综合型自由贸易港是中国特色自由贸易港的最优模式。

一、自由贸易港的典型模式

关于自由贸易港的模式,《关于简化和协调海关制度的国际公约修正案议定书》(简称《京都公约》)中提到,“自由区[①]可以分为工业区和商业区两种。商业自由区内准许进行的作业一般只限于为保存货物、改进包装或销售质量、准备装运等惯常作业。工业自由区内准许进行加工作业”。由于《京都公约》的目的在于简化和协调海关手续,其对自由贸易港模式的分类仅仅是从海关监管角度出发,而在其他自由贸易港模式的分析上,刘重(2007)将自由贸易港分为转口集散型、出口加工型、储运销

① 《京都公约》中将一国(地区)不在关境内的、运入该区域的货物不受海关监管的部分领土称为自由区,并且指出,某些国家(地区)采用了“自由港”、“自由货栈”等其他名称。可见在《京都公约》中,自由区与自由贸易港的概念一致。

一体型三种类型，陈章喜(2015)将自贸园区分为贸易型、贸工结合(以贸为主)型、贸工结合(以工为主)型、综合型四大类型，敦志刚(2016)则将自贸园区划分为综合型、出口加工型、物流中转型、金融型四种类型。这些自由贸易港分类方式多以自由贸易港的产业、功能特征为依据，虽然在一定程度上把握了典型自由贸易港的部分特征，有助于对自由贸易港的研究，但并没有把握自由贸易港建设发展的本质，本章根据自由贸易港的发展特点将全球自由贸易港分为以下三种模式。

(一)以降低贸易成本为核心的物流枢纽型自由贸易港

物流枢纽型自由贸易港多利用其优越的航运和地理条件设港，以降低贸易成本为核心，将发展目标定位为贸易枢纽，与刘重(2007)所提及的转口集散型、陈章喜(2015)所提及的贸易型、敦志刚(2016)所提及的物流中转型相似。全球典型代表有智利伊基克，以及德国汉堡、荷兰鹿特丹、比利时安特卫普、爱尔兰香农等西欧沿海主要港口城市。

(二)以嵌入全球价值链为核心的生产节点型自由贸易港

生产节点型自由贸易港主要通过被动嵌入全球价值链促进发展，不仅有着物流集散的功能，还为自由贸易港内的商品提供加工、装配、销售、展览等功能，并在一定程度上承接国际产业转移，与刘重(2007)和敦志刚(2016)所提及的出口加工型、陈章喜(2015)所提及的贸工结合(以工为主)型相似。全球典型代表主要集中于发展中国家或地区，如韩国马山、菲律宾马尼拉、孟加拉吉大港等城市出口加工区，以加工为主，以转口贸易、国际贸易、仓储运输服务为辅。

(三)以全面开放为核心的综合型自由贸易港

综合型自由贸易港多为较为成熟的自由贸易港，有着丰富的自由贸易港发展经验，不仅地理位置和岸线资源优越，并且其产业对外开放度较高，兼具贸易、加工、服务、金融等多种功能，港内允许居民居住，港、产、城一体化发展，在区域社会经济发展中扮演着重要角色，为邻国或周边地区提供枢纽带动作用。综合型自由贸易港不仅在贸易方面有着较大的税收优惠，在全领域均有着较高的投资便利度以及较低的企业综合税负。综合型模式的自由贸易港以新加坡和中国香港为典型代表。

在自由贸易港发展的历史长河中,各自由贸易港的发展模式并不是一成不变的。大多数自由贸易港发展初期均凭借其天然的区位和岸线优势,以发展物流枢纽型自由贸易港为主,部分自由贸易港根据自身发展情况转型为其他模式。

二、自由贸易港模式选择的内在机理

本章的第一部分将全球自由贸易港分为三种模式,究竟哪种模式才是中国建设自由贸易港的最佳模式?这部分将通过构建一个新贸易理论模型来阐述自由贸易港模式选择的内在机理。

(一)基准模型设定

假定消费者消费两种最终产品,国(地区)内最终产品消费量 X 和国(地区)外最终产品消费量 Y,具体效用函数采用 CES[①] 效用函数形式,即

$$U=(X^{(\sigma-1)/\sigma}+Y^{(\sigma-1)/\sigma})^{\sigma/(\sigma-1)}.$$

其中,σ 为商品 X 和 Y 之间的替代弹性,并且 $\sigma>1$,从而可知最终产品 X 的国(地区)内需求函数为

$$X_{\mathrm{H}}=E_{\mathrm{H}}P_{\mathrm{H}}^{\sigma-1}p_{X\mathrm{H}}^{-\sigma}.$$

其中,下标为 H 的表示国(地区)内变量,E 表示消费支出,P 表示价格指数,p 表示最终消费品的价格,并且

$$P_{\mathrm{H}}\equiv(p_{X\mathrm{H}}^{1-\sigma}+p_{Y\mathrm{F}}^{1-\sigma})^{1/(1-\sigma)}.$$

其中,下标为 F 的表示国(地区)外变量。

在生产方面,假定最终产品生产上主要投入三种生产要素,即劳动力 l、资本 k 和最终环节中间品 m_N,下标 N 表示中间品的生产一共有 N 个环节,最终产品的生产函数采用 C-D 生产函数[②]的形式,即

$$X=a_X k^{\alpha} m_N^{\beta} l^{1-\alpha-\beta}.$$

① CES,constant elasticity of substitution,不变替代弹性。

② Cobb-Douglas product function,柯布-道格拉斯生产函数。

其中,a_X 表示生产技术水平,α 和 β 分别表示资本和最终环节中间品的生产弹性,并且 $\alpha>0$,$\beta<\alpha+\beta<1$,假定中间品生产采用 Baldwin & Venables(2013)所提到的蛇形生产模式,即上一生产环节所生产的中间品作为下一生产环节中间品生产的投入,第 i 环节中间品 m_i 的生产函数为

$$m_i=\begin{cases}a_X m_{i-1}^{\theta} l^{1-\theta}, & i\neq 1,\\ k, & i=1.\end{cases}$$

其中,θ 表示上一环节中间品要素投入的生产弹性。上述生产函数意味着在中间品生产上,除了在第一生产环节上需要并且仅需要投入资本外,其他生产环节均只需投入劳动力和上一环节所生产的中间品,并且企业在最终产品和中间品生产上的技术水平相同,均为 a_X。a_X 对于生产企业来说是外生的,生产企业在生产前向创新企业购买生产技术的专利,以决定 a_X。

当生产环节全部在一国(地区)内部进行时,最终环节中间品的产出为

$$m_N=a_X^{(1-\theta^N)/(1-\theta)}k^{\theta^N}l^{1-\theta^N}.$$

随着生产碎片化的加剧,生产环节的增加使得劳动力在最终环节中间品生产中的份额增加,资本的份额下降,并且生产技术的促进效应上升。最终产品的生产函数可以改写为

$$X=a_X^{1+\beta(1-\theta^N)/(1-\theta)}k^{\alpha+\beta\theta^N}l^{1-\alpha-\beta\theta^N}.$$

从上述分析中也可以看出,从国家(地区)宏观层面来看,生产相对于资本和劳动力是规模报酬不变的,而单从某一生产环节来看,生产相对于资本和劳动力是规模报酬递减的。这与实证分析相一致,利用微观数据所测算的资本和劳动力弹性之和往往小于1,这是因为在某一生产环节中中间品投入无法忽略,而从国家(地区)宏观角度出发,各中间品又是资本和劳动力的产物,因此总体而言是规模报酬不变的。

一定成本约束下,生产厂商的利润最大化问题可以描述为

$$\max: X=a_X^{1+\beta(1-\theta^N)/(1-\theta)}k^{\alpha+\beta\theta^N}l^{1-\alpha-\beta\theta^N},$$

$$\text{s.t.}\quad rk+wl=C.$$

其中，r 和 w 分别表示资本和劳动力的价格，C 表示企业的生产成本约束。从而可知生产厂商的成本函数为

$$C(X)=\frac{r_{\mathrm{H}}^{\alpha+\beta\theta^{N}}w_{\mathrm{H}}^{1-\alpha-\beta\theta^{N}}}{A_{X}(\alpha+\beta\theta^{N})^{\alpha+\beta\theta^{N}}(1-\alpha-\beta\theta^{N})^{1-\alpha-\beta\theta^{N}}}X,$$

其中，$A_{X}\equiv a_{X}^{1+\beta(1-\theta^{N})/(1-\theta)}$，为简化标记，记

$$\mathrm{mc}_{\mathrm{H}}(A_{X},r_{\mathrm{H}},w_{\mathrm{H}})\equiv\frac{r_{\mathrm{H}}^{\alpha+\beta\theta^{N}}w_{\mathrm{H}}^{1-\alpha-\beta\theta^{N}}}{A_{X}(\alpha+\beta\theta^{N})^{\alpha+\beta\theta^{N}}(1-\alpha-\beta\theta^{N})^{1-\alpha-\beta\theta^{N}}}.$$

其中，mc 表示厂商生产的边际成本，其由企业的技术水平、资本和劳动力等要素价格决定。技术水平上升时，边际成本下降；要素价格上升时，边际成本上升。这也意味着在本章模型中，技术进步指的是成本节约型的，即技术进步使得生产成本下降。而生产碎片化的影响为

$$\frac{\partial\mathrm{mc}_{\mathrm{H}}}{\partial\theta^{N}}=\beta\ln\left[\frac{r_{\mathrm{H}}(1-\alpha-\beta\theta^{N})a_{X}^{1/(1-\theta)}}{w_{\mathrm{H}}(\alpha+\beta\theta^{N})}\right].$$

当资本价格足够高或者劳动力价格足够低或者技术水平足够高时，生产环节的增加会使得边际成本下降，并且随着生产环节的增加，即使在要素价格和技术水平不变的情况下，生产环节对边际成本的影响也可能从正向影响变为负向影响，而在生产环节的增加使得边际成本下降的情况下，生产环节的增加会使得其对边际成本的边际影响增加。

假定最终产品 X 和 Y 的生产环节一致，生产厂商的利润最大化问题可以描述为

$$\begin{aligned}&\max:\pi_{X}=p_{X\mathrm{H}}X_{\mathrm{H}}+p_{X\mathrm{F}}X_{\mathrm{F}}-\mathrm{mc}_{\mathrm{H}}(X_{\mathrm{H}}+\tau_{\mathrm{HF}}X_{\mathrm{F}}),\\&\text{s. t.}\qquad X_{\mathrm{H}}=E_{\mathrm{H}}P_{\mathrm{H}}^{\sigma-1}p_{X\mathrm{H}}^{-\sigma},\\&\qquad\qquad X_{\mathrm{F}}=E_{\mathrm{F}}P_{\mathrm{F}}^{\sigma-1}p_{X\mathrm{F}}^{-\sigma}.\end{aligned}$$

其中，$\tau_{\mathrm{HF}}>1$，表示本国（地区）最终产品进入国外市场的冰山贸易成本，意味着在国（地区）外销售 1 单位本国（地区）最终产品，最终需要出口 τ_{HF} 单位本国（地区）最终产品，从而可知生产厂商的定价为

$$p_{X\mathrm{H}}=\frac{\sigma}{\sigma-1}\mathrm{mc}_{\mathrm{H}},\quad p_{X\mathrm{F}}=\tau_{\mathrm{HF}}p_{X\mathrm{H}},\quad p_{Y\mathrm{F}}=\frac{\sigma}{\sigma-1}\mathrm{mc}_{F},\quad p_{Y\mathrm{H}}=\tau_{\mathrm{FH}}p_{Y\mathrm{F}}.$$

其中，$\tau_{\mathrm{FH}}>1$，表示国（地区）外最终产品进入本国（地区）市场的冰山贸易成本，生产厂商的利润为

$$\pi_X=\frac{1}{\sigma}\left(\frac{E_{\mathrm{H}}p_{X\mathrm{H}}^{1-\sigma}}{p_{X\mathrm{H}}^{1-\sigma}+\tau_{\mathrm{FH}}^{1-\sigma}p_{Y\mathrm{F}}^{1-\sigma}}+\frac{E_{\mathrm{F}}\tau_{\mathrm{HF}}^{1-\sigma}p_{X\mathrm{H}}^{1-\sigma}}{p_{Y\mathrm{F}}^{1-\sigma}+\tau_{\mathrm{HF}}^{1-\sigma}p_{X\mathrm{H}}^{1-\sigma}}\right),$$

$$\pi_Y=\frac{1}{\sigma}\left(\frac{E_{\mathrm{F}}p_{Y\mathrm{F}}^{1-\sigma}}{p_{Y\mathrm{F}}^{1-\sigma}+\tau_{\mathrm{HF}}^{1-\sigma}p_{X\mathrm{H}}^{1-\sigma}}+\frac{E_{\mathrm{H}}\tau_{\mathrm{FH}}^{1-\sigma}p_{Y\mathrm{F}}^{1-\sigma}}{p_{X\mathrm{H}}^{1-\sigma}+\tau_{\mathrm{FH}}^{1-\sigma}p_{Y\mathrm{F}}^{1-\sigma}}\right),$$

记

$$\varepsilon\left(\frac{r_{\mathrm{H}}}{r_{\mathrm{F}}},\frac{w_{\mathrm{H}}}{w_{\mathrm{F}}},\frac{a_X}{a_Y},N\right)\equiv\frac{p_{X\mathrm{H}}}{p_{Y\mathrm{F}}}=\frac{(r_{\mathrm{H}}/r_{\mathrm{F}})^{\alpha+\beta\theta^N}(w_{\mathrm{H}}/w_{\mathrm{F}})^{1-\alpha-\beta\theta^N}}{(a_X/a_Y)^{1+\beta(1-\theta^N)/(1-\theta)}}.$$

生产厂商的利润可以改写为

$$\left.\begin{aligned}\pi_X&=\frac{1}{\sigma}\left(\frac{E_{\mathrm{H}}\varepsilon^{1-\sigma}}{\varepsilon^{1-\sigma}+\tau_{\mathrm{FH}}^{1-\sigma}}+\frac{E_{\mathrm{F}}\tau_{\mathrm{HF}}^{1-\sigma}\varepsilon^{1-\sigma}}{1+\tau_{\mathrm{HF}}^{1-\sigma}\varepsilon^{1-\sigma}}\right),\\\pi_Y&=\frac{1}{\sigma}\left(\frac{E_{\mathrm{F}}}{1+\tau_{\mathrm{HF}}^{1-\sigma}\varepsilon^{1-\sigma}}+\frac{E_{\mathrm{H}}\tau_{\mathrm{FH}}^{1-\sigma}}{\varepsilon^{1-\sigma}+\tau_{\mathrm{FH}}^{1-\sigma}}\right).\end{aligned}\right\}\tag{5.1}$$

其中，ε 表示国(地区)内外要素价格、生产技术的相对情况，并且，

$$\frac{\partial\varepsilon}{\partial(r_{\mathrm{H}}/r_{\mathrm{F}})}>0,\quad\frac{\partial\varepsilon}{\partial(w_{\mathrm{H}}/w_{\mathrm{F}})}>0,\quad\frac{\partial\varepsilon}{\partial(a_X/a_Y)}<0.$$

国(地区)内要素相对价格越高，相对技术水平越低，ε 值越高，而

$$\frac{\partial\ln\varepsilon}{\partial\theta^N}=\beta\ln\left[\frac{(r_{\mathrm{H}}/r_{\mathrm{F}})(a_X/a_Y)}{w_{\mathrm{H}}/w_{\mathrm{F}}}\right].$$

这意味着当国(地区)内相对技术水平和相对资本价格足够高，相对劳动力价格足够低时，生产环节的增加会使得 ε 值下降，反之，生产环节的增加会使得 ε 值上升。

假定生产企业仅能从本国(地区)创新企业购买专利，并且各国(地区)间的创新企业不存在技术合作的情况，根据序贯生产的假定，可知创新企业的收益 R^{in} 函数为

$$R_X^{\mathrm{in}}(a_X)=\pi_X,\quad R_Y^{\mathrm{in}}(a_Y)=\pi_Y.$$

从上式中可知，

$$\frac{\partial R_X^{\mathrm{in}}(a_X)}{\partial a_X}>0,\quad\frac{\partial R_Y^{\mathrm{in}}(a_Y)}{\partial a_Y}>0.\tag{5.2}$$

即创新企业所提供专利的生产率越高，其收益越高。假定创新企业的成本函数为 $f(a)$，函数 f 应满足以下性质：

$$f'(a)>0,\quad f''(a)>0.$$

也就是说，创新成本以及边际创新成本均随着创新产出的增加而增加，给定成本函数 $f(a)$ 的具体形式，就能求出均衡状态下模型中的所有变量。假定消费者所有的收入均用于消费支出，可知消费者的间接效用 V_C 为

$$V^{CH}=\sigma\pi_X,\quad V_{CF}=\sigma\pi_Y. \tag{5.3}$$

（二）贸易成本下降的影响

这部分将基于前面所构建的基准模型进行比较静态分析，主要分析贸易成本下降的影响，生产环节、资本准入、创新等领域均不考虑开放情况。首先来看看单边贸易成本下降的影响，也就是说国（地区）外到本国（地区）的贸易成本下降，即 τ_{FH} 下降，从式（5.1）可知，$\frac{\partial\pi_X}{\partial\tau_{FH}}>0$，这意味着单边贸易自由化会使得本国（地区）生产企业的利润下降，这是因为单边贸易自由化使得本国（地区）生产企业在国（地区）内市场上相对于国（地区）外企业的比较优势有所减弱，并且无法在国（地区）外市场上获得相同程度的弥补，再结合式（5.2）可知，创新企业的收益下降，其将提供更低生产率的专利，进一步削减本国（地区）企业的利润，从式（5.3）中可以看出，单边贸易成本下降将使得消费者的间接效用有所下降，从而使得本国（地区）福利水平下降，可见单边贸易自由化对于本国（地区）而言并非益事，反而会损害本国（地区）利益。

接着来看看双边贸易成本下降的影响，国（地区）外到本国（地区）以及本国（地区）到国（地区）外的贸易成本均有所下降，即 τ_{FH} 和 τ_{HF} 同时下降。为简化分析，本章假定本国（地区）和国（地区）外的贸易成本是对称的，即 $\tau_{FH}=\tau_{HF}=\tau$，再结合式（5.4）可知，

$$\frac{\partial\pi_X}{\partial\tau^{1-\sigma}}=\frac{\varepsilon^{1-\sigma}}{\sigma}\left[\frac{E_F}{(1+\tau^{1-\sigma}\varepsilon^{1-\sigma})^2}-\frac{E_H}{(\varepsilon^{1-\sigma}+\tau^{1-\sigma})^2}\right].$$

可以看出，当且仅当国（地区）外实际需求相对国（地区）内实际需求足够高时，双边贸易自由化会使得本国（地区）生产企业的利润上升，创新企业的收益上升，其将提供更高生产率的专利，使得本国（地区）企业的利润进一步提升，本国（地区）福利水平上升。但是，

$$\frac{\partial(\partial\pi_X/\partial\tau^{1-\sigma})}{\partial\tau^{1-\sigma}}=\frac{2\varepsilon^{1-\sigma}}{\sigma}\left[\frac{\varepsilon^{1-\sigma}E_H}{(\varepsilon^{1-\sigma}+\tau^{1-\sigma})^3}-\frac{E_F}{(1+\tau^{1-\sigma}\varepsilon^{1-\sigma})^3}\right].$$

当国（地区）外实际需求相对国（地区）内实际需求足够高时，双边贸易自由化所带来的福利水平提升程度随着贸易成本的下降而下降。反之，双边贸易自由化与单边贸易自由化相似，均会使得本国（地区）福利水平下降。本章将上述分析总结为命题1。

命题1：本国（地区）实施的单边贸易自由化会使得本国（地区）福利水平下降，双边贸易自由化的影响则取决于国（地区）内外的相对实际需求，当国（地区）外实际需求相对国（地区）内实际需求足够高时，双边贸易自由化会使得本国（地区）福利水平上升，但所带来的福利水平提升度随着贸易成本的下降而下降。反之，双边贸易自由化与单边贸易自由化相似，会使得本国（地区）福利水平下降。

这一结论也和以降低贸易成本为核心的物流枢纽型自由贸易港的发展历程相一致。物流枢纽型自由贸易港建设的核心在于降低本国（地区）企业进入国（地区）外市场的贸易成本，以便更有效地接入国（地区）外更大的市场。但是随着贸易成本的下降，物流枢纽型自由贸易港若不寻求转型的话，其发展也将陷入停滞状态。

（三）嵌入全球价值链的影响

这部分将主要分析嵌入全球价值链即中间品生产环节开放的影响。从模型设定来看，生产环节开放主要包括三个方面，即创新领域开放、资本准入和中间品生产外包。这部分将主要分析中间品生产外包的影响，资本准入和创新领域开放将在下一部分进行详尽分析。为简化分析，这部分分析中将假定两国（地区）贸易成本对称，并且保持不变。

根据前面的分析，第 i 环节中间品的价格为

$$p_{Xi}=\frac{p_{X,i-1}^{\theta}w^{1-\theta}}{a_X\theta^{\theta}(1-\theta)^{1-\theta}},\quad p_{Yi}=\frac{p_{Y,i-1}^{\theta}w^{1-\theta}}{a_Y\theta^{\theta}(1-\theta)^{1-\theta}}.$$

由于在中间品初始生产环节和最终产品生产上均需投入资本，而这部分不考虑资本准入开放，因此如果本国（地区）承接国（地区）外中间品生产，初始中间品将进入本国（地区）市场作为要素投入，并且在本国（地区）完成中间品生产环节后，出口至国（地区）外作为要素投入。中间品生产外包过程中，生产技术同样转移承接国（地区）厂商。假定技术在转

移过程中存在效率损失，并且技术适应度为$\mu(\mu<1)$，也就是说当转移技术在母国(地区)生产率为 a 的情况下，转移后生产率为 μa，本国(地区)嵌入全球价值链的条件为

$$\frac{w_H}{w_F}<\left(\frac{\tau^2}{\mu}\right)^{1/(1-\theta)}. \tag{5.4}$$

在本国(地区)劳动力价格以及贸易成本足够低，或者技术适应度足够高的情况下，本国(地区)才能嵌入全球价值链，此时国(地区)内外相对要素价格、生产技术的指标 ε 变为

$$\varepsilon_1=\Gamma_1\varepsilon_0,$$

$$\Gamma_1\equiv\left(\frac{\tau^{2/(1-\theta)}w_F}{\mu^{1/(1-\theta)}w_H}\right)^{\beta(1-\theta^N)}>1,$$

$$\varepsilon_0\equiv\frac{(r_H/r_F)^{\alpha+\beta\theta^N}(w_H/w_F)^{1-\alpha-\beta\theta^N}}{(a_X/a_Y)^{1+\beta(1-\theta^N)/(1-\theta)}}.$$

本国(地区)福利水平为

$$V_{H_1}^o=\frac{E_H\varepsilon_1^{1-\sigma}}{\varepsilon_1^{1-\sigma}+\tau^{1-\sigma}}+\frac{E_F\tau^{1-\sigma}\varepsilon_1^{1-\sigma}}{1+\tau^{1-\sigma}\varepsilon_1^{1-\sigma}}+\mu\beta(1-\theta^N)\left(\frac{E_F}{1+\tau^{1-\sigma}\varepsilon_1^{1-\sigma}}+\frac{E_H\tau^{1-\sigma}}{\varepsilon_1^{1-\sigma}+\tau^{1-\sigma}}\right).$$

与未嵌入全球价值链时相比，本国(地区)福利水平变动为

$$\Delta V_H=\mu\beta(1-\theta^N)\left(\frac{E_F}{1+\tau^{1-\sigma}\varepsilon_1^{1-\sigma}}+\frac{E_H\tau^{1-\sigma}}{\varepsilon_1^{1-\sigma}+\tau^{1-\sigma}}\right)-\Phi,$$

$$\Phi=\frac{(\Gamma_1^{\sigma-1}-1)E_H\varepsilon_1^{1-\sigma}\tau^{1-\sigma}}{(\Gamma_1^{\sigma-1}\varepsilon_1^{1-\sigma}+\tau^{1-\sigma})(\varepsilon_1^{1-\sigma}+\tau^{1-\sigma})}+\frac{(\Gamma_1^{\sigma-1}-1)E_F\tau^{1-\sigma}\varepsilon_1^{1-\sigma}}{(1+\tau^{1-\sigma}\Gamma_1^{\sigma-1}\varepsilon_1^{1-\sigma})(1+\tau^{1-\sigma}\varepsilon_1^{1-\sigma})}>0.$$

其中，Φ 表示由于嵌入全球价值链使得本国(地区)最终品生产企业竞争优势弱化所带来的福利损失。不难看出在嵌入全球价值链开放模式下，即便贸易成本保持不变，本国(地区)福利水平也会上升，并且国(地区)内外相对实际需求的影响并不大。本章将上述分析总结为命题 2。

命题 2:在本国(地区)劳动力价格以及贸易成本足够低，或者技术适应度足够高的情况下，本国(地区)才能嵌入全球价值链，在嵌入全球价值链开放模式下，本国(地区)最终品生产企业竞争优势有所弱化，但中间品生产上的竞争优势所带来的福利水平提升能弥补最终品生产所带来的福利损失，即便贸易成本保持不变，本国(地区)总体的福利水平上升。

从以嵌入全球价值链为核心的生产节点型自由贸易港的发展历程来看，生产节点型自由贸易港均以其国（地区）内低廉的劳动力成本为核心，通过降低贸易成本被动嵌入全球价值链。这在一定程度上促进了本国（地区）的发展，但长远来看，这种模式使得本国（地区）在全球价值链中处于被动地位，并且使得本国（地区）品牌的竞争力进一步下降。随着本国（地区）劳动力成本的上升，该模式不可持续。

（四）全面开放的影响

与前面分析不同之处在于，全面开放指的是生产环节完全开放，即创新合作、资本准入和中间品生产外包同时存在。由于上一部分详尽分析了中间品生产外包的影响，为了能准确分析创新合作和资本准入的影响，这部分将在中间品生产外包开放的基础上进行分析，并同样假定两国贸易成本对称，并且保持不变。为简化分析，这部分将假定生产环节数趋于无穷，即 $N \to \infty$。

在资本准入上，假定外资在进入国（地区）外市场时存在效率损失，1单位外资进入国（地区）外市场，η（$\eta<1$）单位资本被利用。在中间品生产上，本章在上一部分分析的基础上，假定本国（地区）劳动力价格足够低并承接国（地区）外中间品生产，在资本准入开放下，式（5.4）改写为

$$\frac{w_{\mathrm{H}}}{w_{\mathrm{F}}}<\min\left(\left(\frac{\tau^{2}}{\mu}\right)^{1/(1-\theta)},\quad\left(\frac{\tau^{2}}{\mu\eta}\right)^{1/(1-\theta)}\right).$$

假定本国（地区）是外资流入国（地区），即 $r_{\mathrm{H}}>\frac{r_{\mathrm{F}}}{\eta}$。

在创新合作上，可采取两种合作模式：一是创新竞争，本国（地区）生产企业直接从国（地区）外创新企业购买技术；二是创新合作，生产企业仍仅从本国（地区）创新企业处购买专利，但创新企业间可以进行创新合作，即本国（地区）创新企业可以通过引进国（地区）外技术，将其本土化后出售给本国（地区）生产企业。接下来本章将对这两种模式进行详尽分析。

1. 创新竞争

首先分析本国（地区）创新企业的创新能力与国（地区）外创新企业差距较小的情况，在该情况下各国（地区）生产企业均购买当地创新企业

所生产的专利，此时国（地区）内外相对要素价格、生产技术的指标 ε 变为

$$\varepsilon_2 = \Gamma_2 \varepsilon_0 < \varepsilon_1,$$

$$\Gamma_2 \equiv \left(\frac{r_F}{\eta r_H}\right)^{\alpha}\left[\frac{\tau^{2/(1-\theta)} w_F}{\mu^{1/(1-\theta)} w_H}\right]^{1-\alpha} < \Gamma_1.$$

本国（地区）福利水平 V 为

$$V_{H_2} = \frac{E_H[(1-\alpha)\varepsilon_2^{1-\sigma} + \mu\beta\tau^{1-\sigma}]}{\varepsilon_2^{1-\sigma} + \tau^{1-\sigma}} + \frac{E_F[(1-\alpha)\tau^{1-\sigma}\varepsilon_2^{1-\sigma} + \mu\beta]}{1 + \tau^{1-\sigma}\varepsilon_2^{1-\sigma}},$$

而

$$\frac{\partial V_{H_1}}{\partial \varepsilon_1^{1-\sigma}} = (1-\mu\beta)\tau^{1-\sigma}\left[\frac{E_H}{(\varepsilon_1^{1-\sigma} + \tau^{1-\sigma})^2} + \frac{E_F}{(1 + \tau^{1-\sigma}\varepsilon_1^{1-\sigma})^2}\right] > 0.$$

从而可知，相对于仅开放中间品生产环节情况下本国的福利水平 V_{H_1} 而言，本国（地区）福利水平有所上升。

当本国（地区）创新企业的创新能力与国（地区）外创新企业差距较大并且国（地区）外创新能力高于本国（地区）时，各国（地区）生产企业均购买国（地区）外创新企业所生产的专利，国（地区）外专利生产企业的专利收益将有所增加，其创新收益函数为

$$R_X^{in}(\mu a_3) + R_Y^{in}(a_3) = \pi_X(a_3) + \pi_Y(a_3).$$

从而可知 $a_3 > a_Y > a_X$，此时国（地区）内外相对要素价格、生产技术的指标 ε 变为

$$\varepsilon_3 = \Gamma_3 \varepsilon_0 < \varepsilon_2,$$

$$\Gamma_2 > \Gamma_3 \equiv (a_X/\mu a_Y)^{1+\beta/(1-\theta)}\Gamma_2,$$

本国（地区）福利水平为

$$V_{H_3} = \frac{(1-\alpha)(\sigma-1)}{\sigma}\left(\frac{E_H\varepsilon_3^{1-\sigma}}{\varepsilon_3^{1-\sigma} + \tau^{1-\sigma}} + \frac{E_F\tau^{1-\sigma}\varepsilon_3^{1-\sigma}}{1 + \tau^{1-\sigma}\varepsilon_3^{1-\sigma}}\right) + \frac{\mu\beta\tau^{1-\sigma}E_H}{\varepsilon_3^{1-\sigma} + \tau^{1-\sigma}} + \frac{\mu\beta E_F}{1 + \tau^{1-\sigma}\varepsilon_3^{1-\sigma}}.$$

当国（地区）内外创新企业的创新能力差距满足条件：

$$\left(\frac{\mu a_Y}{a_X}\right)^{1+\beta/(1-\theta)} < \left(\frac{r_F}{\eta r_H}\right)^{\alpha}\left[\frac{\tau^{2/(1-\theta)} w_F}{\mu^{1/(1-\theta)} w_H}\right]^{1-\alpha-\beta},$$

此时，相对于 V_{H_1} 而言，本国（地区）福利水平有所下降，具体变动为

$\Delta V_H = V_{H_3} - V_{H_1}$

$$=\frac{\left[\frac{(1-\alpha)(\sigma-1)\Gamma_3^{1-\sigma}}{\sigma\Gamma_1^{1-\sigma}}-1\right]\tau^{1-\sigma}\varepsilon_1^{1-\sigma}-\left[1-\frac{(1-\alpha)(\sigma-1)}{\sigma}\right]\varepsilon_1^{2-2\sigma}-\mu\beta\tau^{1-\sigma}\left(\frac{\Gamma_3^{1-\sigma}}{\Gamma_1^{1-\sigma}}-1\right)}{(\varepsilon_1^{1-\sigma}+\tau^{1-\sigma})(\varepsilon_3^{1-\sigma}+\tau^{1-\sigma})}E_H$$

$$+\frac{\left[\frac{(1-\alpha)(\sigma-1)\Gamma_3^{1-\sigma}}{\sigma\Gamma_1^{1-\sigma}}-1\right]\tau^{1-\sigma}\varepsilon_1^{1-\sigma}-\left[1-\frac{(1-\alpha)(\sigma-1)}{\sigma}\right]\tau^{2-2\sigma}\varepsilon_1^{2-2\sigma}-\mu\beta\left(\frac{\Gamma_3^{1-\sigma}}{\Gamma_1^{1-\sigma}}-1\right)}{(1+\tau^{1-\sigma}\varepsilon_1^{1-\sigma})(1+\tau^{1-\sigma}\varepsilon_3^{1-\sigma})}$$

$E_F<0$.

而当本国（地区）创新企业的创新能力远低于国（地区）外创新企业时，$\varepsilon_3=\Gamma_3\varepsilon_1/\Gamma_1<\varepsilon_1$，并且同时满足参数 D 的下述条件时，

$$(D_2)^2-4D_1D_3>0,$$

$$\frac{D_2-\sqrt{(D_2)^2-4D_1D_3}}{2D_1}<\varepsilon_3^{1-\sigma}<\frac{D_2-\sqrt{(D_2)^2-4D_1D_3}}{2D_1},$$

$$D_1\equiv\frac{\Gamma_1^{1-\sigma}}{\Gamma_3^{1-\sigma}}\left[1-\frac{(1-\alpha)(\sigma-1)}{\sigma}\right],$$

$$D_2\equiv\left[\frac{(1-\alpha)(\sigma-1)}{\sigma}-\frac{\Gamma_1^{1-\sigma}}{\Gamma_3^{1-\sigma}}\right]\tau^{1-\sigma},$$

$$D_3\equiv\mu\beta\left(1-\frac{\Gamma_1^{1-\sigma}}{\Gamma_3^{1-\sigma}}\right).$$

相对于 V_{H_1} 而言，本国（地区）福利水平有所上升。

当本国（地区）创新企业的创新能力与国（地区）外创新企业差距较大并且本国（地区）创新能力强于国（地区）外时，各国（地区）生产企业均购买本国（地区）创新企业所生产的专利，此时国（地区）内外相对要素价格、生产技术的指标 ε 变为

$$\varepsilon_4=\Gamma_4\varepsilon_0>\varepsilon_2>\varepsilon_1,$$

$$\Gamma_4\equiv(\mu a_X/a_Y)^{1+\beta/(1-\theta)}\Gamma_2>\Gamma_2,$$

本国（地区）福利水平为

$$V_{H_4}=(1-\alpha)\left(\frac{E_H\varepsilon_4^{1-\sigma}}{\varepsilon_4^{1-\sigma}+\tau^{1-\sigma}}+\frac{E_F\tau^{1-\sigma}\varepsilon_4^{1-\sigma}}{1+\tau^{1-\sigma}\varepsilon_4^{1-\sigma}}\right)+\left(\mu\beta+\frac{1}{\sigma}\right)\left(\frac{\tau^{1-\sigma}E_H}{\varepsilon_4^{1-\sigma}+\tau^{1-\sigma}}+\frac{E_F}{1+\tau^{1-\sigma}\varepsilon_4^{1-\sigma}}\right).$$

相对于 V_{H_1} 而言，本国（地区）福利水平变动为

$$\Delta V_H=V_{H_4}-V_{H_1}$$

$$=\frac{\mu\beta\tau^{1-\sigma}\left(1-\frac{\Gamma_4^{1-\sigma}}{\Gamma_1^{1-\sigma}}\right)+\frac{\tau^{2-2\sigma}}{\sigma}-\left[1-\frac{(1-\alpha)\Gamma_4^{1-\sigma}}{\Gamma_1^{1-\sigma}}\right]\tau^{1-\sigma}\varepsilon_1^{1-\sigma}-\alpha\varepsilon_1^{2-2\sigma}}{(\varepsilon_1^{1-\sigma}+\tau^{1-\sigma})(\varepsilon_4^{1-\sigma}+\tau^{1-\sigma})}E_H$$

$$+\frac{\mu\beta\left(1-\frac{\Gamma_4^{1-\sigma}}{\Gamma_1^{1-\sigma}}\right)+\frac{1}{\sigma}-\left[1-\frac{(1-\alpha)\Gamma_4^{1-\sigma}}{\Gamma_1^{1-\sigma}}\right]\tau^{1-\sigma}\varepsilon_1^{1-\sigma}-\alpha\tau^{2-2\sigma}\varepsilon_1^{2-2\sigma}}{(1+\tau^{1-\sigma}\varepsilon_1^{1-\sigma})(1+\tau^{1-\sigma}\varepsilon_4^{1-\sigma})}E_{\mathrm{F}}.$$

从上式中可以看出：当 ε_4 小于某个上界时，即 $\varepsilon_4<\bar{\varepsilon}(\eta,\mu,\tau,\varepsilon_0)$，本国（地区）福利水平有所上升；反之，本国（地区）福利水平下降。

2. 创新合作

在创新合作模式下，生产企业可以通过当地创新企业间接购买国（地区）外专利，而国（地区）外专利经过本国（地区）创新企业本土化后在本国（地区）使用时与本国（地区）创新企业自身所提供的专利相同，技术在转移过程中不存在效率损失，技术适应度为 1。

在本国（地区）创新企业的创新能力与国（地区）外创新企业无差距情况下，各国（地区）生产企业均购买当地创新企业所生产的专利，同创新竞争中本国（地区）创新企业的创新能力与国（地区）外创新企业差距较小的情况一致，本国（地区）福利水平有所提升。

当本国（地区）创新企业的创新能力低于国（地区）外创新企业时，国（地区）内创新企业从国（地区）外创新企业购买专利，国（地区）外创新企业的创新收益函数为

$$R_X^{\mathrm{in}}(a_5)+R_Y^{\mathrm{in}}(a_5)=\pi_X(a_5)+\pi_Y(a_5)-\pi_X(a_X).$$

这意味着国（地区）内创新企业的收益不低于创新合作前的收益，否则国（地区）内创新企业不会选择合作创新，可知 $a_5>a_Y>a_X$，此时国（地区）内外相对要素价格、生产技术的指标 ε 变为

$$\varepsilon_5=\Gamma_5\varepsilon_0,$$

$$\Gamma_5\equiv\left(\frac{r_{\mathrm{F}}}{\eta r_{\mathrm{H}}}\right)^{\alpha}\left[\frac{\tau^{2/(1-\theta)}w_{\mathrm{F}}}{w_{\mathrm{H}}}\right]^{1-\alpha}\left(\frac{a_X}{a_Y}\right)^{1+\beta/(1-\theta)},$$

本国（地区）福利水平为

$$V_{\mathrm{H}_5}=(1-\alpha)\left(\frac{E_{\mathrm{H}}\varepsilon_5^{1-\sigma}}{\varepsilon_5^{1-\sigma}+\tau^{1-\sigma}}+\frac{E_{\mathrm{F}}\tau^{1-\sigma}\varepsilon_5^{1-\sigma}}{1+\tau^{1-\sigma}\varepsilon_5^{1-\sigma}}\right)+\frac{\beta\tau^{1-\sigma}E_{\mathrm{H}}}{\varepsilon_5^{1-\sigma}+\tau^{1-\sigma}}+\frac{\beta E_{\mathrm{F}}}{1+\tau^{1-\sigma}\varepsilon_5^{1-\sigma}}.$$

相对于 V_{H_1} 而言，本国（地区）福利水平具体变动为

$$\Delta V_{\mathrm{H}}=V_{\mathrm{H}_5}-V_{\mathrm{H}_1}$$

$$=\frac{\left[\frac{(1-\alpha)\Gamma_5^{1-\sigma}}{\Gamma_1^{1-\sigma}}-1\right]\tau^{1-\sigma}\varepsilon_1^{1-\sigma}-\alpha\varepsilon_1^{2-2\sigma}-\beta\tau^{1-\sigma}\left(\frac{\Gamma_5^{1-\sigma}}{\Gamma_1^{1-\sigma}}-1\right)}{(\varepsilon_1^{1-\sigma}+\tau^{1-\sigma})(\varepsilon_5^{1-\sigma}+\tau^{1-\sigma})}E_H$$

$$+\frac{\left[\frac{(1-\alpha)\Gamma_5^{1-\sigma}}{\Gamma_1^{1-\sigma}}-1\right]\tau^{1-\sigma}\varepsilon_1^{1-\sigma}-\alpha\tau^{2-2\sigma}\varepsilon_1^{2-2\sigma}-\beta\left(\frac{\Gamma_5^{1-\sigma}}{\Gamma_1^{1-\sigma}}-1\right)}{(1+\tau^{1-\sigma}\varepsilon_1^{1-\sigma})(1+\tau^{1-\sigma}\varepsilon_5^{1-\sigma})}E_F.$$

本国(地区)福利水平变动情况与国(地区)内外创新企业的创新能力差距呈 U 形曲线关系:当国(地区)内外创新企业的创新能力差距较小时,本国(地区)福利水平变动情况随着国(地区)内外创新企业的创新能力差距的扩大而下降;当国(地区)内外创新企业的创新能力差距较大时,本国(地区)福利水平变动情况随着国(地区)内外创新企业的创新能力差距的扩大而增加。

当本国(地区)创新企业的创新能力高于国(地区)外创新企业时,国(地区)外创新企业从本国(地区)创新企业购买专利,可知 $a_6>a_X>a_Y$,此时国(地区)内外相对要素价格、生产技术的指标 ε 变为

$$\varepsilon_6=\Gamma_6\varepsilon_0,$$

$$\Gamma_6\equiv\left(\frac{r_F}{\eta r_H}\right)^{\alpha}\left[\frac{\tau^{2/(1-\theta)}w_F}{w_H}\right]^{1-\alpha}\left(\frac{a_X}{a_Y}\right)^{1+\beta/(1-\theta)},$$

本国(地区)福利水平为

$$V_{H_6}=(1-\alpha)\left(\frac{E_H\varepsilon_6^{1-\sigma}}{\varepsilon_6^{1-\sigma}+\tau^{1-\sigma}}+\frac{E_F\tau^{1-\sigma}\varepsilon_6^{1-\sigma}}{1+\tau^{1-\sigma}\varepsilon_6^{1-\sigma}}\right)+\frac{\beta\tau^{1-\sigma}E_H}{\varepsilon_6^{1-\sigma}+\tau^{1-\sigma}}+\frac{\beta E_F}{1+\tau^{1-\sigma}\varepsilon_6^{1-\sigma}}.$$

相对于 V_{H_1} 而言,本国(地区)福利水平具体变动为

$$\Delta V_H=V_{H_6}-V_{H_1}$$

$$=\frac{\left[\frac{(1-\alpha)\Gamma_6^{1-\sigma}}{\Gamma_1^{1-\sigma}}-1\right]\tau^{1-\sigma}\varepsilon_1^{1-\sigma}-\alpha\varepsilon_1^{2-2\sigma}-\beta\tau^{1-\sigma}\left(\frac{\Gamma_6^{1-\sigma}}{\Gamma_1^{1-\sigma}}-1\right)}{(\varepsilon_1^{1-\sigma}+\tau^{1-\sigma})(\varepsilon_6^{1-\sigma}+\tau^{1-\sigma})}E_H$$

$$+\frac{\left[\frac{(1-\alpha)\Gamma_6^{1-\sigma}}{\Gamma_1^{1-\sigma}}-1\right]\tau^{1-\sigma}\varepsilon_1^{1-\sigma}-\alpha\tau^{2-2\sigma}\varepsilon_1^{2-2\sigma}-\beta\left(\frac{\Gamma_6^{1-\sigma}}{\Gamma_1^{1-\sigma}}-1\right)}{(1+\tau^{1-\sigma}\varepsilon_1^{1-\sigma})(1+\tau^{1-\sigma}\varepsilon_6^{1-\sigma})}E_F.$$

本国(地区)福利水平变动情况与本国(地区)创新企业的创新能力低于国(地区)外创新企业时相一致,同样呈 U 形曲线关系。

3. 关于全面开放的小结

无论采用何种全面开放模式，全面开放对本国（地区）福利水平的影响取决于两国（地区）创新能力差距，当创新能力差距较小或者非常大时，全面开放会提升本国（地区）福利水平，否则全面开放会使得本国（地区）福利水平下降（图 5.1）。

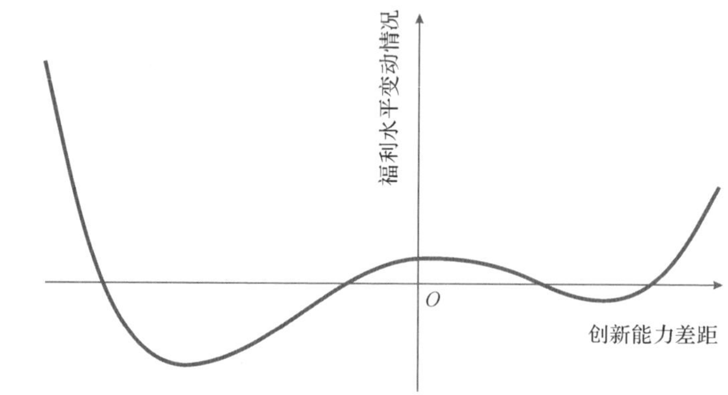

图 5.1　全面开放对本国（地区）福利水平的影响

注：创新能力差距为负表示国（地区）外创新能力高于本国（地区）。

而通过对创新竞争和创新合作的对比分析可知，在两国（地区）创新能力差距不大的情况下，两种全面开放模式下本国（地区）福利水平变动的差异不大，而在两国（地区）创新能力存在较大差距且本国（地区）具有创新能力比较优势的情况下，创新竞争模式下的本国（地区）福利水平提升度要高于创新合作模式。反之，创新合作模式的本国（地区）福利水平提升度要高于创新竞争模式。本章将以上分析总结为命题 3。

命题 3：全面开放对本国（地区）福利水平的影响取决于两国（地区）创新能力差距，当创新能力差距非常小或者非常大时，全面开放会使得本国（地区）福利水平提升，否则全面开放将会使得本国（地区）福利水平下降。当本国（地区）具有较大创新能力比较优势时，创新竞争模式更有利于本国（地区）福利水平的提升；反之，创新合作模式更有利于本国（地区）福利水平的提升。

从模型分析中可以看出，与物流枢纽型自由贸易港以贸易成本为核心相类似，低贸易成本也是综合型自由贸易港的特征之一，但其发展并不依赖于贸易成本的下降，而是来源于全面开放，以及嵌入全球价值链。与生产节点型自由贸易港被动嵌入全球价值链不同的是，综合型自由贸易港主动参与全球价值链的所有环节，在生产要素成本不具备比较优势的情况下同样能提升本国（地区）福利水平。

三、中国特色自由贸易港的最优模式

从上面的分析可以看出，不同情况下建设自由贸易港的最优模式存在一定差异，为探索中国建设自由贸易港的最优模式，本章将在第二部分模型分析的基础上，利用相关数据对相应参数进行简单估计。

首先是贸易成本。假定贸易成本是对称的，从上述理论模型中可以得知

$$\mathrm{ex}_{i,t}=\frac{E_{\mathrm{F}i,t}\tau_{i,t}^{1-\sigma}\varepsilon_{i,t}^{1-\sigma}}{1+\tau_{i,t}^{1-\sigma}\varepsilon_{i,t}^{1-\sigma}},\quad \mathrm{im}_{i,t}=\frac{E_{\mathrm{H}i,t}\tau_{i,t}^{1-\sigma}}{\tau_{i,t}^{1-\sigma}+\varepsilon_{i,t}^{1-\sigma}},$$

$$\mathrm{GDP}_{i,t}-\mathrm{ex}_{i,t}=\frac{E_{\mathrm{H}i,t}\varepsilon_{i,t}^{1-\sigma}}{\varepsilon_{i,t}^{1-\sigma}+\tau_{i,t}^{1-\sigma}},\quad \sum_{j\neq i}\mathrm{GDP}_{j,t}-\mathrm{ex}_{j,t}=\frac{E_{\mathrm{F}i,t}}{1+\varepsilon_{i,t}^{1-\sigma}\tau_{i,t}^{1-\sigma}}.$$

其中 ex、im、GDP 分别表示国家（地区）i 在 t 时期的出口、进口以及国（地区）内生产总值，从而可知贸易成本为

$$\tau_{i,t}=\left\{(\mathrm{ex}_{i,t}\times\mathrm{im}_{i,t})/\left[(\mathrm{GDP}_{i,t}-\mathrm{ex}_{i,t})\times\sum_{j\neq i}(\mathrm{GDP}_{j,t}-\mathrm{ex}_{j,t})\right]\right\}^{\frac{1}{2-2\sigma}}$$

根据相关数据可以计算各国（地区）各年度的贸易成本，σ 值则根据 Novy(2006)的估计，假定 $\sigma=8$。其中，进出口数据来源于联合国贸易商品统计（UN Comtrade）数据库，GDP 数据来源于世界银行数据库，表 5.1 汇报了 2016 年部分国家或地区的贸易成本。

表 5.1　2016 年部分国家或地区的贸易成本

国家或地区	τ	排名	国家或地区	τ	排名
比利时	1.2660	1	美国	1.4669	11
阿联酋	1.2910	2	瑞士	1.4855	12
越南	1.3290	3	韩国	1.4871	13
捷克	1.3712	4	墨西哥	1.4898	14
德国	1.3718	5	泰国	1.4902	15

续表

国家或地区	τ	排名	国家或地区	τ	排名
荷兰	1.3969	6	法国	1.5347	16
斯洛伐克	1.4084	7	加拿大	1.5373	17
中国内地	1.4180	8	意大利	1.5399	18
匈牙利	1.4221	9	波兰	1.5412	19
马来西亚	1.4566	10	澳大利亚	1.5441	20

从表5.1中可以看出，中国的贸易成本处于比较低的水平，而从中国贸易成本的变动情况来看（图5.2），贸易成本在2001年中国加入WTO后迅速下降，但在2008年左右出现上升趋势，2010年后保持稳定，而在2000年至2016年间，世界平均贸易成本基本保持稳定，维持在2.0左右。结合命题1可知，若中国以降低贸易成本为核心来建设自由贸易港，所带来的福利水平提升将并不显著。值得注意的是，表5.1中并没有新加坡和中国香港，这是因为新加坡和中国香港在2016年的出口额要高于其GDP，无法根据本章方法来测度贸易成本。

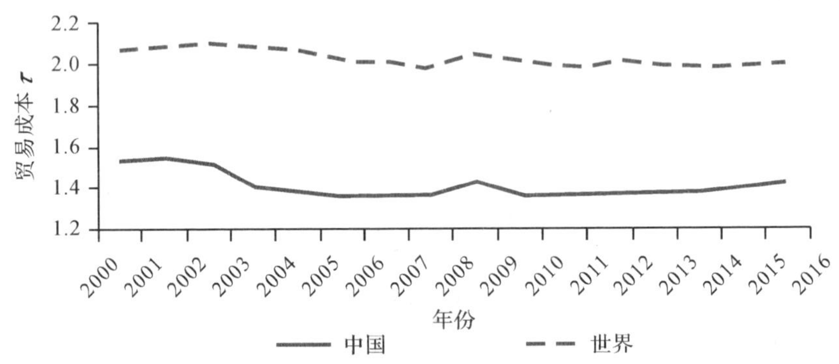

图5.2 2000年后中国和世界贸易成本的变动情况

然后是中国的工资水平。从第二部分的模型中可以看出，只有在中国的工资水平相对较低的情况下，以嵌入全球价值链为核心的生产节点型自由贸易港才能有利于提升中国福利水平，并且如果中国嵌入全球价值链的程度较深，该模式下通过降低本国工资水平获得生产成本上的比较优势所带来的福利效应较低。中国加入 WTO 后，其嵌入全球价值链的程度越来越深，并且工资水平也在不断提升。联合国的数据显示，2003 年中国工薪支出占总产出的 4.6%，而 2009 年中国工薪支出占总产出的 5.4%，劳动力成本在不断上升，生产节点型自由贸易港所带来的福利效应有限。

因此，以全面开放为核心的综合型自由贸易港是中国特色自由贸易港的最优模式，党的十九大报告在“推动形成全面开放新格局”中也提到“探索建设自由贸易港”，随后汪洋在人民日报撰文《推动形成全面开放新格局》，里面也提到“探索建设中国特色的自由贸易港，打造开放层次更高、营商环境更优、辐射作用更强的开放新高地”。建设综合型自由贸易港，不仅能在中国当前较低的贸易成本以及逐渐提升的劳动力成本的背景下提升中国福利水平，还能通过推动形成中国全面开放新格局来提升中国生产率以及创新能力，是建设中国特色自由贸易港的最优选择。

第六章
以引领国际高标准贸易规则为核心的贸易开放

本章以美国未退出时所签订的 TPP 协议（Trans-Pacific Partnership Agreement,《跨太平洋伙伴关系协定》）为国际高标准贸易规则模板，分别将其与 WTO 规则与中国当前自贸协定中最高标准（中韩自贸协定）进行比较，发现中国自贸协议虽然相对于 WTO 规则有了长足进步，但与国际高标准贸易规则仍存在一定差距。随后本章以 GTAP 模型为基础，对各贸易规则下中国的经济效益进行了模拟分析。研究表明，无论在何种合作框架下（现有自贸区网络、“一带一路”、自贸区网络和“一带一路”统一合作框架）执行高标准贸易规则都能促进中国福利水平和 GDP 的提升，并且使中国服务业部门的产出有所增加，各部门的净出口均有所下降，进口额均有所增加，贸易收支更为平衡。当自贸区网络达到一定广度时，更高层次的开放所带来的收益要高于更广范围的开放，即执行国际最高标准的贸易规则所带来的收益要高于将现行自贸协定中最高标准贸易规则推广至更大范围带来的收益。但上述经济效益均来自双边贸易自由化，若仅仅只是中国单方面执行贸易自由化，中国的福利水平将有所下降。而建设自由贸易港不仅能对标、引领国际高标准贸易规则，还能极大减少单边贸易自由化所带来的不利影响。

一、国际贸易规则的发展趋势

当今世界，经济全球化呈现出重大变化，多边合作进程缓慢，而区域经济一体化日益兴盛。以WTO为代表的多边国际组织因多哈回合持续经年谈判，至今仍陷入困境，虽然巴厘岛一揽子协议打破了WTO成立以来"零进展"的困境，但其作为多哈回合的"早期收获"，创新较小，多边主义的发展仍受到严重的影响。而与此同时，WTO的成员方纷纷融入区域经济一体化的潮流之中，到目前为止，其159个成员方除1个之外，均已参与到一个或多个区域经济一体化组织中。在此背景下，国际贸易规则正面临深刻转变，《跨大西洋贸易与投资伙伴协议》（TTIP）、后美国时期的《跨太平洋伙伴关系协定》（CPTPP）等自贸协定的签订对于今后国际贸易规则的发展将产生深远影响。对国际高标准贸易规则进行分析，借鉴其先进经验，有助于中国贸易规则升级。虽然美国于2017年退出TPP，但TPP仍被认为是当前国际上最高标准的贸易规则，本章在分析国际高标准贸易规则时以美国未退出时所签订TPP协议为模板。

TPP协议共分三十章，涉及货物的国民待遇和市场准入、原产地规则和原产地程序、纺织品和服装、海关管理和贸易便利化、贸易救济、卫生和植物卫生措施、技术性贸易壁垒、投资、跨境服务贸易、金融服务、商务人员临时入境、电信、电子商务、政府采购、竞争政策、国有企业和指定垄断、知识产权、劳工、环境、合作和能力建设、竞争力和商务便利化、发展、中小企业、监管一致性、反腐败等领域。为了能更清晰地体现TPP协议的高标准，本章将TPP协议与目前世界上最为重要的多边体制——WTO协议进行比较，两者的主要差异如下。

1. 在覆盖领域方面，TPP协议覆盖领域更广

WTO协议主要涉及领域有货物贸易、与贸易相关的投资、服务贸易、知识产权保护、贸易便利化和发展等领域，而TPP协议不仅包含上述WTO协议所涉及领域，还涵盖金融服务、商务人员临时入境、电信、电子商务、国有企业、劳工、环境、中小企业、监管一致性、透明度和反腐

败等领域,其已经超越了一般贸易议题的领域,向投资领域、东道国(地区)内部市场竞争环境等方向转变。

2.在两者共同领域上,TPP协议的要求更为严格

第一,在关税削减方面,TPP协议关税削减度更大,适用范围更广。虽然TPP协议没有实现完全零关税,但其关税削减度远大于WTO协议,98%的关税将被取消,其中协议生效时约65%的关税立刻免除。而乌拉圭回合后发达国家工业品关税水平从6.3%降到3.8%,发展中成员工业品关税水平从20.5%降到14.4%,这远不及TPP协议中对关税的削减度。

第二,在对外投资上,TPP协议对投资的界定更为宽泛,消除投资壁垒的力度更大。在TPP协议中,投资是指具有投资特征(资金流、收益预期、风险承担)的各类资产,而在WTO的TRIMs协议(Agreement on Trade-Related Investment Measures,《与贸易有关的投资措施协议》)中,投资仅仅被界定为"与贸易相关的投资措施";在管理模式上,WTO在对外投资上采用正面清单管理模式,而TPP采用负面清单(不符措施)管理模式;在消除投资壁垒方面,WTO协议仅仅要求消除投资中的当地含量要求(规定企业在生产中,必须要使用一定价值的当地投入)、贸易平衡要求(规定进口要与一定比例的出口相当)、外汇平衡要求(规定企业进口所需外汇应来自本企业出口或其他来源的外汇收入的一定比例)、外汇管制(限制使用外汇,进而限制进口)和国(地区)内销售要求(要求企业必须在当地销售一定比例的产品,其价值相当于限制出口的比例水平),而TPP协议在WTO协议的基础上,还要求在投资中消除出口实绩要求(规定产品中的一定比例必须用于出口)、技术转让要求(要求外商非商业性地转让某些特定的技术和(或)在当地进行一定水平和类型的研究与开发活动)和当地股份要求(规定公司股份的一定百分比必须由当地投资者持有)。

第三,在服务贸易方面,TPP协议的开放度更高,包含最惠国待遇、透明度原则以及准入前和准入后的国民待遇。在WTO的《服务贸易总协定》(GATS)中,国民待遇并非一般义务,只有最惠国待遇和透明度原

则才是一般义务。同时,GATS规定了最惠国待遇义务的豁免和一些例外,在第二条第二款中,规定了包括自然人流动、空运服务、金融服务、海运、电信等方面的豁免和例外。而在TPP协议第十二条服务贸易的规定中,不仅包含了GATS中的最惠国待遇和透明度原则,还包含准入前和准入后的国民待遇,并且市场准入方面的具体规定是禁止设定下述5个方面的限制:①服务提供者数量的限制;②服务贸易总额或资产的限制;③服务提供者数或服务总产出的限制;④服务领域雇用或相关自然人总数的限制;⑤提供服务的法人或合资事业形态的限制。服务贸易的有关规定不适用于金融服务、航空运输服务、政府采购和政府提供的服务。

第四,在知识产权方面,TPP协议的保护范围更广,保护措施更为严密。TPP协议既规定了实体内容,也规定了程序规范,其中诸多内容形成了对WTO框架下TRIPs(Agreement on Trade-Related Aspects of Intellectual Property Rights,《与贸易有关的知识产权协定》)的突破,在地理标准、互联网、版权保护、专利保护、药品定价等多个方面远高于TRIPs水平。

第五,在政府采购方面,TPP协议更加注重公平原则。WTO框架下的政府采购协议(Government Procurement Agreement,GPA)的约束能力有限,遵循自愿加入原则。而TPP框架下的GPA涉及范围更广,并且要求国有企业的竞争中立,提倡政府采购中的公平竞争。

第六,在发展上,WTO以对最不发达的国家(地区)提供贸易援助为主,而TPP则以基础广泛的经济增长为核心,涵盖妇女、教育、科技、创新等方面内容,并成立发展委员会,更重视能力建设。

3.在WTO-X[①]上,TPP协议主要涉及扩大开放领域、环境、中小企业、监管一致性、反腐败、商务人员临时入境、国有企业、劳工等领域

在电信、电子商务、金融服务等领域TPP协议要求扩大开放,尤其是金融服务领域,TPP协议要求国民待遇与最惠国待遇,不能对金融机构的市场准入加以配额、专营等限制,不能限制金融机构以特定类型法律实体或合营企业提供服务,并允许提供一项新金融服务;在环境、中小

① 未包含在WTO框架下的议题。

企业、监管一致性、反腐败、商务人员临时入境等领域TPP协议强调强化合作，尤其在中小企业领域，TPP协议要求提升中小企业信息共享度，促进中小企业参与国际贸易；在国有企业、劳工等领域TPP协议要求缔约方做出承诺，在国有企业领域，TPP协议要求以非歧视待遇以及竞争中立为核心，对国有企业的和指定对因垄断可能影响缔约方间投资贸易的活动进行限制，在劳工领域，TPP协议要求保障劳工权利以及工作条件，缔约方不能通过减少劳工法提供的保障来鼓励贸易和投资。

根据以上分析，本章将WTO协议与TPP协议的对比分析总结为表6.1。

表6.1 WTO协议与TPP协议的对比分析

议题	WTO协议的要求	TPP协议的要求
关税	低关税	几乎零关税
投资	与贸易相关的投资，准入后国民待遇	具有“投资特征”的资产，准入前国民待遇
	消除当地含量要求、外汇平衡要求、外汇管制、贸易平衡要求、国内销售要求	在WTO协议的基础上，进一步消除出口实绩要求、技术转让要求、当地股份要求
服务贸易	最惠国待遇与透明度原则	最惠国待遇、透明度原则和准入前和准入后的国民待遇原则
知识产权	涉及领域少	涉及领域多
政府采购	自愿原则，效力有限	所有缔约方必须遵守
发展	对最不发达国家提供贸易援助	基础广泛的经济增长
电信	无	扩大开放
电子商务	无	扩大开放
金融服务	无	扩大开放
环境	无	强化合作
中小企业	无	强化合作
监管一致性	无	强化合作
反腐败	无	强化合作

续表

议题	WTO 协议的要求	TPP 协议的要求
商务人员临时入境	无	强化合作
国有企业	无	非歧视待遇和竞争中立
劳工	无	保障劳工权利以及工作条件

二、中国现行贸易规则分析

在 WTO 框架下的贸易自由化受阻的背景下，中国通过区域经济合作推进自身贸易自由化进程。自 2002 年与东盟签订自贸协议后，目前中国已和东盟、瑞士、智利、马尔代夫、澳大利亚、哥斯达黎加、格鲁吉亚、韩国、冰岛、秘鲁、巴基斯坦、新西兰、新加坡签订了自贸协议，并且中国-东盟、中国-智利自贸协议已完成升级，11 个自贸区正在谈判中，11 个自贸区正在研究中，区域经济合作进程在有条不紊地开展中。虽然与 WTO 框架相比，这些自贸协定的标准要提升不少，但与 TPP 协议相比仍存在不少差距。Petri 等(2012)曾将美国所签订的自贸协议与中日韩所签订的自贸协议进行过对比，根据测算，美国自贸协议的总体得分为 0.67 分，而中日韩自贸协议的总体得分仅为 0.36 分，具体情况如图 6.1 所示。

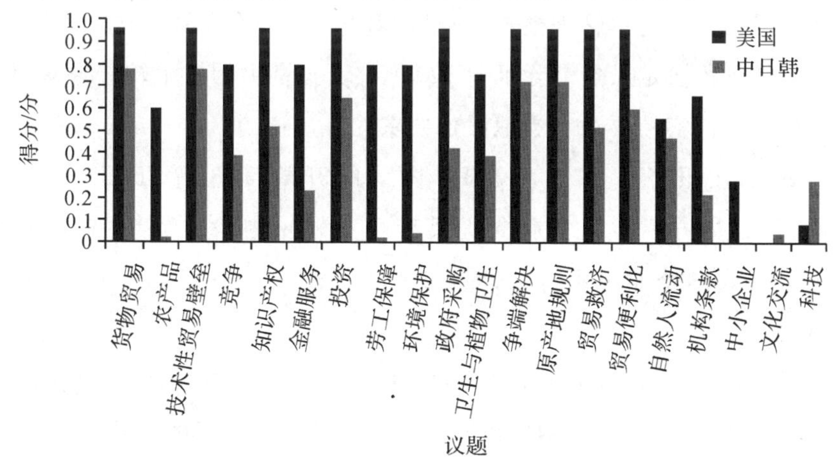

图 6.1　TPP 与中日韩自由贸易区标准比较

注：1 分为最高分，分值越高，其协议标准越高。

虽然图6.1能在一定程度上反映出中国所执行的贸易规则与美国所执行的贸易规则的差异，但2011年TPP协议与中韩自贸协定还未签订。从当前签订的自贸协定来看，中韩自贸协定是目前中国签订的标准最高的自贸协定。接下来，本章将通过对中韩自贸协定与TPP协议的对比分析，阐述中国所执行的贸易规则与国际高标准贸易规则的差距。

1. TPP协议覆盖范围更广，但总体而言两者较为一致

在覆盖领域上，两者均覆盖货物贸易、投资、服务贸易、知识产权保护、贸易便利化、金融服务、电信、电子商务、环境等领域，TPP协议还涵盖国有企业、劳工、中小企业、监管一致性、透明度和反腐败等领域。

2. TPP协议在大部分领域的要求更为严格

第一，在关税削减方面，TPP协议关税削减度更高，适用范围更广。目前中韩自贸协定中，中方91%的关税将全面取消，韩方92%的关税将全面取消，对比TPP协议98%的零关税，中韩自贸协定与之还是存在一定差距，并且其减税周期最高达20年，也比TPP协议的减税周期要长。

第二，在对外投资方面，两者对投资的界定范围较为一致，但中韩自贸区仍采用正面清单管理模式，同时，TPP协议消除投资壁垒的力度更大。中韩自贸协定虽然消除了WTO框架下投资中的技术转让要求，但仍未消除出口实绩要求和当地股份要求。

第三，在服务贸易方面，TPP协议的开放度更高，TPP协议指出，任何成员方不能要求服务提供者在其领土内设立或维持办事处或任何形式的企业也不能要求其成为居民，这在中韩自贸协定中未能体现。

第四，在知识产权方面，TPP协议的水平在多个方面均高于中韩自贸协定水平，主要体现在遵守国际协定上的差别。除了两者共同遵守的国际协定外，TPP协议要求其成员国遵守《新加坡条约》和1991年的《国际植物新品种保护公约》(简称“UPOV公约”)，而中韩自贸协定仅

要求遵守1978年的UPOV公约。而且,TPP协议在专利保护方面更为系统,主要涉及合作、商标、国名、地理标志、专利和未披露的试验或其他数据、工业品外观设计、版权和相关权利、执法、互联网服务提供商等方面,并对药品相关的知识产权保护做出了详细说明。而中韩自贸协定主要涉及版权和相关权、商标、专利和实用新型、遗传资源、传统知识和民间文艺、植物新品种保护、未披露信息、工业品外观设计、执法等方面,其涉及领域、保护力度、执法强度均不及TPP协议。

第五,在合作发展方面,中韩自贸协定的内容更为细致,具体细化至各领域的合作,这点在TPP协议中没有体现,也是中韩自贸协定的优势所在,但TPP协议更强调能力建设和基础广泛的经济增长①。

第六,在金融服务方面,TPP协议对市场准入以及国民待遇的限制要远少于中韩自贸协定,并且允许成员开展一项新金融业务,中韩自贸协定在多项金融服务内容上的市场准入限制与国民待遇限制均不做出承诺,并且在承诺减让的内容上仅开放极少内容。

第七,在电信方面,TPP协议的开放度更高,要求各成员方在部分电信业务上进行承诺,对市场准入以及国民待遇的限制更少。

第八,在电子商务方面,TPP协议在开放度以及对个人隐私的保护上要求更高,除了中韩自贸协定中的内容外,还包括数字产品的非歧视性待遇、国内电子交易框架、电子商务网络的接入与使用原则、跨境电子商务信息传输、互联网互通费用分摊、计算设施位置等方面内容。

第九,在环境方面,中韩自贸协定只提供了一个框架性协议,而TPP协议对具体的环境问题进行了约定,包括臭氧层保护、海洋环境、公众参与、企业社会责任等方面的内容。

根据以上分析,本章将中韩自贸协定与TPP协议的对比分析总结为表6.2。

---

①　这与TPP各成员方的发展千差万别相关,也为今后中国更广泛的自贸区网络建设提供了一定经验借鉴。

表 6.2 中韩自贸协定与 TPP 协议的对比分析

议题	中韩自贸协定的要求	TPP 协议的要求
关税	大部分产品零关税	几乎零关税
投资	准入后国民待遇	准入前国民待遇
	在 WTO 协议的基础上，进一步消除技术转让要求	在 WTO 协议的基础上，进一步消除技术转让要求、出口实绩要求、当地股份要求
服务贸易	最惠国待遇、透明度原则、准入后国民待遇原则	最惠国待遇、透明度原则、准入前和准入后的国民待遇原则
知识产权	涉及领域少	涉及领域多
政府采购	无约定	所有缔约方必须遵守
合作发展	合作领域更为细致	强调能力建设与基础广泛的经济增长
电信	部分领域开放	对市场准入以及国民待遇的限制更少
电子商务	部分领域开放	开放度更高，并且个人隐私的保护上要求更高
金融服务	部分领域开放	开放度更高，并且允许成员方开展一项新金融服务
环境	只有框架性协议	对具体问题进行约定
中小企业	无	强化合作
监管一致性	无	强化合作
反腐败	无	强化合作
国有企业	无	非歧视待遇和竞争中立
劳工	无	保障劳工权利以及工作条件

通过表 6.1 以及表 6.2 的对比可以发现，当前中国所执行的贸易规则虽然比 WTO 框架下的标准有了较大进步，但与国际高标准贸易规则仍存在较大差距。本章将在接下来的部分运用 GTAP 模型对实施高标准贸易规则的经济效应进行模拟分析。

三、实施高标准贸易规则的经济效应分析

GTAP(Global Trade Analysis Project,全球贸易分析)模型是由普渡大学(Purdue University)开发的CGE(computable general equilibrium)模型,主要用于分析国家(地区)间政策冲击对各国(地区)所造成的影响。GTAP数据库目前已更新至第9版,这也是本章分析所使用的数据版本,其以2011年为基期,包含140个国家(地区)、57个行业、8种生产要素的相关数据。

(一)模型设定

本章模型的具体设定如下:

第一,在区域设定方面,本章将全球划分为21个区域:中国、瑞士、智利、澳大利亚、哥斯达黎加、韩国、秘鲁、新西兰、东盟、巴基斯坦、南亚其他地区、中亚、西亚、中东欧、俄罗斯、日本、欧洲其他国家、北非、非洲其他地区、美国,以及世界其他地区。[①]

第二,在行业划分上,本章并没有采用GTAP数据库中初始10个部门的分类方式,而是将GTAP数据库中的57个细分行业划分为16个部门:农林牧渔业、采掘业、食品加工业、服装纺织业、其他轻工业、石油化工业、金属制品业、运输设备制造业、电子设备制造业、机械设备制造业、其他制造业、公共事业、建筑业、运输及通信业、私人部门服务业、政府部门服务业,具体行业划分情况如表6.3所示。

表6.3 GTAP行业对照

部门	对应GTAP行业
农林牧渔业	Paddy rice、wheat、cereal grains nec、vegetables、fruit、nuts、oil seeds、sugar cane、sugar beet、plant-based fibers、crops nec、cattle、sheep、goats、horses、animal products nec、raw milk、wool、silk-worm cocoons、forestry、fishing

① 这一区域划分依据是:瑞士、智利、澳大利亚、哥斯达黎加、韩国、秘鲁、新西兰、东盟、巴基斯坦为与中国签订自贸协定的国家或区域,而东盟、巴基斯坦、南亚其他地区、中亚、西亚、中东欧、俄罗斯、北非是“一带一路”沿线国家或地区,中国-格鲁吉亚自贸协定于2018年才正式生效,具体政策冲击目前因缺乏数据还无法估计,蒙古被划入中亚地区。

续表

部门	对应 GTAP 行业
采掘业	Coal、oil、gas、minerals nec
食品加工业	Meat:cattle、sheep、goats、horse,meat products nec,vegetable oils and fats,dairy products,processed rice,sugar,food products nec,beverages and tobacco products
服装纺织业	Textiles、wearing apparel
其他轻工业	Leather products、wood products、paper products、publishing
石油化工业	Petroleum、coal products、chemical、rubber、plastic prods
金属制品业	Mineral products nec、ferrous metals、metals nec、metal products
运输设备制造业	Motor vehicles and parts、transport equipment nec
电子设备制造业	Electronic equipment
机械设备制造业	Machinery and equipment nec
其他制造业	Manufactures nec
公共事业	Electricity、gas manufacture、distribution、water
建筑业	Construction
运输及通信业	Trade、transport nec、sea transport、air transport、communication
私人部门服务业	Financial services nec、insurance、business services nec、recreation and other services、dwellings
政府部门服务业	PubAdmin、defence、health、education

第三,在要素划分上,本章将 GTAP 数据库中的 8 种要素分为 5 类:土地、熟练劳动力、非熟练劳动力、资本和自然资源。[①]

第四,在政策冲击设定上,目前关于自贸协定的模拟分析,大部分研究均假定其造成的冲击为关税全部降为零,这一假定不仅与现实不符,

① 这 5 种生产要素的划分与 GTAP 初始给定的大类划分完全相同。

忽略了各个自贸协定之间的差异，而且会夸大自贸协定所带来的冲击，同时还会忽略非关税壁垒的影响，从而使得模拟结果可信度下降。[①] 本章将主要从关税、非关税壁垒两个层面来刻画高标准贸易规则所带来的政策冲击，主要通过冰山贸易成本来刻画非关税壁垒。

在关税削减的政策冲击方面，本章根据自贸协定中的关税减让表中的关税削减度，以该产品在协议生效前一年的出口额为权重加权计算所得[②]，计算公式为

$$\Delta t = \frac{\sum \Delta \text{tariff} \times \text{ex}}{\sum \text{ex}}.$$

各自贸协定的关税壁垒削减度如表 6.4 所示，从表 6.4 中可以看出，在关税削减度方面，中国目前的自贸协定与 TPP 协议的差距较小，中国-智利、中国-新西兰自贸协定的关税削减度均超过九成，与 TPP 协议的关税削减差距仅在毫厘之间。

表 6.4　各自贸协定的关税壁垒削减度

自贸协定	关税削减度/%	自贸协定	关税削减度/%
中国-东盟	82.63	中国-哥斯达黎加	86.57
中国-巴基斯坦	52.69	中国-澳大利亚	83.60
中国-智利	95.83	中国-瑞士	87.32
中国-新西兰	91.23	中国-韩国	73.59
中国-秘鲁	76.26	TPP 协议	96.35

在非关税贸易壁垒削减的政策冲击方面，本章将借鉴 Petri 等(2012)的方法，从 16 个层面考察各自贸协定的得分并进行加权，这 16 个层面及其权重如表 6.5 所示。

① 从前面的分析也可以看出，即便是关税削减度最高的 TPP 协议，其关税壁垒也没有削减到零关税的程度。

② 出口额数据来自 UNcomtrade 数据库。

表 6.5 非关税贸易壁垒削减度评价体系

指标	权重	指标	权重
货物贸易	0.15	农产品	0.08
技术性贸易壁垒	0.04	劳工保障	−0.08
竞争	0.04	环境保护	−0.08
知识产权	0.04	贸易便利化	0.26
政府采购	0.15	机构条款	0.04
自然人流动	0.04	中小企业	0.08
争端解决	0.08	卫生与植物卫生	0.04
原产地规则	0.08	贸易救济	0.04

根据该评价体系，各自贸协定的非关税贸易壁垒削减度如表 6.6 所示。

表 6.6 各自贸协定的非关税贸易壁垒削减度

自贸协定	削减度/%	自贸协定	削减度/%
中国-东盟	9.53	中国-哥斯达黎加	6.21
中国-巴基斯坦	8.75	中国-澳大利亚	12.13
中国-智利	9.21	中国-瑞士	8.33
中国-新西兰	11.34	中国-韩国	13.15
中国-秘鲁	9.32	TPP 协议	22.13

从表 6.6 中可以看出，在非关税贸易壁垒削减度方面，中国目前的自贸协定与 TPP 协议之间还存在较大差距，在所有自贸协定中，中韩自贸协定的冰山贸易成本削减度最高，为 13.15%，但仍远低于 TPP 协议的 22.13%。

在基准模型的设定上，由于 GTAP 第 9 版数据以 2011 年为基期，本章将其根据世界发展指数(World Development Indicators，WDI)调整至 2016 年，再根据国际货币基金组织的世界经济展望数据库(World Economic Outlook Database，2016)中各国(地区)2016 年至 2021 年的经济预测数据，将基期调整至 2021 年。

而在情境设定上，本章将根据以下三大类情况进行具体设定。

(二)总体效应分析

1.现有自贸区网络合作框架

在现有自贸区网络合作框架下,本章主要考虑两种情境:现有自贸区全面升级至当前中国自贸协定的最高标准(S1.1)以及全面升级至TPP标准(S1.2)。两种情境下各区域的关税削减度以及冰山贸易成本削减度如表6.7所示。

表6.7　情境S1.1和S1.2下各国(地区)的政策冲击情况

单位:%

国家(地区)	S1.1		S1.2	
	关税削减度	冰山贸易成本削减度	关税削减度	冰山贸易成本削减度
瑞士	67.114	5.258	71.215	15.054
智利	0.000	4.340	12.470	14.231
澳大利亚	74.573	1.161	77.744	11.380
哥斯达黎加	68.950	7.400	72.822	16.974
韩国	84.211	0.000	86.179	10.340
秘鲁	82.435	4.224	84.625	14.127
新西兰	52.452	2.042	58.381	12.170
东盟	75.993	4.001	78.987	13.927
巴基斯坦	91.186	4.822	92.285	14.663

注:政策冲击情况表示各国(地区)与中国双边贸易成本(关税与冰山贸易成本)的变化。

表6.8则反映了在现有自贸区网络合作框架下各区域福利水平以及GDP的变动情况。从表6.8中可以看出,若中国所有自贸区均采用当前中国自贸协定的最高标准,与中国签订自贸协议的国家或地区的GDP均有所提升,除智利和巴基斯坦之外,其他国家或地区的GDP和福利水平均有所提升。中国的GDP提升度约为1.80%,福利水平提升度约为3.19%。现有自贸区网络中,韩国的GDP与福利水平提升度最

大，分别约为3.06%和9.23%[①]，智利的GDP与福利水平提升度最小，GDP提升约0.10%，福利水平反而下降约0.66%，这主要是因为中国-智利自贸区的关税削减度最大，非关税壁垒削减方面与中国自贸协定最高标准的差异不大，因此在情境S1.1下中国与智利间的关税进一步削减度为0，冰山贸易成本进一步削减度较小；澳大利亚、秘鲁和瑞士的GDP提升度不大，分别约为1.01%、0.21%和0.29%，但福利水平提升度较大，分别约为4.94%、3.89%和1.83%。若中国所有自贸区均采用TPP标准，与中国签订自贸协议的国家或地区的GDP和福利水平均有所提升，并且相对于情境S1.1而言，现有自贸区网络中所有国家或地区的GDP和福利水平均有所提升。中国的GDP提升度约为2.75%，福利水平提升度约为4.33%。在现有自贸区网络中，GDP与福利水平提升度最大的仍然是韩国，分别约为4.42%和11.27%，瑞士的GDP提升度最小，约为0.48%，巴基斯坦的福利水平提升度最小，约为0.47%。值得注意的是，在其他非中国自贸区网络的国家或地区中，无论采用何种标准，有且仅有俄罗斯的GDP有所提升，两种情境下提升度分别约为0.33%和0.36%。

表6.8 情境S1.1和S1.2下各区国(地区)利水平以及GDP的变动情况

单位：%

国家(地区)	S1.1		S1.2	
	GDP变动	福利水平变动	GDP变动	福利水平变动
中国	1.80	3.19	2.75	4.33
澳大利亚	1.01	4.94	1.52	5.99
新西兰	0.35	0.51	0.81	1.20
韩国	3.06	9.23	4.42	11.27
智利	0.10	−0.66	1.01	2.11
秘鲁	0.21	3.89	0.54	4.56

① 虽然中韩自贸协定在冰山贸易成本上的削减力度最大，但关税削减度一般，而关税的下降使得韩国的GDP与福利水平大幅提升。

续表

国家(地区)	S1.1		S1.2	
	GDP 变动	福利水平变动	GDP 变动	福利水平变动
哥斯达黎加	0.66	1.16	1.02	1.61
瑞士	0.29	1.83	0.48	2.31
巴基斯坦	1.36	−0.04	1.94	0.47
东盟	1.43	4.33	2.48	5.77
北非	−0.25	−0.64	−0.30	−0.81
中东欧	−0.09	−0.36	−0.11	−0.38
中亚	−0.24	−2.11	−0.28	−2.65
南亚其他地区	−0.47	−1.21	−0.54	−1.36
西亚	−0.16	−0.26	−0.19	−0.44
俄罗斯	0.33	−0.05	0.36	−0.17
美国	−0.06	−0.54	−0.07	−0.61
日本	−0.18	−1.76	−0.21	−2.02
欧洲其他国家	−0.08	−0.38	−0.10	−0.44
非洲其他地区	−0.34	−1.29	−0.40	−1.62
世界其他地区	−0.26	−0.92	−0.30	−1.09

2.“一带一路”合作框架

在“一带一路”合作框架下,本章同样考虑两种情境:现有“一带一路”贸易畅通执行当前中国自贸协定的最高标准(S2.1)以及执行 TPP 标准(S2.2)。但由于“一带一路”是一个综合性的合作框架,仅考虑贸易畅通对于效应估计而言会造成一定偏误,正如黄先海和陈航宇(2016)所提到的,“一带一路”设施联通与贸易畅通相辅相成,相互促进,“设施联通与贸易畅通综合实施情境下的福利效应要高于两者单独实施情境下的福利效应之和”,因此在“一带一路”框架下将同时考虑设施联通与贸易畅通,设施联通的具体刻画方式与黄先海和陈航宇(2016)的全局设施联通一致。基准模型将调整至仅设施联通情境(S2.0)。由于“一带一路”合作框架中政策冲击不仅仅局限于中国,因此政策冲击表较为复杂,具体测算依据为表 6.3—6.6 以及黄先海和陈航宇(2016)的相应测算过程,本章便不再赘述。表 6.9 反映了现有"一带一路"合作框架下各国(地区)福利水平以及 GDP 的变动情况。

表 6.9 情境 S2.1 和 S2.2 下各国(地区)福利水平以及 GDP 的变动情况

单位:%

国家(地区)	S2.1		S2.2	
	GDP 变动	福利水平变动	GDP 变动	福利水平变动
中国	4.27	14.73	5.49	17.91
澳大利亚	−1.77	−9.87	−1.86	−10.52
新西兰	−0.94	−4.73	−0.99	−5.01
韩国	3.79	9.64	3.59	8.38
智利	−1.26	−9.43	−1.33	−9.89
秘鲁	0.08	−4.11	0.08	−4.39
哥斯达黎加	−0.21	−0.91	−0.24	−0.99
瑞士	−0.76	−7.95	−0.79	−8.21
巴基斯坦	7.27	15.00	9.80	20.19
东盟	5.04	24.37	7.67	31.51
北非	5.66	29.09	6.83	31.76
中东欧	1.19	−0.42	1.91	1.15
中亚	4.67	45.63	6.18	49.42
南亚其他地区	−0.38	−7.44	−0.07	−7.07
西亚	3.90	25.51	4.74	27.54
俄罗斯	1.26	5.12	1.66	6.11
美国	−0.42	−4.91	−0.45	−5.14
日本	0.61	1.88	0.57	1.42
欧洲其他国家	0.88	0.56	0.83	0.30
非洲其他地区	3.72	14.19	3.62	13.68
世界其他地区	−1.01	−3.98	−1.08	−4.29

从表6.9中可以看出，若"一带一路"贸易畅通采用当前中国自贸协定中的最高标准，除南亚其他地区外，"一带一路"沿线国家或区域的GDP和福利水平均有所提升：中国的GDP提升度约为4.27%，福利水平提升度约为14.73%；"一带一路"沿线国家或区域中，巴基斯坦的GDP提升度最大，约为7.27%，中亚的福利水平提升度最大，约为45.63%，南亚其他地区的GDP与福利水平下降最多，GDP下降约0.38%，福利水平下降约7.44%。若"一带一路"贸易畅通采用TPP标准，除南亚其他地区外，"一带一路"沿线国家或区域的GDP和福利水平均有所提升，并且相对于情境S2.1而言，"一带一路"沿线所有国家或区域的GDP均有所提升：中国的GDP提升度约为5.49%，福利水平提升度约为17.91%；"一带一路"沿线国家或区域中，巴基斯坦的GDP提升度最大，约为9.80%，中亚的福利水平提升度最大，约为49.42%，南亚其他地区的GDP与福利水平下降最多，GDP下降约0.07%，福利水平下降约7.07%。值得注意的是，在情境S2.1和S2.2中，非"一带一路"沿线国家或区域中的韩国、日本以及非洲其他国家(地区)的GDP和福利水平均有所提升，这是因为"一带一路"设施联通的正外部性使得非"一带一路"沿线国家或区域也能享受到"一带一路"贸易畅通的部分效应，整个欧亚大陆上所有区域的GDP与福利水平均有所提升。

3."一带一路"与现有自贸区网络统一合作框架

在这部分分析中，本章将上述两种合作框架统一起来，主要考虑两种情境："一带一路"沿线国家或区域及现有自贸区网络中执行当前中国自贸协定的最高标准(S3.1)以及执行TPP标准(S3.2)。基准模型同样调整至S2.0。该框架下政策冲击表现更为复杂，具体测算依据同样为表6.4—6.7以及黄先海和陈航宇(2016)的相应测算过程，本章不再赘述。表6.10反映了现有"一带一路"合作框架下各国(地区)福利水平以及GDP的变动情况。

表 6.10 情境 S3.1 和 S3.2 下各国(地区)福利水平以及 GDP 的变动情况

单位:%

国家(地区)	S3.1		S3.2	
	GDP 变动	福利水平变动	GDP 变动	福利水平变动
中国	5.29	17.20	7.09	21.62
澳大利亚	−0.66	−3.22	−0.22	−2.14
新西兰	−0.50	−3.32	−0.08	−2.37
韩国	7.20	24.45	8.40	27.12
智利	−1.10	−9.68	−0.24	−6.36
秘鲁	0.31	0.19	0.64	0.99
哥斯达黎加	0.50	1.20	0.84	1.98
瑞士	−0.45	−5.60	−0.28	−5.16
巴基斯坦	7.23	14.66	9.76	19.81
东盟	4.91	23.09	7.52	30.01
北非	5.54	28.61	6.69	31.15
中东欧	1.14	−0.69	1.86	0.86
中亚	4.54	44.28	6.02	47.71
南亚其他地区	−0.58	−8.23	−0.30	−7.96
西亚	3.80	25.15	4.62	27.03
俄罗斯	1.50	5.29	1.92	6.21
美国	−0.45	−5.21	−0.48	−5.48
日本	0.50	0.80	0.44	0.17
欧洲其他国家	0.84	0.32	0.78	0.02
非洲其他地区	3.52	13.13	3.38	12.35
世界其他地区	−1.17	−4.70	−1.27	−5.15

从表 6.10 中可以看出,在统一合作框架下无论是采用当前中国自贸协定中的最高标准还是 TPP 标准,“一带一路”沿线国家或地区的 GDP 和福利水平的提升度均高于现有自贸区网络中的国家或地区。若采用当前中国自贸协定中的最高标准,中国的 GDP 提升度约为 5.29%,福利水平提升度约为 17.20%;在统一合作框架中,巴基斯坦的

GDP 提升度最大，约为 7.23%，中亚的福利水平提升度最大，约为 44.28%，智利的 GDP 和福利水平下降度最大，分别约为 1.10% 和 9.68%。若采用 TPP 标准，中国的 GDP 提升度约为 7.09%，福利水平提升度约为 21.62%；在统一合作框架中，巴基斯坦的 GDP 提升最多，约为 9.76%，中亚的福利水平提升度最大，约为 47.71%，南亚其他地区的 GDP 和福利水平下降最多，分别约为 0.30%和 7.96%。在情境 S3.1 和 S3.2 中，非统一框架中的日本、欧洲其他地区以及非洲其他国家的 GDP 和福利水平均有所提升，这与上一部分的结论相似。

(三)不同情境下执行不同贸易规则对中国的影响分析

在这部分分析中，本章将综合考虑上述六种情境下中国各宏观经济变量的变动情况。首先来看中国各部门产出以及总体福利水平的变动情况，具体如表 6.11 所示。

表 6.11　各情境下中国各部门产出以及总体福利水平的变动情况

单位：%

项目	S1.1	S1.2	S2.1	S2.2	S3.1	S3.2
农林牧渔业	−4.07	−4.81	−7.40	−8.60	−9.75	−11.41
采掘业	−14.28	−17.39	−45.88	−52.01	−54.39	−62.61
食品加工业	−3.00	−3.43	−6.54	−7.56	−7.63	−8.83
服装纺织业	−5.89	−7.25	20.31	18.99	16.72	14.60
其他轻工业	−5.94	−7.05	4.41	1.99	2.60	−0.21
石油化工业	−1.09	−1.49	1.04	1.23	−1.00	−1.13
金属制品业	7.39	8.19	9.97	12.13	14.26	16.83
运输设备制造业	3.54	4.23	−13.66	−13.04	−11.18	−10.03
电子设备制造业	3.15	2.61	−2.79	−6.00	3.03	−0.01
机械设备制造业	−3.42	−4.11	−5.29	−4.97	−9.42	−9.78
其他制造业	−7.27	−8.59	4.23	0.91	1.78	−2.05
公共事业	1.96	2.27	4.58	5.50	5.28	6.34
建筑业	12.75	15.12	24.05	28.19	31.01	36.54

续表

项目	S1.1	S1.2	S2.1	S2.2	S3.1	S3.2
运输及通信业	0.52	0.61	−0.21	−0.35	0.42	0.38
私人部门服务业	−0.36	−0.25	0.13	0.16	−0.05	0.04
政府部门服务业	−0.33	0.23	0.07	0.88	−0.39	0.73
GDP	1.80	2.75	4.27	5.49	5.29	7.09
总体福利水平	3.19	4.33	14.73	17.91	17.20	21.62

从表6.11中可以看出，无论在何种合作框架下（“一带一路”、现有自贸区网络、“一带一路”和现有自贸区网络统一合作框架），执行高标准贸易规则均能使得中国的GDP和福利水平有所提升，并且“一带一路”合作框架下高标准贸易规则所带来的总体效应要远大于现有自贸区网络所带来的总体效应，“一带一路”和现有自贸区网络统一合作框架所带来的总体效应最大。值得注意的是，虽然情境S1.2的GDP和福利水平提升度分别约为2.75%和4.33%，低于情境S2.1中的4.27%和14.73，但情境S2.2的GDP和福利水平提升度分别约为5.49%和17.91%，大于情境S3.1中的5.29%和17.20。这意味着当自贸区网络达到一定广度时，执行国际最高标准的贸易规则所带来的收益要高于将中国自贸协定中最高标准贸易规则推广至更大范围，更高层次的开放所带来的收益要高于更广范围的开放，也就是说随着中国自贸区网络的逐步发展，自贸区网络深度的作用逐渐体现，并且逐渐超过自贸区网络广度的作用。

在各部门产出方面，在现有自贸区网络合作框架中，在执行当前中国自贸协定中最高标准情境下，金属制品业、运输设备制造业、电子设备制造业、公共事业、建筑业、运输及通信业的产出有所上升，其他行业的产出有所下降，其中建筑业上升最多，约为12.75%，采掘业下降最多，约为14.28%；在执行TPP标准情境下，金属制品业、运输设备制造业、电子设备制造业、公共事业、建筑业、运输及通信业、政府部门服务业的产出有所上升，其他行业的产出有所下降，其中建筑业上升最多，约为15.12%，采掘业下降最多，约为17.39%。在“一带一路”合作框架中，无论执行何种标准，服装纺织业、其他轻工业、石油化工业、金属制品业、其他制造业、公共事业、建筑业、私人部门服务业、政府部门服务业的产出有所上升，其他行业的产出有所下降，其中建筑业上升最多，分别约为24.05%和28.19%，采掘业下降最多，分别约为45.88%和52.01%。在统一合作框架中，在执行当前中国自贸协定中最高标准情境下，服装纺织业、其他轻工业、金属制品业、电子设备制造业、其他制造业、公共事业、建筑业、运输及通信业的产出有所上升，其他行业的产出有所下降，其中建筑业上升最多，约为31.01%，采掘业下降最多，约为54.39%；在执行TPP标准情境下，服装纺织业、金属制品业、公共事业、建筑业、运输及通信业、私人部门服务业、政府部门服务业的产出有所上升，其他行业的产出有所下降，其中建筑业上升最多，约为36.54%，采掘业下降最多，约为62.61%。

接着来看中国各部门进出口贸易的具体变动情况，净出口额具体变动情况如表6.12所示。

表6.12　各情境下中国各部门净出口额的变动情况

单位：亿美元

部门	S1.1	S1.2	S2.1	S2.2	S3.1	S3.2
农林牧渔业	−246.6	−300.5	−816.9	−894.8	−989.6	−1106.8
采掘业	−1006.9	−1188.2	−2850.1	−3269.1	−3381.5	−3913.7
食品加工业	−289.1	−352.3	−706.3	−832.4	−810.4	−966.1
服装纺织业	−413.9	−508.3	831.2	712.5	595.4	422.2
其他轻工业	−323.4	−385.9	73.0	−61.5	−31.8	−190.7
石油化工业	−129.4	−180.2	−81.3	−53.1	−371.2	−389.6
金属制品业	613.1	641.8	667.2	788.6	1121.2	1257.3
运输设备制造业	−280.5	−335.5	−1657.1	−1788.2	−1776.6	−1933.6
电子设备制造业	104.0	56.2	−343.7	−557.0	−59.2	−274.7
机械设备制造业	−1306.9	−1552.2	−1962.3	−2172.2	−3020.6	−3419.2

续表

部门	S1.1	S1.2	S2.1	S2.2	S3.1	S3.2
其他制造业	−351.0	−414.4	−49.4	−201.9	−184.8	−365.4
公共事业	5.8	6.5	8.0	11.4	5.3	8.3
建筑业	−39.1	−46.1	36.1	27.8	14.7	2.3
运输及通信业	−361.3	−454.6	−1054.2	−1293.4	−1152.8	−1435.4
私人部门服务业	−414.3	−498.6	−750.4	−919.1	−957.7	−1174.3
政府部门服务业	−69.0	−84.0	−124.2	−149.7	−158.9	−193.2
所有部门	−4508.5	−5596.3	−8780.4	−10652.0	−11158.5	−13672.6

在现有自贸区网络合作框架中，无论执行何种标准，金属制品业、电子设备制造业、公共事业的净出口额均有所增加，其他行业的净出口额有所减少。在执行当前中国自贸协定中最高标准和TPP标准的情况下，净出口额分别减少约4508.5亿美元和5596.3亿美元，其中金属制品业净出口额增加最多，分别增加约613.1亿美元和641.8亿美元，机械设备制造业净出口额减少最多，分别减少约1306.9亿美元和1552.2亿美元。在“一带一路”合作框架中，在执行当前中国自贸协定中最高标准情境下，净出口额减少约8780.4亿美元，其他轻工业、金属制品业、电子设备制造业、公共事业、建筑业的净出口额有所增加，其他行业的净出口额有所减少，其中服装纺织业增加最多，约为831.2亿美元，采掘业减少最多，约为2850.1亿美元；在执行TPP标准情境下，净出口额减少约10652.0亿美元，金属制品业、电子设备制造业、公共事业、建筑业的净出口额有所增加，其他行业净出口额有所减少，其中服装纺织业增加最多，约为712.5亿美元，采掘业减少最多，约为3269.1亿美元。在现有统一合作框架中，无论执行何种标准，服装纺织业、金属制品业、公共事业、建筑业的净出口额有所增加，其他行业有所减少。在执行当前中国自贸协定中最高标准和TPP标准情况下，净出口额分别减少约11158.5亿美元和13672.6亿美元，其中金属制品业净出口额增加最

多，分别增加约 1121.2 亿美元和 1257.3 亿美元，采掘业净出口额减少最多，分别减少约 3381.5 亿美元和 3913.7 亿美元。

出口额的具体变动情况如表 6.13 所示。在现有自贸区网络合作框架中，在执行当前中国自贸协定中最高标准情境下，出口额增加约 36.66％，其中服装纺织业、其他制造业、建筑业、私人部门服务业、政府部门服务业的出口额有所减少，其他行业的出口额有所增加，其中其他制造业减少最多，约为 25.60％，采掘业增加最多，约为 325.11％；在执行 TPP 标准情境下，出口额增加约 41.22％，其中服装纺织业、其他轻工业、其他制造业、建筑业、运输及通信业、私人部门服务业、政府部门服务业的出口额有所减少，其他行业的出口额有所增加，其中其他制造业减少最多，约为 30.37％，采掘业增加最多，约为 376.26％。而在“一带一路”合作框架和统一框架中，无论执行何种标准，所有行业的出口均有所增加，四种情境下出口额提升度分别约为 74.22％、82.81％、92.91％和 103.80％，其中采掘业的提升度最大，分别约为 447.25％、524.40％、661.75％和 773.34％，运输及通信业提升度最小，分别约为 6.88％、2.15％、10.75％和 5.61％。

表 6.13　各情境下中国各部门出口额的变动情况

单位：％

部门	S1.1	S1.2	S2.1	S2.2	S3.1	S3.2
农林牧渔业	86.82	96.87	109.34	139.88	123.70	154.93
采掘业	325.11	376.26	447.25	524.40	661.75	773.34
食品加工业	47.89	53.52	20.86	31.77	37.78	50.33
服装纺织业	−2.43	−3.99	58.14	57.36	55.29	53.44
其他轻工业	0.07	−0.12	61.31	60.31	62.71	61.98
石油化工业	92.54	105.36	152.97	183.12	187.97	223.28
金属制品业	82.85	95.25	153.18	172.87	206.06	234.14
运输设备制造业	34.89	39.52	79.80	85.89	104.24	113.86
电子设备制造业	57.11	64.49	51.92	63.61	80.99	96.05
机械设备制造业	40.82	46.26	79.53	91.13	98.93	113.16
其他制造业	−25.60	−30.37	35.55	24.16	25.76	12.21

续表

部门	S1.1	S1.2	S2.1	S2.2	S3.1	S3.2
公共事业	59.23	67.88	184.36	214.56	187.73	218.76
建筑业	−16.78	−20.30	153.24	153.77	144.72	143.25
运输及通信业	0.66	−0.62	6.88	2.15	10.75	5.61
私人部门服务业	−15.78	−20.10	41.06	33.62	32.18	21.95
政府部门服务业	−2.29	−5.17	20.49	13.50	27.30	19.36
所有部门	36.66	41.22	74.22	82.81	92.91	103.80

进口额的具体变动情况如表6.14所示。从表6.14中可以看出，无论在何种合作框架中，执行何种标准，所有行业的进口均有所增加。六种情境下出口额提升度分别约为65.28%、76.18%、128.51%、147.83%、161.73%和186.97%，其中六种情境下采掘业的提升度均最小，分别约为30.57%、35.94%、78.01%、89.68%、94.89%和109.96%。在现有自贸区网络合作框架中，电子设备制造业的提升度最大，分别约为110.79%和128.04%，而在其他两种框架中，其他制造业的提升度最大，四种情境下分别约为231.88%、261.63%、260.14%和295.05%。

表6.14 各情境下中国各部门进口额的变动情况

单位：%

部门	S1.1	S1.2	S2.1	S2.2	S3.1	S3.2
农林牧渔业	47.83	56.42	119.79	135.37	143.29	163.71
采掘业	30.57	35.94	78.01	89.68	94.89	109.96
食品加工业	92.60	109.14	150.58	182.83	183.13	222.28
服装纺织业	75.51	87.08	148.79	169.69	183.04	209.59
其他轻工业	66.52	78.73	173.14	197.31	198.65	228.58
石油化工业	69.92	80.71	110.18	130.43	144.41	169.83
金属制品业	67.57	82.22	159.19	177.11	198.21	226.41
运输设备制造业	48.63	56.62	194.84	210.10	221.83	241.71
电子设备制造业	110.79	128.04	119.76	153.17	164.26	204.48
机械设备制造业	89.75	103.99	153.29	173.26	208.90	237.82

续表

部门	S1.1	S1.2	S2.1	S2.2	S3.1	S3.2
其他制造业	70.65	82.60	231.88	261.63	260.14	295.05
公共事业	36.26	42.24	160.68	176.86	176.91	195.91
建筑业	55.50	64.60	149.84	167.12	180.23	202.65
运输及通信业	40.29	47.41	126.17	140.99	145.04	163.53
私人部门服务业	49.71	58.44	171.30	190.04	194.64	217.89
政府部门服务业	62.95	74.59	130.20	147.55	167.46	192.12
所有部门	65.28	76.18	128.51	147.83	161.73	186.97

(四)单边贸易开放对中国的总体影响分析

这部分分析将考虑中国单边实施贸易开放所带来的总体效应。所谓单边贸易开放,指的是中国单方面对其伙伴国实施贸易开放政策,在上述三种合作框架下考虑上述两种贸易规则,一共六种情境,分别记作S4.1—S4.6,这六种情境下的总体效应如表6.15所示。

表6.15 单边贸易开放下中国各部门产出以及总体福利水平的变动情况

单位:%

项目	S4.1	S4.2	S4.3	S4.4	S4.5	S4.6
农林牧渔业	−2.74	−3.26	−1.32	−2.17	−3.67	−4.97
采掘业	−8.15	−10.33	−17.72	−21.59	−26.23	−32.19
食品加工业	−3.51	−4.01	−2.75	−3.81	−3.84	−5.07
服装纺织业	1.54	1.26	6.64	6.54	3.04	2.15
其他轻工业	1.66	1.51	8.19	7.97	6.38	5.77
石油化工业	−4.19	−5.01	3.82	2.71	1.78	0.35
金属制品业	3.64	3.87	5.65	6.75	9.94	11.45
运输设备制造业	4.58	5.33	−12.33	−11.49	−9.85	−8.48
电子设备制造业	8.15	8.30	25.49	25.29	31.31	31.28
机械设备制造业	−0.83	−1.22	6.17	6.75	2.05	1.94
其他制造业	2.24	2.22	10.49	10.27	8.05	7.30

续表

项目	S4.1	S4.2	S4.3	S4.4	S4.5	S4.6
公共事业	0.31	0.37	1.29	1.54	2.00	2.38
建筑业	6.96	8.46	1.85	4.03	8.80	12.38
运输及通信业	0.32	0.42	0.68	0.73	1.31	1.46
私人部门服务业	−0.43	−0.31	−2.27	−2.26	−2.46	−2.38
政府部门服务业	−2.41	−2.15	−7.18	−7.05	−7.64	−7.21
GDP	1.03	1.87	1.25	2.23	2.28	3.83
总体福利水平	−0.44	0.22	−4.28	−3.55	−2.83	−1.43

从表6.15中可以看出，在单边贸易开放下，虽然中国的GDP在六种情境下均有所增长，但除了在现有自贸区网络单方面执行TPP规则外，其他情境下中国的福利水平均有所下降，尤其在“一带一路”合作框架下，中国的福利水平下降较多，执行当前中国自贸协定中最高标福利水平下降约4.28%，执行TPP标准福利水平下降3.55%，值得注意的是，无论在何种合作框架下，实施单方面国际高标准的贸易开放所造成的福利水平下降均少于实施单方面国内高标准的贸易开放。而在各部门产出上，在现有自贸区网络合作框架中，无论中国单方面执行何种标准，服装纺织业、其他轻工业、金属制品业、运输设备制造业、电子设备制造业、其他制造业、公共事业、建筑业、运输及通信业的产出有所上升，其他行业的产出有所下降，其中采掘业的产出下降度最大，分别约为8.15%和10.33%。执行当前中国自贸协定中最高标准情境下电子设备制造业的产出上升度最大，约为8.15%，执行TPP标准情境下建筑业的产出上升最多，约为8.46%。在“一带一路”合作框架和统一合作框架中，无论执行何种标准，农林牧渔业、采掘业、食品加工业、运输设备制造业、私人部门服务业、政府部门服务业的产出均有所下降，其他部门的产出均有所上升，其中采掘业的产出下降度最大，分别约为17.72%、21.59%、26.23%和32.19%，电子设备制造业的产出上升度最大，分别约为25.49%、25.29%、31.31%和31.28%。

（五）模拟结果小结

根据以上分析，本章将模拟结果总结为以下几点。

第一，执行高标准贸易规则所带来的收益要高于执行当前中国自贸协定中最高标准所带来的收益。对于现有自贸区网络、"一带一路"、自贸区网络和"一带一路"统一合作框架三种合作模式中的所有伙伴国而言，该结论均成立。

第二，"一带一路"设施联通具有正外部性。在"一带一路"、自贸区网络和"一带一路"统一合作框架中，由于"一带一路"设施联通的正外部性使得部分非"一带一路"沿线国家或区域也能享受到"一带一路"贸易畅通的部分效应，这些国家或区域的 GDP 和福利水平均有所提升。

第三，对于中国而言，"一带一路"合作框架下的总体效应要高于现有自贸区网络。在执行相同贸易规则下，中国在"一带一路"合作框架下的 GDP 和福利水平提升度要高于现有自贸区网络合作框架下的提升度。

第四，随着中国自贸区网络的逐步发展，自贸区网络深度的作用逐渐超过广度的作用。当自贸区网络达到一定广度时，执行国际最高标准的贸易规则所带来的收益要高于将中国自贸协定中最高标准贸易规则推广至更大范围，更高层次的开放所带来的收益要高于更广范围的开放所带来的收益。

第五，在中国各部门的产出方面，国际高标准贸易规则更有利于服务业的发展。无论在何种框架下，公共事业、建筑业、私人部门服务业、政府部门服务业等服务业部门的产出在执行 TPP 标准情境下相对于执行当前中国自贸协定中最高标准情境下均有所增加。

第六，在贸易方面，国际高标准贸易规则更有利于中国贸易收支平衡，并且更有利于促进进口。无论在何种框架下，执行 TPP 标准情境下的净出口下降度以及各部门的进口额提升度均大于执行当前中国自贸协定中最高标准情境下的下降或提升度。

第七，若仅仅只是中国单方面实施贸易自由化，那么各情境下中国的 GDP 均有所增长，但除了在现有自贸区网络合作框架下单方面执行 TPP 规则外，中国的福利水平均有所下降，并且无论在何种合作框架下，单方面实施国际高标准的贸易开放所造成的福利水平下降度均小于单方面实施国内高标准的贸易开放所造成的福利水平下降度。

四、促进自由贸易港贸易开放的发展思路与战略举措

从前面的分析中可以看出，中国自贸协议与国际高标准贸易规则还存在一定差距，而执行高标准贸易规则能促进中国福利水平和GDP的提升，更有利于中国服务业发展和贸易收支平衡，并且随着中国自贸区网络的逐步发展，自贸区网络深度（贸易规则标准）的作用逐渐超过广度（成员方数量）的作用。但若仅仅只是中国单方面执行国际高标准贸易规则，那中国的福利水平将有所下降，因此应通过自由贸易港建设进行国际高标准贸易规则的风险测试，对标、引领国际高标准贸易规则。

（一）促进自由贸易港贸易开放的发展思路

1. 发展创新引领型贸易，创新贸易模式

通过自由贸易港建设，构建集聚全球创新资源的高水平创新网络平台。为企业特别是中小企业在获取创新资源上提供便利，提高国际贸易发展的技术含量。充分利用中国在跨境电子贸易上的优势以及跨境电子贸易成本低、易于实施、覆盖范围广等优势，推进世界电子贸易平台（eWTP）建设，共同制定跨境电子贸易规则，使得各国（地区）原有潜在比较优势显性化，并在此基础上构建国际竞争新优势。强化创新在全球生产网络中的应用，促进全球创新链、全球价值链与国（地区）内价值链“三链融合”。

2. 发展投资导向型贸易，优化贸易结构

通过自由贸易港建设，打造市场主体尤其是中小企业“走出去”的桥头堡。在自由贸易港建设过程中强化国际贸易规则和国际投资规则之间的协调统一性，推进国际组织间的合作，建立高效的投资争端解决机制，并在更大范围内、更深层次上推进政府投资政策制定相关信息公开化，提升国际投资环境的稳定性，促进政府经济管理职能由事前审批、核准转向事中、事后的过程监管，建立一口受理、综合审批和高效运作的服务模式，改善各国（地区）内部投资环境，推进投资便利化进程。提升中

小企业嵌入全球价值链的能力，为中小企业参与国际分工搭桥铺路。发展能力建设和标准认证项目，降低中小企业参与价值链分工的成本，提高中小企业与跨国公司合作的可能性，进而推动中小企业的技术升级。

3.发展规则重构型贸易，引领贸易规则

通过自由贸易港建设，制定更宽领域、更深层次的贸易规则，推进更为广泛的贸易自由化。推进综合的贸易发展合作、以市场为导向并兼顾公益性的准市场合作机制，促进传统贸易领域与社会领域、国(地区)内市场竞争环境等领域之间的整合。建立科学、透明的贸易规则效应评估机制，根据高标准贸易规则在自由贸易港的试验效应将其进一步深化。

(二)促进自由贸易港贸易开放的战略举措

第一，实施高效便捷的货物出入境自由政策。对自由贸易港货物进出实行负面清单管理，除药品、武器、动植物等少数威胁健康和生态的物品外，均允许自由进出，仅对少数商品实行进出口证管理，其他商品不设进出口配额；提升货物通关效率，依托先进查验设备检查货物，减少对货物的开箱，降低查验率；简化报关手续，承运人只需于货物输入或输出后一定日期内向海关呈报进口或出口商品的运输资料和进(出)口报关单。跨境航行的运输工具进入或驶离自由贸易港时都无需向海关结关；在自由贸易港装卸货物，由舱单申报义务人一次性向海关、检验检疫、海事等部门发送完整的通用舱单数据，没有海关、检验检疫、边防等部门对运输工具及其人员实施额外检查；货物从国(地区)内其他口岸出入境的，按规定办理手续后可直接进出自由贸易港。

第二，建立低税赋并且公平的自由贸易港税收体系。在关税上，在自由贸易港内仅对一些特殊的商品如危害公共安全的商品、战略物资等征收关税，对于一般进出口商品均不征收任何关税，也不设任何关税限额，不征收任何附加税；而出口商所获收益不论其产品是全部出口或者部分出口，均可获得部分豁免待遇；出口额达到一定限额的公司或者组织，可申请减免出口收益税金。有效设置经营范围隔离墙，对在自贸港内注册办公的内外资企业实行统一的低企业所得税和个人所得税政策，对仅开展对外贸易、转口贸易的企业免征所得税、增值税和个人所得税，对于新创业公司，实行免税、退税政策。

第三，建立一体化信息管理体系。打造连接自由贸易港企业以及管理机构，集监管信息平台、企业信息平台、商品信息平台、物流信息平台四大平台于一体的一体化信息管理体系，实现监管信息、企业运营信息、商品信息、物流信息同步共享和实时对接，在精准监管的基础上提升企业运作效率，优化企业营商环境。允许自由贸易港内的创新业务在一体化信息管理平台上先行先试，完善监管流程和标准，成熟后纳入相关监管部门的数据规范和信息系统。以口岸管理相关部门的通关物流状态信息为基础，整合运输工具动态信息、集装箱信息、货物进出港和装卸等作业信息，形成完整的通关物流状态综合信息库，为企业提供全程数据服务，方便企业及时掌握通关申报各环节状态。

第四，提升贸易便利度。允许内外资企业在公平的环境下自由开展货物进出口、转口贸易。贸易企业可自由选择结算货币和结算方式，企业可以在银行开立多种货币账户，使用任何货币进行贸易结算。对自贸港国际贸易企业实行隔离墙制度，开展对外贸易不设外汇管制，资金自由进出，外汇自由兑换，外汇结算便利，在资本项目开放、外汇账户设立、收付汇、跨国公司资金管理、离岸支付结算、跨境投融资等方面提供便利。

第七章
以优化负面清单管理模式为核心的投资开放

自由贸易港的建设应以高度开放的贸易制度为导向，以成熟规范、高效便利的运行机制为先驱，在全球贸易往来中有效发挥其枢纽的中心作用，同时政府必须深度推进要素流动机制，在自贸港建设和开发过程中，成功聚集一批高能级的贸易主体，吸引全球高端人才资本和科技资源的广泛入驻，从而有效发挥自贸港对区域总体的开放型经济发展的有力的辐射带动作用，在逆全球化的大背景下，有效培育经济增长的新动能，服务国(地区)内实体经济的发展。

自由贸易港对标“开放水平最高的特殊经济功能区”，在自由贸易港的建设过程中，政府应不仅仅着眼于港口贸易的便利化和自由化建设，而且着眼于围绕投资、金融、法治和新兴高端要素流动开展一系列的制度性创新。而以优化负面清单管理模式为核心的投资开放，是自由贸易港的四大自由建设中的关键一环。政府应当在现有基础上，以放宽市场准入条件、推进投资便利化、优化营商环境为主要抓手，不断推进自贸港投资开放的各项进程。

在外资市场准入方面，以负面清单管理制度为改革支点，不断提升管理水平，扩大开放领域，通过精简清单内容，减少对外来投资的妨碍与限制，进一步放宽市场准入条件，扩大服务业的对外开放，推动要素的自由流动；在自由贸易港的建设过程中，加强一系列制度性安排，有效提升投资自由化便利化水平，显著降低外资的制度性交易成本，在具体政策落实环节中，进一步完善准入前国民待遇的推进落实，通过开展商事主体与经营资格相分离，大幅度削减工商前置审批事项，实现“多证合一”登记备案制度等一系列重点改革措施，简化外资企业设立、变更等行政程序，在监管落实方面积极从事前审批转向事中、事后监管，显著提升自由贸易港外资开设企业的自由度和便捷性。在优化营商环境方面，抓住自由贸易港建设的崭新契机，对标高开放水平的自由港，学习和借鉴其经验与举措，同时合理利用十九大赋予的“更大的改革自主权”，发扬先行先试、勇于探索的精神，加强税收制度的改革创新，通过构建国际化融资环境进一步与国际接轨，规范并完善知识产权在立法、执行和权益纠纷等方面的相关机制，保障外商投资的合法权益，同时加强配套基础设施建设，制度建设与物质建设并举，创立高水平高标准的国际化营商环境。

一、负面清单管理模式分析

近年来，在世界双边及多边自由贸易谈判的不断推动下，国际经济与贸易规则正在发生着深刻变化。伴随着各国(地区)货物贸易、投资开放、服务贸易等领域的逐步开放以及联系的日益加深，各国(地区)对于现有的贸易、投资、服务的自由化标准提出了更高的要求，同时也产生了公平竞争和权益保护等诸多诉求。在当前全球经贸重塑的关键阶段，为了适应新的贸易与投资规则，高水平的开放势在必行。而作为中国开放型经济转型升级的前沿窗口，自由贸易区和自由贸易港无疑是新形势下对外开放“先行先试”的主阵地。因此，为了对标更高水平的对外开放，接轨更高标准的投资制度，在自贸区和自贸港的建设过程中，应以优化投资环境、放宽市场准入为主要抓手，实施以负面清单管理制度为核心的外商投资准入制度改革，争取聚集一批高能级贸易主体，成功汇集高端全球人才、资本的广泛入驻，使得自贸区和自贸港由单一的贸易集散枢纽向先进要素自由流动的综合性国际性平台转变，从而成功发挥自贸区和自贸港在开放型经济领域的辐射带动作用。

(一)负面清单的政策内涵与制度特征

1.负面清单的开放型政策内涵

在国际投资领域,一国(地区)设立相应的外资准入制度具备其固有的内在动机。对于一国(地区)的经济发展而言,一方面,外资引入会为东道国(地区)急需资金的落后产业提供充足的资金支持和新的发展契机,从而有助于东道国(地区)的经济发展,获取相应的经济效益,这种效益体现在其经济主权及其所属领域的主权范围,而另一方面,在某些关乎领土、主权和重大经济利益的层面上,国家(地区)往往会对关乎民生和经济命脉的产业设置相应的外资限制准入门槛,以便监管和控制。因此,各国(地区)基于自身的经济发展特点和具体的产业特征的考量,在外资准入制度的设计过程中往往会对市场主体在经济活动中从事的行为加以约束,负面清单应运而生。

负面清单作为一种通行的投资准入的管理制度,是指通过清单的方式将所有针对外资的与国民待遇不符的管理措施以及针对业绩人员的相关要求等明确列明的制度形式。负面清单通常可以作为缔约双方在投资协定中对与国民待遇不符的监管、限制、禁止等措施的代称,在一定程度上也可看作是投资协定的"黑名单"制度。

在现代法治精神下,负面清单制度往往被解读为"法无禁止皆可为",通俗而言,即法律没有明令禁止的领域都可自由进入,且无须承担任何法律责任。负面清单模式的施行,不只是政府放松管制的一种新颖的制度尝试,其背后的制度内涵更为深远。"法无禁止皆可为"突显了权利合法性原则,丰富了依法治国的法治概念,也进一步推进了行政审批制度改革和政府职能转变进程,功能型"有为"政府的管理理念得以有效确立。同时,以负面清单为核心的统一市场准入制度,使得市场准入标准统一,而不区分外资、民间资本或国有资本,顺应了世界上通行的非歧视、市场化、贸易投资自由化等原则。

2.负面清单的制度特征和政策优势

(1)清单承诺范围广,设计要求高

在国际投资法的领域中,正面清单和负面清单是通常设立投资规则的两种形式，以便对投资协议中的开放准入的部分义务提出保留。在正面清单模式下，投资协议的缔约方会以正面列举的方式承担相应义务事项，而对于没有具体列明的事项则无须承担义务。而负面清单则显得更为宽泛，投资协议的缔约方将会列举不必承担相应义务的相应行业领域或相应政策措施，而对于适用于该协议规定下的其余领域的投资义务予以默认和准许。负面清单相较于正面清单而言，将会使承诺方担负更多的义务，除了负面清单之中明确列明的之外，其市场开发和投资准入将无条件适用于所有行业跟部门，这使得负面清单的设置不仅需要考虑到已经存在的禁止、限制领域，还需前瞻性地为未来行业政策预留回旋余地，对于承诺方的协议承诺范围和清单项目设置提出了更高的要求。

(2)政策可执行程度强，市场透明度高

正面清单在政策透明度方面被广为诟病，由于清单义务采取正面列举的方式，这使得其禁止、限制的领域规定十分宽泛与模糊，各部门规章下的监管和限制繁多，有些甚至相互矛盾，这使得投资者获取信息的难度大为增加，由于是否符合要求需要具体判断，正面清单管理模式下政府往往倾向于采取行政效率相对低下的审批制度。而负面清单则恰恰相反，由于负面清单已将限制措施和例外行业予以明确列出，政府在清单起草阶段已将监管和限制对象予以简化，对部门规章措施进行完善与衔接，从而极大提升了外资准入的政策透明度，负面清单下报备制度的成功施行，显著提升了行政效率，降低了投资者的信息成本和时间成本，因此更为投资者所青睐。

(3)制度可延续性强，变动风险低

现有的负面清单内容通常针对现行状况下特定领域所采取的禁止和限制措施，并对承诺国(地区)以后关于禁止和限制措施的延续、修订或更新的权力做出保留。但是，负面清单一旦确立并实施，之后的延续、修订和变更将会遵循“棘轮”原则，即原则上已经开放的行业将不会重新被禁止或限制，新修订的负面清单将不得损害国(地区)外投资者的现有利益。这使得负面清单的政策反复的风险大为降低，而稳健一致的政策环境预期将会使投资者打消对外部政策环境的顾虑并产生长期投资的意愿。

（二）中国自贸试验区负面清单模式的发展历程

为了应对新时期国际经济的发展，进一步推进开放型经济总体布局，中国政府以自贸试验区作为改革先行先试的主阵地，改变和调整以往以《外商投资产业指导目录》即正面清单为主的外商准入政策体系，自 2013 年起在上海开设自由贸易试验区，并开创性引入“准入前国民待遇加负面清单”的管理模式。负面清单的管理模式在自贸试验区的成功施行取得了丰硕成果，在短短数年时间之内，从一处试点发展到多处推广，推行区域不断拓展，负面清单逐步精简，自贸试验区的开放度日益提升。

自贸试验区的负面清单制度在实践当中不断完善，上海市人民政府于 2013 年 9 月 29 日正式出台《自由贸易试验区外商投资准入特别管理措施》（简称《负面清单（2013 版）》）。该版负面清单是中国自贸试验区施行新的外资准入制度下出台的首版负面清单。依据现有的法律法规体系，进行了大量的梳理工作，共计列明了 190 项特别措施，其中禁止类 38 项，限制类 152 项。《负面清单（2013 版）》从结构上分为说明和清单列表，并设置了兜底条款与衔接条款（关于港、澳、台投资者的权益处置与补充规定）。作为中国施行于投资准入领域的首版负面清单，《负面清单（2013 版）》在推动开放型经济建设方面无疑具备开创性和历史性意义，然而，《负面清单（2013 版）》依旧有所不足。其一，负面清单涵盖范围广，该版清单与 2011 年公布的《外商投资产业指导目录》具有相当程度的吻合性，之前未出现在目录的部分产业也规定于清单之中；其二，金融业并未开放，服务业开放水平与国际市场普遍存在差距；其三，部分限制条款限制含义不明，外商投资的政策透明度不够，清单可操作性不强。

2014 年 6 月 30 日，上海市人民政府发布了《负面清单（2014 版）》，这版的负面清单相较之前出现明显变化。其一，外商投资的口径放宽，《负面清单（2014 版）》不仅适用于外资企业的设立，还将其扩展至外资设立之后的获取、扩大等阶段；其二，清单涵盖范围进一步缩减，开放度提升，特别措施由原来的190条减少为139条，除了因涉及高能耗、高污染以及色情赌博等内外资均有限制而不单独纳入清单之外，对于进出口商品认证公司以及认证机构和运输代理业务等限制条件、资质要求、股比限制等特别措施予以放松，而实质性取消的管理措施则有14条，其中半数涉及服务业相关领域。

历经上海自贸试验区长达两年的负面清单实践，国务院于2015年4月20日正式批准并发布了适用于上海、天津、福建、广东四大自贸试验区的负面清单。《负面清单(2015版)》相较于之前版本，主要变化为：其一是负面清单进一步精简，特别措施在《负面清单(2014版)》139项的基础上减少至122项；其二是清单制度与国际进一步接轨，在表述方式上不再区分门类、大类和种类等分类，而是应用与国际通行的“领域”进行表述，丰富了与国民待遇不符的规定限制措施，增加了国际上关于业绩、人员以及董事会的相关要求；其三是负面清单透明度提升，对之前版本里的限制含义不明的措施进行量化和具体说明，名单中无具体限制的管理措施在《负面清单(2013版)》里有55条，而在《负面清单(2015版)》中仅有8条。

而最新一版的负面清单于2017年6月正式公布，《负面清单(2017版)》不仅涵盖了上海、天津、广东、福建四大老牌自贸试验区，而且延伸至辽宁、浙江、河南、湖北、重庆、四川、陕西等七大新设自贸试验区。《负面清单(2017版)》在对标国际规则的同时，按照现行《国民经济分类标准》将27个领域的具体条目加以规范，在原先版本的基础上进一步缩减清单内容至95项，与2015版相比，减少了10个条目、27项特别管理措施，减少的措施多集中于制造业和服务业领域，自贸区各版本负面清单对比及变动见表7.1、图7.1。

表 7.1　自贸试验区各版本负面清单对比及相关变动

负面清单版本	发布机构	清单覆盖的自贸试验区	清单内容	与上版相比清单开放内容	清单变动特点
2013 版	上海市人民政府	上海	190 项特别措施，其中禁止类 38 项，限制类 152 项	—	自贸区首版负面清单，与《外商投资产业指导目录（2011 年）》具有一定吻合性
2014 版	上海市人民政府	上海	139 项特别措施，其中禁止类 29 项，限制类 110 项	减少 51 条措施；放松进出口领域限制；实质性取消的措施中涉及服务业相关领域的占一半	适用范围从外资设立延伸至获取、扩大等阶段；备案制实行
2015 版	国务院	上海、广东、福建、天津（1＋3）	122 项特别措施，其中禁止类 37 项，限制类 85 项	减少 17 条措施；大幅降低制造业于清单中比例，一般制造业领域完全放开	覆盖范围变大；分类及表述与国际进一步接轨；透明度提升
2017 版	国务院	上海、广东、福建、天津、辽宁、浙江、河南、湖北、重庆、四川、陕西（1＋3＋7）	95 项特别措施，其中禁止类 32 项，限制类 63 项	减少 27 条措施；在矿业、道路运输、统计调查等领域扩大开放；取消部分制造业、服务业外商独资或控股限制或高管要求	覆盖范围继续变大；未尽事项进一步增补；有序开放高端制造业和服务业

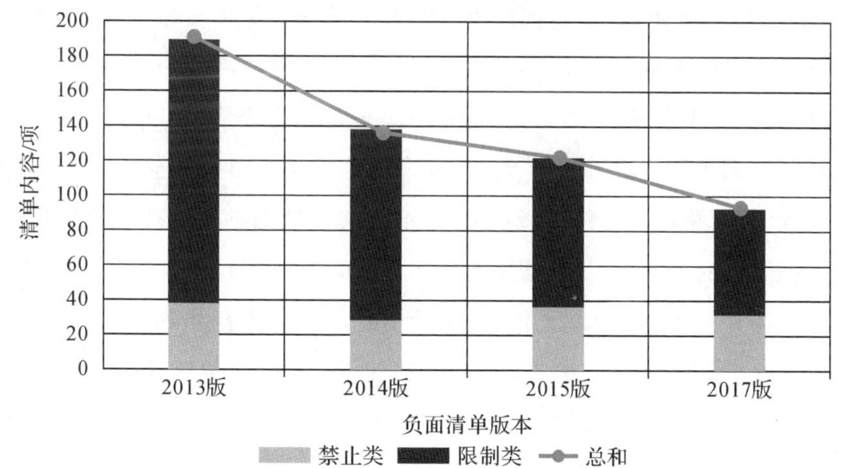

图 7.1　自贸区各版本负面清单内容对比

总体而言，伴随着外商投资管理制度和改革措施的密集推出，"1+3+7"自贸区格局的完善和建立，自贸试验区的负面清单制度取得了开创性的成就。负面清单制度由点及面的不断推进和多次修订，标志着负面清单制度日趋规范与成熟，公正透明、可预期、法治化营商环境深入人心，自贸试验区外商投资新设企业数量稳步攀升，外资引进金额逐年增长。截至 2017 年 4 月，上海自贸试验区累计设立外资企业 8734 家，吸收合同外资 6880 亿元。广东、福建、天津 3 个自贸试验区累计设立外资企业 12712 家，吸收合同外资 11357 亿元。

(三)自贸试验区负面清单最新内容变动及行业解析

现有自贸试验区施行的最新负面清单为 2017 年 6 月发布的最新版本，而自 2015 版起，负面清单虽依旧沿用《国民经济行业分类》，但是已不再对行业大类及中类进行详尽划分，而是以国际通用的行业领域进行表述。

在《国民经济行业分类》中，基本行业涵盖农、林、牧、渔业(以下简称门类 A)，采矿业(以下简称门类 B)，制造业(以下简称门类 C)，电力、热力、燃气及水生产和供应业(以下简称门类 D)，建筑业(以下简称门类 E)，批发和零售业(以下简称门类 F)，交通运输、仓储和邮政业(以下简称门类 G)，住宿和餐饮业(以下简称门类 H)，信息传输、软件和信息技术服务业(以下简称门类 I)，金融业(以下简称门类 J)，房地产业(以下简称门类 K)，租赁和商务服务业(以下简称门类 L)，科学研究和技术服务业(以下简称门类 M)，水利、环境和公共设施管理业(以下简称门类 N)，居民服务、修理和其他服务业(以下简称门类 O)，教育(以下简称门类 P)，卫生和社会工作(以下简称门类 Q)，文化、体育和娱乐业(以下简称门类 R)等 18 个行业门类，而对于建筑业，住宿和餐饮业，房地产业，居民服务修理和其他服务业等 4 个行业门类的限制性措施并没有出现在负面清单中，这也意味着门类 E、H、K、O 并不受《负面清单(2017 版)》的影响，属于完全开放的部门，而公共管理、社会保障以及社会组织和国际组织 2 个行业门类不适用于负面清单。

而对于清单中的特殊管理措施，我们根据其表述，将负面清单中的限制措施分为9类，分别是：禁止投资，股权限制，产品、生产环节或业务限制，资产或投资金额限制，外资机构形式与数量限制，从业人员资质限制，法定代表人或投资者国籍限制，经营期限限制，所有制限制（措施分别简称为1—9）。

我们通过现有资料整理，将《负面清单（2015版）》与《负面清单（2017版）》的行业及相关限制措施进行统计，其结果如表7.2和表7.3所示。

表7.2　《负面清单(2015版)》的行业及措施分布

门类	措施1	措施2	措施3	措施4	措施5	措施6	措施7	措施8	措施9	合计及其比例
A	2	2	2	0	0	0	0	0	0	6(4.1%)
B	3	1	4	0	0	0	0	0	0	8(5.5%)
C	4	5	2	1	1	0	0	0	5	18(12.3%)
D	0	3	0	0	0	1	0	0	1	5(3.4%)
F	2	0	2	0	0	2	0	0	0	6(4.1%)
G	3	5	4	0	0	4	2	0	3	21(14.4%)
I	2	2	1	0	0	0	0	0	0	5(3.4%)
J	0	8	3	3	8	4	0	2	0	28(19.2%)
L	1	0	4	1	0	2	0	0	1	9(6.2%)
M	3	0	0	0	0	0	0	0	1	4(2.7%)
N	2	0	0	0	0	0	0	0	0	2(1.4%)
P	0	0	3	0	0	1	0	1	1	6(4.1%)
Q	0	1	0	0	0	0	0	0	0	1(0.7%)
R	14	4	7	1	0	0	0	0	1	27(18.5%)
合计及其比例	36(24.7%)	31(21.2%)	32(21.9%)	6(4.1%)	9(6.2%)	14(9.6%)	2(1.4%)	3(2.1%)	13(8.9%)	146(100%)

表 7.3 《负面清单(2017 版)》的行业及措施分布

门类	措施 1	措施 2	措施 3	措施 4	措施 5	措施 6	措施 7	措施 8	措施 9	合计及其比例
A	2	2	2	0	0	0	0	0	0	6(5.0%)
B	3	1	2	0	0	0	0	0	0	6(5.0%)
C	3	1	1	0	1	0	0	0	2	8(6.7%)
D	0	3	0	0	0	1	0	0	1	5(4.2%)
F	2	0	2	0	0	2	0	0	0	6(5.0%)
G	3	4	3	0	0	4	2	0	3	19(16.0%)
I	1	2	1	0	0	0	0	0	0	4(3.4%)
J	0	8	1	2	8	4	0	1	0	24(20.2%)
L	1	0	2	1	0	0	0	0	1	5(4.2%)
M	3	0	0	0	0	0	0	0	1	4(3.4%)
N	2	0	0	0	0	0	0	0	0	2(1.7%)
P	0	0	2	0	0	1	0	1	1	5(4.2%)
Q	0	1	0	0	0	0	0	0	0	1(0.8%)
R	13	3	6	1	0	0	0	0	1	24(20.2%)
合计及其比例	33 (27.7%)	25 (21.0%)	22 (18.5%)	4 (3.4%)	9 (7.6%)	12 (10.1%)	2 (1.7%)	2 (1.7%)	10 (8.4%)	119(100%)

从《负面清单(2017 版)》的行业和限制措施分布来看,当前特殊管理限制措施多集中在金融业、文体娱乐、运输仓储邮政业、制造业及采矿业。整体而言,《负面清单(2017 版)》对于服务业的管制及限制措施较多。在特殊监管措施的类型方面,禁止投资、股权限制、产品生产环节或业务限制三类措施具有较大的占比,其中禁止投资多集中于文体娱乐,股权限制以及相关从业资质限制则多集中于金融业及运输业,外资机构经营形式及数量限制多集中于金融业。

我们在对《负面清单(2015 版)》和《负面清单(2017 版)》精简情况进行分析时(图 7.2),从限制措施类型及行业分布两个维度分析了清单精简情况。从管制措施变动情况上看,《负面清单(2017 版)》在产品生产环节及业务限制、股权限制以及禁止投资等措施方面削减较多。在行业分布情况方面,《负面清单(2017 版)》在《负面清单(2015 版)》的基础之上进行了一定程度的精简。从图 7.3 可以看出,采矿业、制造业以及运

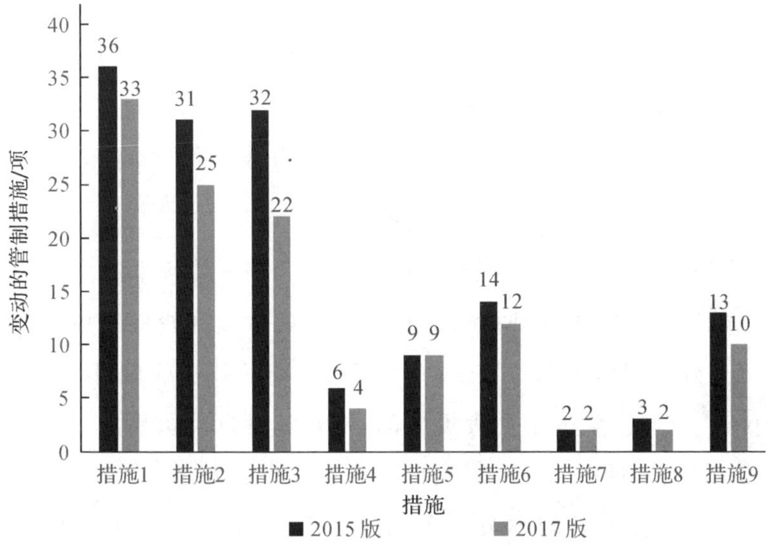

图 7.2 两版负面清单管理措施变动情况

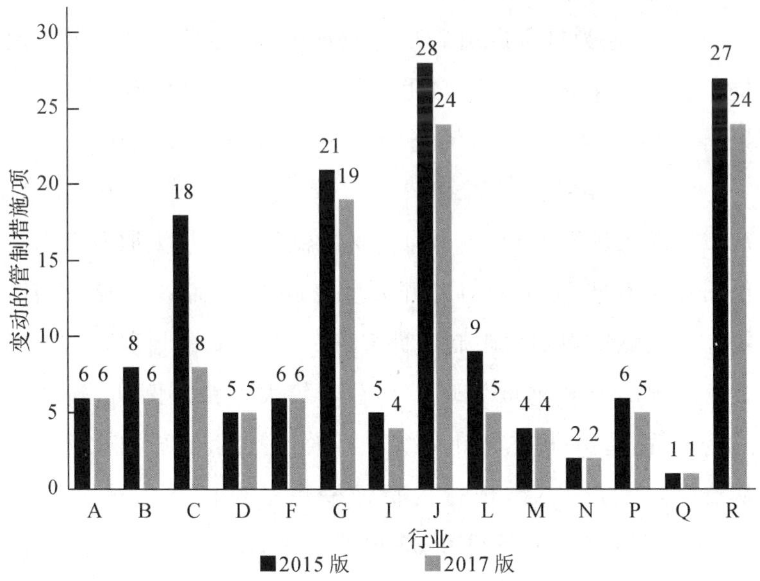

图 7.3 两版负面清单行业分布变动情况

输仓储邮政、金融、商务服务等服务业的行业开放度获得进一步提升。尤其是在制造业领域方面，从《负面清单(2015 版)》的 18 项管理措施缩减为《负面清单(2017 版)》的 8 项，显著提升了中国经济在制造业领域的对外开放水平。而在服务业开放方面，租赁及商务服务业的禁止及限制措施削减幅度明显，从 9 项降至 5 项，而之前备受关注的金融和教育行业的放开幅度相对有限，政府对于金融行业的限制普遍集中在股权比例、从业资质方面，只精简了 4 项，金融行业在未来仍然具有较大的潜在开放空间。

(四)自贸试验区负面清单开放性变革的未来方向

虽然以负面清单管理模式为核心的自贸试验区投资制度改革已取得显著成效，但是，改革尚处于初始阶段，当前的外资准入制度仍旧存在部分障碍。因此，党的十九大提出的“探索建设自由贸易港”，正是为了应对现有改革进程减缓、深层次矛盾改革较少触及的制度现状，通过新一轮密集的制度实践与政策创新，对标国际高标准投资贸易规则，打造对外开放新高地，并以此为战略支点，更好地服务于国家开放型战略。由于自贸港建设对标“最高开放水平”，其改革将不一定受限于可复制、可推广的要求，这为自贸港突破现有改革困局、寻求更高程度的改革自主权提供了可靠保障。因此，自由贸易港建设，将对现有对外投资准入制度提出更高的要求，从而倒逼当前负面清单制度向国际先进水平靠拢。

从市场准入领域来看，当前自由贸易试验区在扩大服务业对外开放方面仍旧存在不足，金融业对外开放度普遍较低，而在医疗、教育、建筑设计等开放领域也面临着限制条件多、进入门槛高的情况，与准入宽松、经营自由的国际自贸港政策环境存在着较大差距。例如，新加坡的商业、外贸、租赁、营销、电信等市场完全开放，对外资无股权比例限制。

从清单限制形式看，现行的负面清单是长清单形式，《负面清单(2017 版)》总计有 40 个条目和 95 项特别管理措施，虽然与《负面清单(2013 版)》的 190 项措施相比已进行了较大调整和精简，但是与自贸港通常采用的短清单形式相比，仍显冗长。而自由港往往实行的是低门槛的投资自由化政策。在新加坡，除国防相关行业和金融、保险、证券等特殊领域的外资进入需向主管部门审核备案之外，其余领域对外资进入不加限制；而中国香港对内外资企业一视同仁，对外资企业控股比例不做限制，一般商业活动基本放开行业准入，也不禁止私人以及外来投资者参与。

从投资准许口径来看，自贸试验区负面清单适用对象只包含了直接投资，并未将间接投资纳入其中，属于"窄口径"的投资清单，而发达国家（地区）自贸港的负面清单多数为"宽口径"。在对外资企业的准入前国民待遇上，自贸试验区的现行清单制度尚处于起步阶段，外资企业国民待遇在设立、获得、扩大阶段的规范化、系统性落实，与其他自贸港还有明显差距。

因此，未来的负面清单改革应以扩大市场准入、降低投资门槛为导向，对标更高的开放水平，进一步打破对现有制度的内生依赖，勇于探索，大胆试验，进一步精简负面清单内容，开放服务行业领域，放宽投资限制条件，不断拓宽清单准许口径，落实并完善准入前国民待遇政策，赋予外资最大限度的市场准入和经营自由。

二、以投资便利化为导向的清单配套制度安排

中国自由贸易港在建设过程中，应积极借鉴其他自贸港高水平的投资制度，以投资便利化为导向，并基于现有的改革成果，继续推进开放型制度安排，向更高水平迈进。其一，保障外资准入前国民待遇的深入落实，完善与负面清单模式的制度衔接，变更传统投资模式，赋予外资准入权；其二，推进行政审批体制的简化与改革，落实商事登记备案制度，推进"多证合一"的一站式服务，简化外资设立、变更程序；其三，以"一线自由，二线高效管住"为指导，转变"重进入轻监管"的传统行政理念，将工作重心"由事前审批向事中事后监管"转变，进一步提升行政服务水平，降低外资企业的交易成本。

（一）政策完备、全面落实的准入前国民待遇

国民待遇，在国际法领域大体被定义为一国给予外国自然人、法人

在经济和民事方面与本国自然人、法人同等的待遇，通常出现于国家（地区）双边或多边协定，并逐步成为投资贸易往来中缔约双方彼此给予对方相应待遇的基准条款。在国际投资领域，外资引进不仅涉及东道国（地区）的产业发展和经济效益，而且在客观上会引发当局对政治安全的顾虑。由于国际投资的特殊性，即使是高度自由化的发达国家（地区），依旧在外资准入方面执行低弹性的限制标准。由于国际社会也未形成具有普遍约束力的投资法典，各国（地区）在外资准入和市场开放行为上并未受到统一规制，各国（地区）往往依据其经济开放水平来决定外资准入领域及待遇内容。

从多国引进外资的实际情况来看，各国（地区）在外资设立、取得、扩大甚至营运阶段的国民待遇政策落实情况不尽相同。因此，根据国民待遇的政策适用范围以及外资在“准入”与“运营”两大阶段的政策覆盖与否，可以将其分为“准入前国民待遇”和“准入后国民待遇”。由此不难看出，“准入前国民待遇”的政策适用范围更为宽泛，并将给予内外资企业相同投资待遇的权益延展至投资发生和建立的前向阶段。准入前国民待遇赋予了外资准入权，并往往成为负面清单制度的补充政策工具，准入前国民待遇加负面清单的制度情形，就是承诺方在赋予对名单适用范围内的外资企业以准入权的默认前提下，对其中不赋予国民待遇的特殊政策措施予以指出，从而保有对外资准入的一定程度的自由裁量权。

从中国对外开放和外资引进的改革进程来看，政府改变了对待外资的态度，从以往的单纯引进、数量为先，转变为有目的的功能性把控，科学发挥外资在引领科学进步、促进产业优化和协调区域发展上的关键作用。随着市场对公平竞争的倡导，以往面向外资的普惠性的超国民待遇措施逐年减少，而随着开放水平的提升，负面清单模式不断推广和普及，以限制和禁止为主的次国民待遇情形也大为减少。在 2013 年，中国首个自由贸易试验区获批运营，这是中国对于准入后国民待遇加正面清单的模式的首次制度突破与政策尝试。在 2015 年 12 月，准入前国民待遇加负面清单制度开始在部分地区试行，而自 2018 年起制度将覆盖全国。整体说来，在这一阶段，中国的外资优惠政策总体上实现了由超国民待遇、次国民待遇并存，以准入后国民待遇为主向准入前国民待遇过渡。

然而，由于当前内外资法标准不统一，国家安全审查制度滞后，投资争端解决方式有限，当前的准入前国民待遇制度依旧存在着诸多不足，外资企业的准入前国民待遇有待进一步落实。因此，建设自贸港，应当充分利用自贸试验区改革“先行先试”政策优势，借助改革主动权这一有力支点，积极突破相对滞后的法律法规和审查规范，帮助外资企业解决现实法律困境，在政策试验和制度创新过程中，建立信息反馈和自我完善机制，逐步完善前向安全审查、投资争端解决等相关配套政策制度，打造内外资一视同仁、公平竞争的政策环境。有效保障外资企业的准入前国民待遇，是自贸港迈向投资自由的重要一步。

（二）体验优化、流程简化的投资审批制度改革

为了保障市场交易稳定安全和有序运转，政府往往会通过一系列的市场准入的前向制度，使得交易主体能够为市场提供信息，并最大限度地保证其准确性及真实性，从而有效降低市场交易的潜在风险。因此，投资审批制度设立的初衷，就在于尽量消除市场的不完全信息情形，从而减少交易主体的有限理性、逆向选择和道德风险问题。然而，如果过于偏重安全，由于前向环节审批和核准事项过多，逐项审批下管理部门工作繁重，审批过程往往历时漫长，效率低下，同时变相为政府审批部门提供了权力扩张和寻租的潜在空间，常常为学界所诟病。市场中的交易主体往往以利润为导向，一个便利化市场环境具有较高的资金利用率和低廉的交易费用，因而更为投资者所青睐。

由于现有制度下对效率存在着相当程度的忽视，未来政府在审批改革时，应该在顾及安全的前提下加强对市场效率的重视与引导。由此，为了改进当前行政审批的不足，商事登记制度逐渐被应用于实践并广泛地推行。首先，由于商事登记具有环节简单、方便快捷的制度特点，管理部门的事前工作量大为减少，行政开支显著降低。其次，对投资企业而言，在准入前国民待遇加负面清单的综合管理模式下，企业的设立、变更只需登记，而无须经过烦琐审批及长期等待，企业所负担的时间以及机会成本大为减少，这极大地优化了行政服务体验。此外，商事登记制度

的另一大优点在于其显著降低了企业的外部信息成本，不同于相对封闭、烦琐的审批模式，登记制度为市场交易主体能够快速了解、查询相关商事信息提供了基础性的统一平台。在开放性市场中，信息透明的交易主体信息有助于企业解决信息不对称的难题，减少了额外的市场摩擦、信息搜集等交易费用的发生。

为了适应当前的经济开放形势，提升自贸港的市场经济运行效率，政府应该在自贸试验区改革的现有基础之上，继续简化传统审批模式，不断推进并完善商事登记制度改革，加强负面清单管理制度的配套制度建设，提升自由港的制度规范化和投资便利化水平。在当前的改革传统审批模式、完善商事登记的推进过程中，自贸试验区政府采取了诸如企业资本认缴登记制、“先照后证”登记制、“多证合一”一站式申报受理机制（图 7.4）等一系列卓有成效的措施，移除了外资在设立阶段面临的传统制度阻碍，有效促进了自贸试验区外资企业的积极入驻。

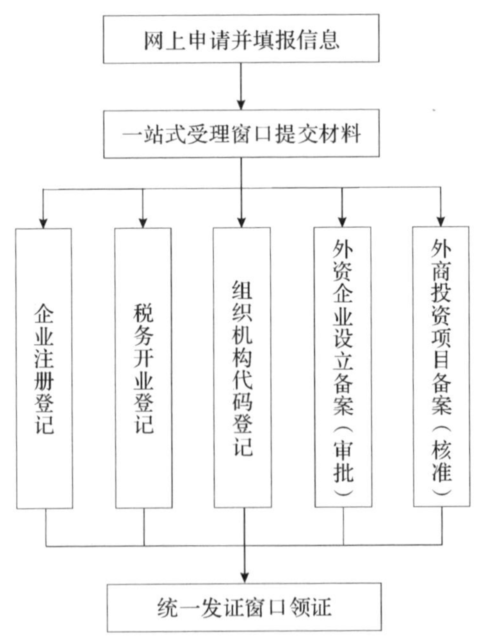

图 7.4 “多证合一”一站式申报受理机制

首先，放开注册资本认缴的各种限制条件，降低企业的设立门槛。工商部门对于企业的最低注册资本不再进行限制，也对企业的注册资本的出资期限不加限制，外商只需承诺一个认缴的投资额就可以顺利设立企业，显著降低公司的设立成本。其次，“先照后证”措施的实施，使得外商可以先向工商部门申请并提早获得营业执照，再向主管部门申请相关的经营许可证。该制度降低了企业在前置审批环节的时间成本，使得企业在等待经营许可证审批的时候，能够迅速开展一般性的生产经营活动。最后，“多证合一”的一站式申报受理机制，使得企业在向工商部门递交材料之后，无须再向税务、质量检测或者管委会重复递交相应材料，一次性递交的材料会通过部门内部运转完成各环节、各阶段的审批与备案，最后统一在单独受理窗口向符合条件的企业发放相应认证文件和许可证。

虽然，自贸试验区在审批制度改革、商事制度推广上进行了积极尝试并取得了可喜的成效，然而，由于商事登记备案制度刚刚起步，目前仍有些许不足之处，与现存的一流自贸港相比，中国自贸试验区在行政审批效率、商事登记系统登记信息完善度、商事收集平台信息完整性上仍有明显的提升空间。例如，新加坡在外来投资的行政审批方面特点突出，具备“低门槛”和“高自由”两大特征。“低门槛”在于，除了极少的行业和股本比例限制外，企业注册手续简单，在 3 个工作日内即可完成，并且企业资本实行认缴制，股东可以随时决定提高企业的注册资本和认缴金额。“高自由”在于，企业不会受到主管部门审批的限制和约束，并且能根据企业的实际状况和市场的特定行情自行变更经营范围，即使是注册进出口和转运业务，也只需向会计与企业管理局注册，并向关税局免费申请中央注册号码即可。而在中国香港，政府对于企业注册资本金额不加限制并允许其任意增加，只需缴纳 0.1%的厘印税即可，且不实行认缴制，无须验资且到位资金不限；在登记手续上更是方便快捷，若经网上提交申请，一般可于 1 小时之内获发相关证书，即使是纸质版证书，也只需 4 个工作日即可获得。因此，在自贸港的投资开放过程中，负面清单的相关配套制度需要继续深化完善，积极对标高水平标准，在投资制度改革和审批流程简化方面不断设立阶段性目标，确保政府行政放权和市场自由开放的有序推进。

（三）多元主体、效益为先的事中事后式监管机制

作为中国开放型经济建设的前沿主阵地，自贸港建设为现有政府监管体系改革指明了新的方向。如果将负面清单制度比喻为外资进入市场的第一道门，那么，事中事后式的复合型监管机制可以看成是第二道门。如何科学构建并完善这一机制，直接关乎自贸港一线的市场自由开放的推进过程，更关系到门后国民经济的稳定运行和正常发展。因此，要做到"一线自由，二线高效管住"，自贸港应当及时转变监管模式，拓宽外资监管手段，通过"三个转向"，即由事前审批转向事中事后监管，由"严进松管"转向"宽进严管"，由政府监管转向政府与社会共同监管，放开对一线市场过多的行政干预，而在二线从容实施高效灵活的机制把控。

从目前自贸试验区构建的事中事后监管制度来看，该制度的政策核心是打造四位一体的复合型监管体系，除了传统模式下的政府部门监管外，也将企业自身治理、行业规则执行、社会民众监管在内的三大监管主体纳入制度体系。在维护国家安全、保障市场秩序方面，建立了安全审查机制和反垄断审查机制；在加强信息披露、敦促企业治理方面，建立了企业年报公示机制；在加强部门联动、完善监管体制方面，建立了部门监管信息共享机制和综合执法机制；在拓展监管途径、深化社会行业合作方面，建立了企业信用管理机制和社会力量共同监督机制。以上七大监管监督机制对事中事后制度的整体环节和基本目标进行了有机分解，并在继续推进管理部门协作、信息流通共享体制机制改革的同时，积极寻求并探索政府与企业、行业以及社会力量共同监管的合作模式。

因此，自由贸易港在事中事后监管制度建设时，应充分汲取自贸试验区现有的制度成果和实践经验，在此基础上继续完善四位一体的复合型监管体系。首先，在政府部门监管方面，由于政府监管是体系的核心，自贸港对政府监管机制的标准化和规范化提出了更高的要求。标准化

和规范化体系的建立和完善，有利于政府部门间的合作联动，从而避免规章制度不统一、监管力度不协调环境下部门之间的制度遗漏和监管遗漏。在信息披露上，当前信息服务平台还需加强在信息采集与更新、平台覆盖范围方面的建设力度，不断发挥平台在推进市场透明化领域的功能性作用。在制度激励方面，通过加强监管惩罚力度，增加企业不当得利的机会成本，降低企业违法违规的主观意愿。在信息化技术手段上，加强行政部门的信息化系统建设，加强部门信息共享，减少信息重复采集、反复预约、重启流程等额外环节，推进监管效率提升。

其次，在企业自身治理方面，企业应积极配合相关监管主体，遵守并履行自贸港的监管规则和制度要求。在企业年报公示机制下，不断提升企业内部治理水平，由被动接收监管转向主动监督治理，及时向包括监管部门、社会及民众在内的各大监督主体提供企业年报并统一公示，企业也应对年度报告的真实性、合法性负责。在制度激励方面，提倡实行企业首负责任制，加强企业自身对违法违规行为的抵御及管控，同时对于经营异常的企业，政府会将其列入相应名单目录，并于监管信息平台以及企业信用平台定期公示，杜绝企业的机会主义行为。

最后，在行业自律及社会监督方面，由于行业协会、区域商会在组织发展、管理水平上参差不齐，部分商会甚至缺少健全的经营自律约束机制，这使得以行业规范、职业道德以及商事规则为核心的行业监管功能无法正常发挥，在权益维护、商事纠纷甚至监管惩戒方面总体效果有限。而在社会监督方面，由于中国社会组织自身建设相对滞后，第三方的信用评价机构、检验检测机构及专业人员数量在近年来虽快速增长，然而在总量上依旧不足，在社会监督方面介入较少。因而，自贸港应当有效发挥市场资源配置机制，积极引入并发展公共服务产业，尤其是在第三方监督检验方面，通过国际通行的政府购买等手段，逐步实现公共服务的市场化运营；推进行业及社会信用体系的完善构建，以国家及省市级别的信用信息公示系统为基础，建立社会与政府协同对接的信用信息采集、共享、公示及企业奖惩机制，营造良好的社会环境和市场氛围；积极纳入多方监管主体，通过政府、商会及行业协会、企业与社会民众四大监管主体一致行动，在自贸港构建出一种网络型的合作治理模式。例如，上海自贸试验区在推进市场监管机制建设过程中，尝试引入多元监管主体，根据有关制度规定，允许自贸试验区内的企业、商会及行业协会、第三方服务机构和基金会等相关社会组织组建相应的“社会参与委员会”，充分利用资源配置，有效调动社会各方对共同参与治理的主动性，进而弥补政府单一监管的不足。

三、促进自由贸易港投资开放的战略举措

中国在自贸港建设过程中，应当发挥现有制度成果的内生优势，对标现行的最高自由开放水平，基于自贸港的政策目标与功能定位，学习并借鉴先进自贸港的相关经验。在投资开放领域，通过放宽市场准入实现“一线自由”的同时，从建设税收制度、改善企业融资环境、建设适宜知识产权保护制度等三方面入手，提升自由贸易港的企业营商环境质量，推进自贸港的投资自由向高水平方向发展。在税收税制方面，通过完善涉税信息管理、消灭监管漏洞、优化外资结构、降低企业整体税赋水平的分阶段改革，向一流自贸港看齐；在融资环境优化方面，精简负面清单并积极引入境外金融市场主体，推进利率市场化及资本项目自由化，鼓励金融资本创新和业务水平提升，为企业提供国际化的融资环境；在知识产权制度方面，应基于现有发展水平，完善知识产权相关立法，提升当前执法水平，丰富知识产权纠纷的第三方调解机制，使得自贸港关于创新要素自由流动和广泛聚集的功能得以有效发挥。

（一）公平与协调并重的税制改革创新

税收制度环境是影响投资及营商环境的关键一环，并普遍受到投资者的密切关注。因而，自贸港如何建立税收政策和推行税制改革，将会对外资引进、市场进入意愿构成深远影响。先进的自由贸易港在税收制度上的诸多实践，在某种意义上为未来中国自由贸易港税收制度改革提供了前瞻性方向和典型化依据。

新加坡政府通过制定和实施各种外资引入导向的税收优惠政策，提供高水平的行政服务，成功将新加坡打造成为具备全球吸引力的商业及

投资枢纽。其一，政府以打造总部经济为核心，通过差异化的税收政策吸引了各行业的外商资本大规模入驻国内市场，并利用新加坡作为平台实施对外投资，大力发展总部经济。为了激励企业进行跨国投资，政府设计并制定了一系列财税支持和政策优惠，例如国际化路线图计划、海外投资双重扣税计划以及海外奖励计划等。其二，在个人和企业实际税收方面，政府对内外资企业实行了完全统一的税制政策，社会总体税赋较低，企业所得税自 2010 年调整为 17%，所有企业可以享受前 30 万新元的应税所得部分的部分减免。为了鼓励创新，新加坡还对创业的新兴企业实行分梯次的免税退税优惠政策，对于符合条件的企业而言，应税额度越多则政策优惠越多。其三，政府实施了精准招商举措，为了分析未来的产业发展导向，新加坡经济发展局组织了研究产业的专业团队，并根据区域产业的未来发展需要瞄准国际优质企业，施行"一企一策"式定向优惠税收政策，即管理部门依据特定企业的实际情况和相关行业的鼓励力度给予不同程度的税收优惠。

而中国香港则遵循着相对公平的低税收政策，逐步发展成为具备亚洲甚至全球影响力的国际金融中心。根据香港基本法规定，特区政府对企业和个人仅征收来自香港的利润及相关收入，即企业所得税（利得税，最高至 16.5%）、个人所得税（薪俸税，最高有 15%）以及物业税这 3 种直接税，并具有相应免税额制度，使得税负进一步减轻，并在未来计划里落实利得税两级制，逐年减免当前税赋。同时，香港很少将大幅度的税收优惠向个别行业进行倾斜，并致力于构建一个公平竞争的市场环境。当然，在鼓励创新研发方面，香港也对企业的研发开支进行相应的扣税抵免；而在推进金融中心建设方面，则通过相对中性化的税收措施，例如对融资利息支出在利得税计算时可获扣免等，有效激发内外资企业的融资意愿，以促进香港金融业的长期繁荣发展。

综上可见，先进的自贸港往往通过低税收环境吸引外资企业的广泛入驻，并将相应的税收减免、抵税优惠等手段作为政府优化外资结构、推动产业发展的重要工具。随着营改增率先试点，避免重复征税措施的施行，中国自贸区的税收政策和税制改革初具成效，但是与相对成熟的财税手段相比，仍有诸多不足之处。

首先，税收洼地带来的负面效应尚未得到充分抑制。与以往设立经济特区所采用的低税率甚至零税率模式不同，为了维护平等自由的市场竞争秩序，自贸试验区在税制改革方面仍旧遵循着全国税制改革的基本方向，力求维持相对公平的原则。然而，作为税制改革的先行试点，区内企业往往会通过直接或者间接途径享受到改革提供的税收优惠，在一定时期内形成区内区外企业待遇不平等的格局。自贸试验区成为税收洼地，这在一定程度上起到了吸引外资的作用，但是也具有一定的负面效应，譬如税收优惠会使得其周边区域企业竞争力的下降，甚至引发新一轮区域性税收竞争，以及个人及企业的制度套利行为。其次，自贸试验区在反避税制度建设方面亟待加强，现行的反避税制度设计存在些许漏洞，往往使得企业通过正当手段将利润向境外转移，使得中国税基遭受侵蚀，同时也破坏了自贸试验区公平竞争的市场环境。最后，在税收纠纷和税收争议的处理机制上，现有制度对于行政复议或诉讼要求门槛过高，在企业取得纳税争议的司法救济权问题上设置的前置条件相对僵化，司法程序有碍公平，限制了税务纠纷的危机处置、部门执法监督及内部及时纠错功能的发挥。

在自贸港建设过程中，应当充分了解现有税收制度改革的内生不足，并充分利用先进经验，推动税收制度变革和创新。其一，由于税收制度的特殊性，自贸港在改革过程应采用渐进式分阶段的改革举措，把握先行先试的推进步伐，注重“可复制、可推广”的政策内涵，积极推动改革成果的国家性推广，减少阶段性改革背景下税收洼地带来的区域性税收不平等的负面效应。其二，自贸港所在地的相关部门应该继续完善涉税信息的管理制度，大力推进信息化技术应用水平，建立并完善高效便捷的信息采集流通和涉税稽查平台等相关机制，为创设全国统一的涉税综合应用平台提供先行先试的实践与经验，推进未来税收监管与现代技术的深度融合。其三，完善当前税收机制设计的制度漏洞，通过纳税评定程序、举证责任制和配套惩处机制的立法和执行，加强反避税监督，而在处理税务纠纷时，坚持遵循司法救济的程序公平原则，有效保障企业的合法权益。其四，立足于自贸港的发展目标和功能定位，通过相应的财政税收优惠政策，科学实现对外资引进结构、区域产业优化的正确引导，例如在鼓励跨国公司在华投资设立地区总部时予以资金支持等政策优惠，而为了支持外资将利润投资于本土鼓励类项目，政府对符合条件的企业实行递延纳税政策。其五，在自贸港的未来发展中，税收服务便利化和制度体系完善化是需要长期经营的目标，而在现有基础上，应继续加强对中性化税种的税收优惠及减免力度，在维护市场公平有效竞争的基础上，减轻全行业的企业税收负担。例如对中性化强的税种实行降低税率和减免税款等直接性手段，而对于中性化不强的税种，如企业所得税，则通过会计加速折旧、递延纳税期限等间接性手段予以优惠。

（二）对标先进水平的融资环境建设

作为企业外部环境的重要一环，融资环境将会直接决定企业的财务成本及风险控制成本，从而显著影响企业的发展模式、战略部署和项目决策。在一个发展相对成熟、市场高度竞争、供应商自由进入的融资环境下，企业可以通过低廉的利息成本获得大量的资金融通支持，或者通过高杠杆的方式实现项目资金的充分运作。如果外界融资环境并不成熟的话，企业在融资时会面临过高成本带来的潜在风险，并在业务经营和项目决策过程中遭遇明显的融资困境和风险约束。因此，自由贸易港是否具有成熟的国际化融资环境，是外国资本在进入市场过程前需要仔细考量的关键因素之一，并受到外商投资者的广泛而密切的关注。

作为较为成熟的两大综合性自由贸易港，中国香港和新加坡在国际化融资环境建设上开展了颇有成效的政策举措和开放实践。香港作为具有全球影响力的国际金融中心，在资本市场上实行完全放开的策略，对外资企业参与当地的证券资本交易没有设立任何额外限制。同时香港也是全球最开放的债务市场，每年经香港的股本融资金额都在200亿～300亿美元，而发债的规模则在2000亿美元以上。这为外国融资者在香港自由投资并利用其债务市场发行各种债务工具供其融资提供了便利，而境外资本也可以自由买卖香港发行的债务工具，这使得香港债务市场的国际公信力和市场影响力不断向国际市场拓展。新加坡的金融市场在融资便利、服务完全、项目成熟等方面也具备相当的优势，同时，政府有效发挥了新加坡作为各大国际跨国公司总部的所在地的地理优势，精确针对大型跨国公司的融资需求定制了高水平的融资优惠和金融服务，这吸引了来自全球的企业在新加坡交易所发行股票或债券用以融资。

先进的自由贸易港往往具有金融高度开放化的市场特征，由于资本项目完全放开，境外企业可以自由参与当地证券交易市场，并通过股票及债券市场的相关金融工具自行融资。同时，先进自贸港的金融市场发达，独资合资企业和各种非银行金融机构密集，为企业提供了各类融资渠道，使得企业可以根据自身的实际情况和理论目标做出最优选择，因而在融资途径的选择上具备很高的自由度。由于金融市场的高度竞争，企业可以享受到优质且低廉的融资服务。例如在一些金融发达的国际市场中，金融机构对于企业的借贷没有额度上的限制，对于中小企业客户不设立借贷的基本门槛，而为跟金融机构保持长期良好合作关系的客户还能够提供差异化的融资优惠。

当前，由于中国金融开放进程相对滞后，国内资本项目没有完全放开，而在外资准入方面，由于外资负面清单之中对于国际金融行业进入国内市场还有诸多限制未能放开，而进入国内市场的符合条件的企业数量有限，业务覆盖范围大为缩小，机构服务对象也大为减少，这使得国内金融市场与国际金融市场在资本项目上基本脱钩。此举虽然有效减少了国际金融波动对中国经济造成的潜在市场风险，却也阻碍了国内企业对于国际化投融资的客观需求和国内金融行业竞争力的提升，在客观上使得企业在融资时金融工具的选择极为有限，企业的融资成本居高不下。

自由贸易港需要构建一个制度成熟且自由开放的资金融通环境和国际金融市场。因而自贸港建设应当以市场开放为核心，通过引入国际性金融主体、放开资本项目和国内利率的监管和限制、加大金融项目的创新及业务提升水平，有效拓宽企业的融资途径，降低企业的融资成本。首先，基于自由贸易试验区现有的改革基础，不断简化负面清单，放开当前金融领域的不合理限制，扩大金融业的市场准入空间，切实有效地引进一批高水平的国际性金融机构，丰富市场内融资服务供给主体，并鼓励相关金融领域机构在自贸港开展跨境融资，为港内企业提供众多优质的融资服务。其次，发挥自贸港的特色优势，基于区域金融风险可控，开展先行实践及制度创新，尽快推动利率市场化过程，使得港内企业利用现有利率市场化改革的制度便利实现境外的充分融资。再次，充分推进资本项目的自由化进程，促进资本的融资性和投资性活动和项目的充分展开，为企业提供一个资本项目多元化的融资市场环境，丰富企业的融资方式及资金来源渠道。最后，建立一个相对宽松的金融市场环境，精简并移除不合理的产业规制政策，疏通自贸港的资金流通渠道，对金融机构的项目创新和业务拓展方面予以充分的产业发展空间，从而使得金融机构在境内外范围内实现融资业务的最大化联动，并基于资本多元化项目开展广泛的跨境合作，从而为自贸港内企业的融资需求提供更具创新型和变革型的方法和工具。

（三）与长期发展相适宜的知识产权保护

一国（地区）的知识产权保护水平会对当地高新技术产业的形成、发展和聚集产生关键影响。一方面，一个高标准的知识产权保护环境往往会激发企业自主创新的内在意愿，并显著降低企业的新兴技术遭到竞争对手窃取模仿的潜在风险以及企业在新兴技术产权维护方面的额外支出，制度成熟且市场完善的技术产权交易也随之产生，从而能引发市场创新要素的区域性聚集。另一方面，如果市场的知识产权制度不完善，企业在技术寻求时往往会选用成本更为低廉的技术模仿手段，在同质化市场竞争中尽可能削减研发支出，试图降低产品整体成本来提升竞争力。技术贸易和产权保护机制的不完善，会造成企业购买专利的交易费用及后期维护的综合成本高昂，从而抑制了企业的技术引进或自主创新。由于知识产权保护制度会对企业创新的收益和潜在风险产生显著影响，企业在研究产品技术策略和内部研发决策时，往往都会将外部环境中影响知识产权的相关因素考虑在内，而涉及新兴技术的高科技企业对此则更为敏感。

在知识产权制度构建方面，新加坡为了适应新时期的国际经贸形势，在符合自身发展水平的基础上制定并实施了一系列战略举措，致力于构建相对完备的知识产权生态保护系统和高效的服务管理体系，从20世纪90年代的仅具有较为普通的知识产权保护水准的国家，到21世纪初发展成为亚洲范围的知识产权保护强国，在《2014—2015全球竞争力报告》中，新加坡的国家知识产权保护水平更是位列世界第二。与中国相比，其在立法模式、执法水平、产权纠纷以及管理服务上，都形成了更为完备规范、公平高效的机制体系。例如在执法问题上，新加坡政府为了严格贯彻相关法律，更是在警察部队中专门设有知识产权保护组，而中国的知识产权行政管理制度在与司法制度的衔接方面还有待进一步完善。在知识产权纠纷机制上，新加坡在亚洲设立了第一家世界知识产权组织的办事处，用以协调仲裁和调解知识产权方面的纠纷，并为了鼓励纠纷调解推出相应的促进计划，例如额外给予案件调解人一定的资金资助。而在知识产权权益保障上，一是通过提升互联网信息服务，完善并促进知识产权交易制度，建立实现专利、商标、著作等知识产权的申请、查询、许可、交易等多项便利功能的网络一站式平台，有效促进知识产权资产商业化；二是推行知识产权融资计划，企业可以将知识产权作为向银行融资时的相关抵押资产，从而为拥有大量专利的科创型企业拓宽新的融资渠道。

因此自贸港在优化外资营商环境时，应该进一步重视知识产权保护及监管制度建立，有效推动自贸港发挥人才、科技等创新要素的自由流动和深度聚集效应。然而，对于自由港和贸易高度自由的国家而言，知识产权保护的区域执行强度并非越大越好，而是要与区域经济的实际发展水平相适应。高强度的知识产权保护能够显著促进地区对创新要素的吸引和聚集作用，降低企业技术成果流通转化的环境成本，并对本地经济的持续发展和产业转型产生长远作用，但亦有可能对于贸易自由化的发展形成长期阻碍。自贸港在贸易开放方面应当是以逐步取消绝大部分关税和非关税壁垒、促进商品服务等要素自由流动为基准目标，若是超出实际发展水平，施行过于严苛的知识产权保护标准，则会引发潜在的政策风险，从而形成关税之外的非关税型新型制度壁垒。中国自贸港在知识产权保护水平方面，应基于国家整体的经济社会发展实际水平和现实情况，通过规范并完善相关立法，提升中国知识产权的实际执法水平，加强知识产权纠纷的第三方仲裁和调解机构等方面的建设，从而有效明晰自贸港内企业的知识产权的权益边界，显著提升港内企业对于中国知识产权保护制度的政策信心，降低企业在知识产权纠纷中的额外维护成本，加快知识产权的商业化、便利化推行进程，最终提升自由贸易港的营商环境水平。

第八章
以提升资源配置效率为核心的劳动力市场开放

人员自由流动是自由贸易港的基本特征之一。本章通过对当前中国人力资本流动现状进行探索发现，中国人力资本流动性与发达国家（地区）存在较大差距，并且相关制度设计并不利于人力资本尤其是高端人才的跨境流动。本章通过将创新引入异质性企业分析框架研究发现，人力资本流动自由化会使得创新企业在进行创新时投入更多的高端人才，使得更多资源转移至创新企业，从而提升其创新度，这些效应都是贸易自由化无法提供的。随后，本章结合海外高层次人才引进计划（简称"国千计划"）数据、专利数据库和上市公司数据库验证了这一结论，引进高端人才能显著提升企业的创新质量以及促进技术溢出。但要素流动自由化进程过快会给中国经济乃至国家安全带来一定风险，因此应通过自由贸易港建设来对加快要素自由流动进行风险测试，使得今后在全国范围内加快要素自由流动所带来的风险最小化。

一、中国人力资本跨境流动现状

技术革命推动下的生产碎片化促使跨境经济联系由流通领域扩展到生产领域，人力资本跨境流动成为经济合作中的重要一环，是各国（地区）融入世界经济潮流的必然选择。Mountford（1997）、Stark 等（1997）、Lowell（2002）认为人力资本流动是经济发展和技术进步的主要动力之一，积极参与国际人力资本合作有利于一国(地区)长远的经济发展与技术进步。党的十九大报告在"加快建设创新型国家"中提出，"培养造就一大批具有国际水平的战略科技人才、科技领军人才、青年科技人才和高水平创新团队"。2018 年国务院政府工作报告中也提到，"推动人力资源自由流动，支持企业提高技术工人待遇，加大高技能人才激励，鼓励海外留学人员回国创新创业，拓宽外国人才来华绿色通道"。

中国自加入 WTO 以来，贸易自由化与投资便利化发展迅速，但人力资本跨境流动情况并没有显著变化，2000 年至 2016 年中国与人力资本流动相关的指标变动情况如表 8.1 所示。

表 8.1　2000—2016 年中国与人力资本流动相关的指标变动情况

年份	净移民比例/%	跨境移徙者比例/%	非居民专利申请比例/%	非居民商标申请比例/%	知识产权使用费(支付)/亿美元	知识产权使用费(接收)/亿美元
2000		0.04	51.17	14.60	12.81	0.80
2001			52.66	11.42	19.38	1.10
2002	−0.16		50.39	11.88	31.14	1.33
2003			46.10	9.18	35.48	1.07
2004			49.54	9.46	44.97	2.36
2005		0.05	46.06	9.76	53.21	1.57
2006			41.89	9.48	66.34	2.05
2007	−0.18		37.57	11.02	81.92	3.43
2008			32.87	11.47	103.19	5.71
2009			27.18	8.07	110.65	4.29
2010		0.06	25.08	7.86	130.40	8.30
2011			21.01	8.14	147.06	7.43
2012	−0.13		17.99	7.16	177.49	10.44
2013			14.57	6.20	210.33	8.87
2014			13.69	5.10	226.14	6.76

续表

年份	净移民比例/%	跨境移徙者比例/%	非居民专利申请比例/%	非居民商标申请比例/%	知识产权使用费(支付)/亿美元	知识产权使用费(接收)/亿美元
2015		0.07	12.13		220.22	10.85
2016			9.98			

数据来源:世界银行数据库。

注:①净移民是该时期内的净移民总数,即移居到境外的移民总数减去移居到境内的移民数量,其中既包括常住居民也包括非常住居民;②跨境移徙者是指在一国(地区)出生并在其他国家(地区)居住的人口,也包括难民,用于估计特定时间跨境移徙者数量时数据主要来自人口普查信息,估计值由外国(地区)出生人口[在某国(地区)有居住权但出生于其他国家(地区)的]的数据得出,如果无法获得外国(地区)出生人口的数据,则估计时采用外籍人口[属于居住地以外国家(地区)的]数据;③专利申请是指在世界范围内通过《专利合作条约》程序或向国家(地区)专利部门提交的专利申请,目的是对一项发明(提供一种新的做事方法或对某个问题提供一种新的技术解决方案的产品或程序)拥有专有权;④商标申请是指向国家或地区知识产权(IP)机构提交的商标注册申请;⑤知识产权使用费是指居民和非居民之间为在授权的情况下使用无形、不可再生的非金融资产和专有权利(例如专利、版权、商标、工业流程和特许权),以许可的形式使用原创产品的复制真品(例如电影和手稿)而进行的付款和收款,数据按现价美元计。

从表 8.1 中可以看出,加入 WTO 后,中国净移民依然为负,其下降比例从 2002 年的 0.16%上升至 2007 年的 0.18%后,在 2012 年下降至 0.13%。虽然跨境移徙者数量呈稳定上升趋势,但其提升率在不断下降。非居民专利和商标申请比例呈逐年下降趋势,分别从 2001 年的 52.7%和 11.4%下降为 2016 年的 10.0%和 2014 年的 5.1%。知识产权使用费的逆差越来越高,从 2001 年 18.3 亿美元上升至 2015 年的 209.4 亿美元。这些都反映出近年来中国在人力资本跨境流动性上的变化并不明显,但对人力资本等高端要素仍存在较大需求。为了能更直观地反映出中国人力资本跨境流动情况,本章将其与其他国家或地区的人力资本跨境流动情况进行对比(表 8.2)。

表 8.2　中国与其他国家或地区的人力资本跨境流动情况

国家或地区	净移民比例（2012年）/%	跨境移徙者比例（2015年）/%	非居民专利比例（2015年）/%	非居民商标申请比例（2014年）/%	知识产权使用费（支付）（2015年）/亿美元	知识产权使用费（接收）（2015年）/亿美元
中国内地	-0.13	0.07	12.13	5.10	220.22	10.85
印度	-0.20	0.40	72.45	10.55	50.09	4.67
日本	0.28	1.57	18.79	19.72	170.34	364.77
韩国	0.34	2.55	21.72	13.89	100.56	61.99
中国香港	1.05	38.33	98.04	62.13	18.61	6.42
中国澳门	7.53	57.03	95.38	88.43	1.69	
新加坡	6.36	45.17	86.42	73.51	186.98	51.80
美国	1.43	14.65	51.08	17.31	398.58	1244.42
经济合作与发展组织成员	1.01	10.15	38.95	21.66	2895.06	3130.02
中等偏上收入国家	0.08	1.80	17.97	13.04	472.93	32.18
世界		3.26	30.52	19.18	3673.17	3233.60

数据来源：世界银行数据库。

从表 8.2 中可以看出，与其他国家或地区的人力资本跨境流动情况相比，中国人力资本国际流动性较低，不仅远低于美国、日本、韩国、经济合作与发展组织（Organization for Economic Co-operation and Development，OECD）成员等发达国家或地区，还低于中等偏上收入国家（地区）的平均水平。值得注意的是，中国香港、新加坡、中国澳门等自由贸易港的人力资本跨境流动性非常高，并且净移民比例均为正，跨境移徙者比例远高于世界平均水平的 3.26%，分别为 38.33%、45.17%和 57.03%，并且非居民的专利比例和商标申请比例均远高于本地居民，分别为 98.04%、86.42%、95.38%和 62.13%、73.51%、88.43%。

中国人力资本跨境流动性较低这一现象的出现，是因为中国在人力资本跨境流动管理上存在以下问题。

第一,相关制度设计存在缺陷。目前中国关于人才引进上缺乏一套自上而下并且包括法律、条例、规章等相对完善的制度体系,对于外籍人才永久居留资格的法律规定仅有《出境入境管理法》,并且相关界定较为模糊,而一些发达国家(地区)则有着较为系统合理的人才引进制度,如美国的雇主担保制度、加拿大的积分评估机制、德国的投资移民政策等。

第二,申请审批程序烦琐。国内企业、科研机构等市场主体聘用外籍人才的程序复杂且缺乏统一规范,企业或机构提出申请后,需要行业主管部门的批准和劳动行政主管部门的审核,两部门间的功能重复,增加了外籍人才聘用成本。

第三,市场对资源的配置效应受限。目前在中国人才引进中发挥主导作用的是政府而非市场,人才引进制度缺乏灵活性,导致部分行业人才急缺或者过剩,并且政府在一定程度上对市场主体存在较大的"挤出效应",导致人才中介、猎头等市场主体无法正常运作,市场对资源的配置效应受限。

第四,国内各地方政府无序竞争。行政式的人才引进使得人才引进成为部分地方政府的考核任务,各地方政府在人才引进上出现无序竞争的现象,甚至出现不同政府对同一人进行人才补贴,造成资源浪费。

第五,配套服务水平较低。国内部分地区对于引进人才的政策落实不到位,后续激励机制缺失,引进人才在创新创业、融资、税收优惠、子女教育等问题上存在较大困难,人才引进优惠无法在财政、教育部门落实。

虽然 2008 年中国由中组部和人社部牵头发起了国千计划,截至 2017 年年底已分 14 批引进了高层次创新创业人才 7000 余名,配套建立海外高层次创新创业基地 112 个,建成各级、各类留学人员创业园 150 多家,入园企业 8000 多家,2 万余名留学人员在园内创业,在一定程度上加速了人力资本跨境自由流动,但国千计划下企业型人才和高级技术人才引进严重不足,对国内企业和产业发展创新助力不足,并且国千计划并未上升至制度层面,缺乏可持续性。

从前面的分析可以看出,目前中国人力资本跨境流动性较低,并且在相关制度设计上并不利于人力资本尤其是高端人才的跨境流动。而人力资本跨境流动将如何影响一国(地区)经济运作?本章将在接下来的部分从理论与实证两个角度对其进行阐述。

二、人力资本流动自由化的作用机制分析

本章将在 Melitz(2003)和 Melitz & Burstein(2013)的异质性企业模型基础上,分析人力资本流动对企业创新的影响。这部分分析首先将企业创新引入封闭经济情况下的异质性企业框架,然后将其拓展至开放经济分析人力资本流动的影响。而在企业行为上,本文假定企业在进入市场前是同质的,并不知道其具体生产率,仅知道市场上的生产率分布情况,而在支付市场进入成本后得知其具体生产率,这与 Melitz (2003)的假定相一致。其与 Melitz (2003)的假定的差异在于,企业得知其生产率后根据其生产率水平决定技术创新情况,并根据生产率水平与技术创新情况决定其是否继续留在市场。

(一)模型设定

这部分主要从封闭经济出发,构建本章分析人力资本流动影响企业创新的基准模型。

1. 消费者需求

假定所有消费者所消费的产品集为 Ω,并且其偏好完全相同,效用函数 U 为 CES 函数形式,即

$$U=\left(\int_{\omega\in\Omega}\left[x(\omega)\right]^{(\sigma-1)/\sigma}\mathrm{d}\omega\right)^{\sigma/(\sigma-1)}.$$

其中,$x(\omega)$表示消费者所消费的产品 ω 的数量;$\sigma>1$,表示差异产品间的替代弹性。从而可知消费者的需求函数为

$$x(\omega)=\frac{E}{P}\left[\frac{p(\omega)}{P}\right]^{-\sigma}. \tag{8.1}$$

其中,E 为支出,$p(\omega)$为产品 ω 的价格,P 为消费者所面临的价格指数,且

$$P=\left[\int_{\omega\in\Omega}p(\omega)^{1-\sigma}\mathrm{d}\omega\right]^{1/(1-\sigma)}.$$

2. 企业生产行为

假定企业仅生产一种产品①,并且假定企业仅使用劳动力一种生产要素,以劳动力为计价物,即工资水平为1。企业的生产函数采用Melitz & Burstein (2013)的形式,即

$$q(z)=z^{1/(\sigma-1)}l(z).$$

其中,$l(z)$表示在企业生产率水平为z以及产量为$q(z)$的情况下所需的劳动力数量,不难看出,企业采用规模报酬递增的生产技术。因此企业生产的成本函数可以表示为

$$C(z)=q(z)/z^{1/(\sigma-1)}+f. \tag{8.2}$$

f为企业生产所需的固定成本,尽管一些研究在企业生产上假定企业并不需要投入固定成本②,但Hopenhayn(1992)指出,生产固定成本的引入是必要的,其对应着企业生产的机会成本。结合式(8.1)和式(8.2)可知企业利润最大化下的产品定价为

$$p(z)=\frac{\sigma}{\sigma-1}z^{1/(1-\sigma)},$$

从而可知企业的生产利润为

$$\pi(z)=Az-f,$$

$$A\equiv\frac{E}{\sigma}P^{\sigma-1}\left(\frac{\sigma-1}{\sigma}\right)^{\sigma-1}.$$

3. 企业技术创新

这部分分析将企业技术创新内生化,假定企业技术创新程度为θ,即企业创新后其生产率水平变为$(z+\theta)$。与Melitz & Burstein(2013)相似的是,本文假定企业技术创新面临一定风险,一旦企业创新失败,那么其生产率水平保持不变,假定创新失败率δ是关于θ和z的增函数,这也意味着企业当前生产率水平越高,创新度越高,创新失败率越高,创新的难度也就越高,这与Melitz & Burstein(2013)的假定相一致。假定

---

① 这部分分析并不考虑多产品企业。尽管多产品企业广泛存在于现实生活中,并且近年来已有许多学者对其进行了研究,如Bernard等(2011)、Mayer等(2014)、Eckel & Neary(2010),但从本章研究对象来看,考虑企业内部异质性并不会对之后结论产生较大影响。

② 如Mayer等(2014)认为,尽管引入固定成本并不会改变其结论,但结合拟线性需求的假定可以得到解析解。

企业在创新时仅需投入高端人才量为 h，其价格为 w，假定在创新过程中，高端人才投入越多，创新度越高，并且假定高端人才在生产中具有边际产出递减的性质，即 $\theta'(h)>0,\theta''(h)<0$，假定企业的创新与生产率成正相关关系，即企业生产率越高，创新能力越强，并且假定企业的边际创新能力随生产率的增加而下降，即 $\theta'(z)>0,\theta''(z)<0$。从而可知企业创新的期望利润为

$$E[\pi_I(z)]=A\{[1-\delta(z,\theta)](z+\theta)+\delta(z,\theta)z\}-wh-f.$$

为简化分析，本章假定

$$\delta(z,\theta)=\frac{\theta z}{b},\quad \theta=h^{\alpha}z^{\beta},\quad 0<\alpha,\quad \beta<1.$$

其中，参数 b 确保成功率不会大于 1。可知，企业创新期望利润最大化下各相关变量为

$$\left.\begin{aligned} h&=\left(\frac{\alpha Az^{\beta}}{w}\right)^{1/(1-\alpha)},\\ \delta&=\left(\frac{w}{\alpha Az^{1-\alpha+\beta}}\right)^{1/(1-\alpha)},\\ \theta&=\left(\frac{\alpha A}{w}\right)^{\alpha/(1-\alpha)}z^{\beta/(1-\alpha)}.\end{aligned}\right\}\tag{8.3}$$

从式(8.3)中可知，企业的生产率越高，在创新中所投入的高端人才越多，创新度越高，但企业创新的成功率越低。这是因为生产率越高的企业在创新中所面临的失败风险更高，这也与实际情况相符。在现实中，高生产率企业在技术创新上走在最前列，可借鉴的经验相对较少，面临的创新失败风险也就越高。而企业创新与否的利润差为

$$\Delta E[\pi_I(z)]=(1-\alpha)A^{1/(1-\alpha)}w^{-\alpha/(1-\alpha)}z^{\beta/(1-\alpha)}\alpha^{\alpha/(1-\alpha)}-w/\alpha z.\tag{8.4}$$

从式(8.4)可知，

$$\frac{\partial\Delta E[\pi_I(z)]}{\partial z}=\beta A^{1/(1-\alpha)}w^{-\alpha/(1-\alpha)}z^{\beta/(1-\alpha)-1}\alpha^{\alpha/(1-\alpha)}+w/\alpha z^2>0,$$

即企业的生产率越高，企业创新所获得的利润差越高，因此企业的创新激励也就越大。这意味着虽然高生产率企业进行更高程度的创新会带来更高的创新风险，但创新所带来的收益提升度足以弥补风险增加所带来的损失。企业是否创新的临界生产率 $\bar{z}$ 为

$$\bar{z}=\left[\frac{w}{(1-\alpha)^{1-\alpha}A\alpha}\right]^{1/(1-\alpha+\beta)}. \tag{8.5}$$

当企业生产率高于临界值$\bar{z}$时，企业创新的期望利润高于不创新时的利润，企业进行创新；而当企业生产率低于临界值$\bar{z}$时，企业创新的期望利润低于不创新时的利润，企业不会进行创新。假定一国高端人才禀赋为H，可知高端人才市场均衡时，有

$$\int_{\bar{z}}^{\infty}\left(\frac{\alpha A z^{\beta}}{w}\right)^{1/(1-\alpha)}\mathrm{d}G(z)=\frac{H}{N}. \tag{8.6}$$

其中，$G(z)$为企业生产率的分布函数，N表示一国（地区）企业总数。式(8.6)左边表示代表性企业对高端人才要素的需求情况，右边表示劳动力市场对代表性企业的高端人才要素供给情况，从而可以求出均衡条件下各相关变量的值。为简化分析，本章假定企业生产率分布为帕累托分布，其分布函数为

$$G(z)=\left(\frac{z_{\min}}{z}\right)^{k},\quad z\in[z_{\min},\infty),\quad k>1.$$

为确保高端人才市场均衡存在，本章有着假定1。

假定1：$k>\max\left(1,\frac{\beta}{1-\alpha}\right)$。

若假定1无法满足，企业创新获得的利润低于不创新时的利润，企业没有创新的激励，也就是说，企业创新的期望收益低于创新的成本。在假定1下，可知高端人才市场均衡情况下，高端人才的价格为

$$w=A\alpha(1-\alpha)^{[k(1-\alpha)-\beta]/(k+1)}\left\{\frac{kz_{\min}^{k}N}{[k-\beta/(1-\alpha)]H}\right\}^{(1-\alpha+\beta)/(k+1)}. \tag{8.7}$$

从式(8.7)中可以看出，高端人才要素禀赋与要素价格呈反比关系，要素禀赋越丰富，要素价格越低。从而可知均衡情况下式(8.3)和式(8.5)可以改写为

$$\left.\begin{aligned}
h&=\left\{\frac{z^{\beta}([k-\beta/(1-\alpha)]H)^{(1-\alpha+\beta)/(k+1)}}{(1-\alpha)^{[k(1-\alpha)-\beta]/(k+1)}(kz_{\min}^{k}N)^{(1-\alpha+\beta)/(k+1)}}\right\}^{1/(1-\alpha)},\\
\delta&=\left\{\frac{(1-\alpha)^{[k(1-\alpha)-\beta]/(k+1)}(kz_{\min}^{k}N)^{(1-\alpha+\beta)/(k+1)}}{z^{1-\alpha+\beta}([k-\beta/(1-\alpha)]H)^{(1-\alpha+\beta)/(k+1)}}\right\}^{1/(1-\alpha)},\\
\theta&=\left\{\frac{([k-\beta/(1-\alpha)]H)^{(1-\alpha+\beta)/(k+1)}z^{\beta/\alpha}}{(1-\alpha)^{[k(1-\alpha)-\beta]/(k+1)}(kz_{\min}^{k}N)^{(1-\alpha+\beta)/(k+1)}}\right\}^{\alpha/(1-\alpha)},\\
\bar{z}&=\left\{\frac{kz_{\min}^{k}N}{[k(1-\alpha)-\beta]H}\right\}^{1/(1+k)}.
\end{aligned}\right\}\tag{8.8}$$

从式(8.8)中可以看出，

$$\frac{\partial h}{\partial H}>0,\quad \frac{\partial\delta}{\partial H}<0,\quad \frac{\partial\theta}{\partial H}>0,\quad \frac{\partial\bar{z}}{\partial H}<0.$$

本章将以上分析总结为命题1。

命题1:高端人才禀赋与创新企业总数呈正相关关系，并且当一国(地区)高端人才禀赋更为丰富，或者企业的生产率越高时，企业的创新激励越大，并且进行创新时所投入的高端人才越多，创新度越高，但企业创新的成功率越低。

(二)人力资本流动自由化

这部分将之前封闭经济分析拓展至开放经济，并分析人力资本流动自由化的影响机理。与封闭经济相比，开放经济下一国(地区)消费者可以消费国(地区)外产品，而企业不仅可以将产品出口至国(地区)外市场，还可以使用国(地区)外高端人才。为简化分析，本章仅考虑两国(地区)情况，并假定本国(地区)与外国(地区)是镜像国家(地区)①。企业假定出口面临两大成本:冰山贸易成本 τ 以及出口固定成本 f_X。由于非出口企业的分析与封闭经济差异不大，这部分分析将先对出口企业的情况进行分析。开放条件下出口企业的生产利润为

$$\pi_{\text{ex}}(z)=A_{\text{ex}}z-f-f_X,\quad A_{\text{ex}}\equiv A(1+\Gamma)>A,\quad \Gamma\equiv\tau^{1-\sigma}<1.$$

其中，Γ 表示出口企业的出口市场接入度，Γ 值越高，企业的出口市场接入度越高，对应的贸易自由化度也就越高。虽然出口企业在创新时可同

① 镜像国家(地区)是指两国(地区)在各变量上是完全一致的，即消费者收入水平、效用函数、贸易成本、生产率分布、生产投入成本、高端人才禀赋等变量是相同的。

时使用本国（地区）和国（地区）外的高端人才，但两者并非毫无差异。假定本国（地区）创新企业使用国（地区）外高端人才时存在一定限制，如国（地区）外专家在本国（地区）工作时由于文化差异导致与其他工作人员合作效率下降等，因此本国（地区）创新企业使用本国（地区）同质高端人才时所带来的效应要高于使用国（地区）外高端人才，这具体体现在两个方面，一是创新函数，具体为

$$\theta=[h_{\mathrm{H}}^{(\mu-1)/\mu}+\kappa h_{\mathrm{F}}^{(\mu-1)/\mu}]^{\alpha\mu/(\mu-1)}z^{\beta},\quad \alpha>0,\quad \beta>0,\quad \kappa<1<\mu.$$

其中，h_{H} 表示创新所使用的本国（地区）高端人才，h_{F} 表示创新所使用的国（地区）外高端人才，κ 表示国（地区）外高端人才使用中的限制，κ 的提升表示人力资本流动自由化度提升，μ 表示国（地区）内外高端人才在创新中的替代弹性，$\mu<0$，表示国（地区）内外高端人才互补，在该情况下提升高级要素流动性来促进国（地区）外高端人才要素流动能有效提升本国（地区）高端人才要素的效率，高端人才要素流动自由化的收益要远高于国（地区）内外高端人才相互替代的情况，如果在国（地区）内外高端人才相互替代的情况下，高端人才要素流动自由化能有效促进企业创新，那么国（地区）内外高端人才互补时对创新的促进情况更为显著，二是引入创新人才时需要支付额外固定成本 f_I。引进国（地区）外创新人才的创新企业期望收益为

$$E[\pi_{\mathrm{ex}I}(z)]=A_{\mathrm{ex}}\{[1-\delta(z,\theta)](z+\theta)+\delta(z,\theta)z\}-w_{\mathrm{H}}h_{\mathrm{H}}-w_{\mathrm{F}}h_{\mathrm{F}}-f-f_X-f_I. \tag{8.9}$$

从式(8.9)可知，引进国（地区）外高端人才的创新企业的生产率要高于其他创新企业，结合前面的分析可知，创新投入越多、创新度越高的企业才会引进国（地区）外高端人才。具体生产率临界点 $\bar{z}_{\mathrm{H}}$ 由式(8.10)决定，

$$[(1+\kappa^{\mu})^{\alpha/(1-\alpha)(\mu-1)}-1][(1-\alpha)A_{\mathrm{ex}}^{1/(1-\alpha)}w^{-\alpha/(1-\alpha)}\alpha^{\alpha/(1-\alpha)}\bar{z}_{\mathrm{H}}^{\beta/(1-\alpha)}-w/\alpha\bar{z}_{\mathrm{H}}]=f_I. \tag{8.10}$$

当企业生产率高于 $\bar{z}_{\mathrm{H}}$ 时，企业引入国（地区）外高端人才进行创新，否则企业在创新中只使用本国（地区）高端人才。由镜像国家（地区）假定可知 $w_{\mathrm{H}}=w_{\mathrm{F}}=w$，从而可知出口企业创新期望利润最大化下各相关变

量为

$$\left.\begin{aligned} h&=\left[\frac{\alpha A_{\mathrm{ex}} z^{\beta}}{w(1+\kappa^{\mu})^{1/(1-\mu)}}\right]^{1/(1-\alpha)}, \\ \delta&=\left[\frac{w(1+\kappa^{\mu})^{1/(1-\mu)}}{\alpha A_{\mathrm{ex}} z^{1-\alpha+\beta}}\right]^{1/(1-\alpha)}, \\ \theta&=\left[\frac{\alpha A_{\mathrm{ex}}}{w(1+\kappa^{\mu})^{1/(1-\mu)}}\right]^{\alpha/(1-\alpha)} z^{\beta/(1-\alpha)}. \end{aligned}\right\}$$

出口企业是否创新的临界生产率$\bar{z}$为

$$\bar{z}_{\mathrm{ex}}=\left[\frac{w(1+\kappa^{\mu})^{1/(1-\mu)}}{(1-\alpha)^{1-\alpha} A_{\mathrm{ex}} \alpha}\right]^{1/(1-\alpha+\beta)}.$$

从经验数据来看，创新企业的数量远少于出口企业数[①]，因此本文有着假定 2。

假定 2：$\left[\frac{w(1+\kappa^{\mu})^{1/(1-\mu)} \Gamma^{-\alpha+\beta}}{(1-\alpha)^{1-\alpha} A_{\mathrm{ex}} \alpha}\right]^{1/(1-\alpha+\beta)}>f_X$。

假定 2 确保了出口企业数要少于创新企业数，这也意味着在本章理论模型中，创新企业的进入门槛要高于出口企业，并非所有出口企业均进行创新活动，同时也并非所有创新企业均使用国（地区）外高端人才，因此本章有着假定 3。

假定 3：$\frac{(1+\kappa^{\mu})^{\frac{1}{(1-\alpha+\beta)(1-\mu)}}\left(\frac{w}{\alpha}\right)^{\frac{1+\alpha^2-\alpha\beta}{(1-\alpha+\beta)(1-\alpha)}} f_I}{\left[(1+\kappa^{\mu})^{\frac{\alpha}{(1-\alpha)(\mu-1)}}-1\right]\left[(1-\alpha)^{1-\alpha} A_{\mathrm{ex}}\right]^{\frac{1}{1-\alpha+\beta}}}>\left[(1+\kappa^{\mu})^{\frac{1}{(1-\alpha)(1-\mu)}}\left(\frac{w}{\alpha}\right)^{\frac{1-\beta}{1-\alpha+\beta}}\right]-1$。

在上述假定下，高端人才市场均衡时各均衡变量为

① 1998 年至 2008 年工业企业数据库中仅有 2001 年至 2002 年和 2005 年至 2007 年有企业研发费这一数据，并且这五年来进行研发的企业比例分别为 11.8%、12.9%、9.6%、9.9%和 10.5%，而 2001 年至 2002 年和 2005 年至 2007 年工业企业数据库中，出口企业比例分别为 23.8%、25.0%、27.8%、26.2%和 23.5%。

$$\left.\begin{aligned}
h&=\left\{\frac{z^{\beta}([k-\beta/(1-\alpha)]H)^{(1-\alpha+\beta)/(k+1)}}{(1-\alpha)^{[k(1-\alpha)-\beta]/(k+1)}[kz_{\min}^{k}(1+\kappa^{\mu})^{1/(1-\mu)}N]^{(1-\alpha+\beta)/(k+1)}}\right\}^{1/(1-\alpha)},\\
\delta&=\left\{\frac{(1-\alpha)^{[k(1-\alpha)-\beta]/(k+1)}[kz_{\min}^{k}(1+\kappa^{\mu})^{1/(1-\mu)}N]^{(1-\alpha+\beta)/(k+1)}}{z^{1-\alpha+\beta}([k-\beta/(1-\alpha)]H)^{(1-\alpha+\beta)/(k+1)}}\right\}^{1/(1-\alpha)},\\
\theta&=\left\{\frac{([k-\beta/(1-\alpha)]H)^{(1-\alpha+\beta)/(k+1)}z^{\beta/\alpha}}{(1-\alpha)^{[k(1-\alpha)-\beta]/(k+1)}[kz_{\min}^{k}(1+\kappa^{\mu})^{1/(1-\mu)}N]^{(1-\alpha+\beta)/(k+1)}}\right\}^{\alpha/(1-\alpha)},\\
\bar{z}&=\left\{\frac{kz_{\min}^{k}(1+\kappa^{\mu})^{1/(1-\mu)}N}{[k(1-\alpha)-\beta]H}\right\}^{1/(1+k)}.
\end{aligned}\right\}\tag{8.11}$$

对比式(8.8)和式(8.11)可知，开放经济下企业的创新激励越大，并且进行创新时所投入的高端人才越多，创新度越高，但企业创新的成功率越低，并且贸易自由化对企业的创新并没有影响，从式(8.11)中可以看出，

$$\frac{\partial h}{\partial\kappa}>0,\quad \frac{\partial\delta}{\partial\kappa}<0,\quad \frac{\partial\theta}{\partial\kappa}>0,\quad \frac{\partial\bar{z}}{\partial\kappa}<0$$

本章将开放经济下的分析总结为命题 2。

命题 2：开放经济下企业的创新激励有所上升，进行创新时所投入的高端人才随之增加，创新度也随之提升，但企业创新的成功率下降，而人力资本流动自由化会使得创新企业在进行创新时投入更多的高端人才，并提升企业的创新度，但会使得企业创新的成功率下降，而贸易自由化并不会影响企业创新。

三、人力资本流动自由化影响的实证分析

在这部分分析中，本章将利用微观层面数据验证理论模型中人力资本流动自由化的影响机制。在人力资本流动的刻画上，本章主要以国千计划为主，国千计划中引进人才所对应的单位被识别为当年存在人力资本流动的单位。企业创新层面的刻画主要以中国专利数据库为主，专利数据库中准确记录着 1985 年至 2015 年所有在中国申请的专利发明，为便于分析，本章将其整理成“申请人-专利”维度数据。

(一)引入国千人才单位的创新特性

从理论分析中可知，创新投入越多、创新度越高的单位才会引进境

外高端人才，本章将对其进行检验，主要从专利申请数、专利授权数、专利被引数以及专利申请成功率这几个角度出发。在国千和非国千单位的对比上，主要采用统计量 t，具体计算公式为

$$t=\frac{(\overline{x}_1-\overline{x}_2)}{\sqrt{n_1 S_1^2+n_2 S_2^2}}\cdot\sqrt{\frac{n_1 n_2(n_1+n_2-2)}{n_1+n_2}}.$$

其中，$\overline{x}$ 表示均值，n 表示样本数，S^2 表示样本方差。国千和非国千单位的专利申请数和专利授权数对比情况如表 8.3 所示。

表 8.3　1997—2007 年国千和非国千单位的专利申请数及授权数对比情况

年份	发明专利申请数	实用新型申请数	外观设计申请数	发明专利授权数	实用新型授权数	外观设计授权数
1997	6.4697***	27.7557***	−0.6225	3.4972***	26.2378***	−0.4535
1998	7.0779***	30.9517***	−0.5085	3.6839***	14.9786***	−0.1991
1999	6.2642***	24.7879***	−0.1490	6.3706***	10.6596***	−0.0668
2000	12.2215***	13.6825***	−0.3065	6.9731***	22.8584***	−0.8118
2001	8.0105***	21.1748***	−0.8574	12.2250***	22.7127***	0.2658
2002	4.7382***	22.7189***	0.0262	17.7261***	24.5144***	−0.5100
2003	9.0349***	25.0614***	−0.5397	20.6599***	28.9268***	−0.2856
2004	14.5344***	28.8839***	0.2088	22.3143***	32.7783***	3.5634***
2005	17.8303***	29.5154***	5.4941***	26.1958***	36.2774***	6.8882***
2006	23.6550***	36.2197***	6.3749***	30.1859***	43.2042***	3.5067***
2007	25.9351***	45.5317***	2.7326***	41.1077***	44.7572***	5.8896***

注：数值显著为正，表示国千企业的专利申请（授权）数显著高于非国千企业，*** 表示 99%的置信水平。因为国千计划开始于 2008 年，截止年份选为 2007 年，以排除国千计划的影响。

从表 8.3 中可以看出，引入国千计划高端人才的单位在 1997 年至 2007 年间的发明专利申请数、实用新型申请数、发明专利授权数、实用新型授权数均显著高于其他单位。在外观设计申请上，引入国千计划高端人才的单位在 1997 年至 2004 年与其他单位并无显著差异，在 2005 年至 2007 年显著高于其他单位。在外观设计授权上，引入国千计划高

端人才的单位在 1997 年至 2003 年与其他单位并无显著差异，在 2004 年至 2007 年显著高于其他单位。这意味着创新投入多的单位才会引进国外高端人才，与本章理论分析一致。而在专利申请、授权结构上，引入国千计划高端人才的单位发明专利申请总数占所有申请专利总数八成以上，授权总数占所有授权专利总数六成以上，而其他单位发明申请总数占所有申请专利总数两成左右，专利授权总数占所有授权专利总数四成左右。1997 年至 2007 年引入国千计划高端人才的单位专利结构与其他单位的对比情况如表 8.4 所示。

表 8.4 1997—2007 年国千和非国千单位专利结构对比情况

单位：%

年份	非国千单位				国千单位			
	发明专利申请	外观设计申请	发明专利授权	外观设计授权	发明专利申请	外观设计申请	发明专利授权	外观设计授权
1997	6.19	35.62	37.93	23.25	31.83	0.78	38.36	0.31
1998	7.35	39.90	37.71	24.55	33.08	0.63	34.73	0.66
1999	6.58	35.07	34.92	26.64	30.24	1.19	31.87	0.93
2000	11.13	33.81	36.95	26.51	45.16	1.14	28.64	0.24
2001	14.17	37.00	37.45	26.59	44.34	0.56	24.70	0.76
2002	14.83	39.22	37.63	29.36	42.52	1.93	23.05	0.52
2003	19.63	40.52	42.11	26.31	56.90	1.50	18.82	0.54
2004	24.70	36.83	43.79	27.30	68.32	1.15	17.86	2.31
2005	23.02	37.08	44.22	27.70	65.92	4.59	15.09	3.08
2006	21.09	37.39	42.91	29.26	66.19	5.89	14.55	2.21
2007	17.62	38.69	40.84	32.10	65.85	3.52	12.48	3.07

而在专利质量上，国千和非国千单位的专利被引数和专利申请成功率对比情况如表 8.5 所示。从表 8.5 中可以看出，引入国千计划高端人才的单位在 1997 年至 2007 年间的专利被引数、当年被引数、十年内被引数均显著高于其他单位。而在成功率上，2004 年至 2007 年引入国千计划高端人才的单位的总体成功率低于其他单位，短期成功

率、1999 年至 2007 年当年成功率、三年内成功率也均明显低于其他单位，这也与本章理论分析一致。从表 8.5 中还可以看出，在总体专利成功率与其他企业并无显著差异的情况下，引入国千计划高端人才的单位 3 年内专利成功率要低于其他企业，这意味着引入国千计划高端人才的单位的专利申请周期要长于其他企业。而相关数据显示，引入国千计划高端人才的单位在 1997 年至 2007 年间所申请成功的专利平均授权时间为 2.63 年，而其他企业同时期的申请成功时间为 2.09 年，检验的 t 值为 116.95，引入国千计划高端人才的单位的专利申请周期要显著长于其他企业。

表 8.5　1997—2007 年国千和非国千单位的专利被引数及申请成功率对比情况

年份	专利被引数	当年被引数	十年内被引数	专利申请成功率	当年申请成功率	三年内申请成功率
1997	20.876***	5.643***	11.426***	−0.178	−0.747	−5.530***
1998	26.747***	10.131***	18.338***	−0.666	−1.556	−4.937***
1999	31.378***	9.415***	21.859***	−1.528	−2.425**	−6.078***
2000	33.810***	5.255***	26.027***	−0.938	−2.710***	−4.260***
2001	39.482***	14.142***	33.070***	−2.611***	−3.184***	−3.484***
2002	53.218***	18.039***	48.043***	−1.635	−4.198***	−2.535**
2003	95.378***	58.823***	96.005***	−1.198	−4.010***	−3.314***
2004	100.307***	72.705***	104.661***	−2.136**	−3.713***	−3.495***
2005	119.482***	79.036***	119.599***	−2.603***	−2.876***	−4.708***
2006	124.340***	79.127***	124.340***	−3.881***	−2.094**	−5.846***
2007	144.598***	103.879***	144.598***	−4.913***	−1.858*	−7.462***

注：*、**、*** 分别表示 90%、95%、99%的置信水平。表中的专利被引数指的是引入国千计划高端人才的单位和其他单位该年度所申请的所有专利累计被引数合计，当年被引数指的是申请专利在申请当年的被引数合计，十年内被引数指的是申请专利在申请后 10 年内的被引数合计，专利申请成功率指的是该年度申请专利中最终授权的专利占当年申请总数的比例，当年申请成功率指的是在申请当年获得授权的专利占当年申请总数的比例，三年内申请成功率指的是申请后 3 年内获得授权的专利占当年申请总数的比例。

（二）引入国千人才对引入企业创新的影响

在这部分分析中，本章将利用企业层面微观数据对引进国千人才对引进企业创新的影响进行分析，主要分析引起国千人才对企业专利申请数、企业专利申请成功率以及企业专利被引数的影响。企业创新相关变量根据专利数据库整理所得，企业层面其他相关数据来自 Wind 数据库，本章将专利数据、上市公司数据和国千计划数据进行匹配，构建一个样本量超 10 万，包含企业基本财务信息、要素流动信息以及专利信息的微观企业数据库。

由于本章的实证部分主要分析引入国千人才对企业创新的影响，因此构建以下双重固定效应：

$$\mathrm{in}_{i,t}=\alpha_0+\alpha_1\alpha D_{i,t}+\alpha_2\,\mathrm{in}_{i,t-1}+\alpha_3\,\mathrm{patent\_gr}_{i,t-1}+\alpha_4\,\mathrm{firm}_{i,t}+\delta_i+\delta_t+\varepsilon_{i,t}.$$

其中，in 表示创新相关变量，主要为企业专利申请数、企业专利申请成功率以及企业专利被引数；D 表示引进国千人才的虚拟变量，表示企业 i 在年度 t 引进国千人才，否则，表示企业专利累计授权数；firm 表示企业层面其他控制变量，主要选取用于控制企业规模的总资产、员工数以及用于控制企业经营情况的营业收入，各变量均取对数形式，和分别表示企业层面以及时间层面的固定效应。各相关变量的描述性统计如表 8.6 所示。

表 8.6 各相关变量描述性统计

变量	变量解释	样本数	平均值	标准差	最小值	最大值
lnrate_suc	专利申请成功率	23321	−0.2852	0.4330	−4.1431	0
lnnum_fct	专利被引数	11274	1.6426	1.3396	0	9.3524
lnnum_ad	专利申请数	26496	1.8611	1.3199	0	8.9442
lnnum_gr	专利累计授权数	34484	2.3869	1.6443	0	10.0285
lnasset	总资产	48471	19.9466	2.1138	10.3936	30.8148
lnl	员工数	43627	6.4916	1.7028	1.6094	13.2228
lnincome	营业收入	48623	19.5088	2.0669	7.1247	28.6889

首先将分析引入国千人才对企业专利申请数的影响，具体情况如表 8.7 所示。

表 8.7　引入国千人才对企业专利申请数的影响

变量	L0	L1	L2	L3
D	0.1061	−0.0845	0.0840	−0.0437
L. lnnum_ad	0.1913***	0.1914***	0.1888***	0.1837***
L. lnnum_gr	−0.0743***	−0.0742***	−0.0762***	−0.0787***
lnincome	0.0876**	0.0873**	0.0925***	0.0922***
lnasset	0.0551	0.0557	0.0552	0.0524
lnl	0.1441***	0.1439***	0.1336***	0.1336***
企业固定效应	存在	存在	存在	存在
时间固定效应	存在	存在	存在	存在
R^2	0.3394	0.3394	0.3366	0.3315
样本数	12309	12309	12277	12233

注：*、**、*** 分别表示 90%、95%、99%的置信水平。L. lnnum_ad 和 L. lnnum_gr 分别表示企业上一期的专利申请数和专利累计授权数，L0、L1、L2、L3 分别表示引入国千人才的当期、滞后一期、滞后两期、滞后三期的影响。

从表 8.7 中可以看出，引入国千人才对企业的专利申请数并没有显著影响，无论是引入当年还是之后 3 年内，企业专利申请数并没有显著变化。而企业上一期的创新情况对当期企业专利申请数有着显著影响，企业上一期专利申请数增加 1%，本期专利申请数显著增加 0.18%～0.19%，上一期累计专利授权数增加 1%，本期专利申请数显著下降 0.07%～0.08%。在企业经营情况上，企业的营业收入增加 1%，专利申请数显著上升 0.09%左右。而在企业规模上，企业的总资产对专利申请数的影响不显著，而企业的员工数增加 1%，专利申请数显著上升 0.13%～0.14%。

在专利申请成功率上，引入国千人才对企业的当期专利申请成功率并没有显著影响，而在 1 年后、2 年后，企业的专利申请成功率显著下降，3 年后企业的专利申请成功率没有受到显著影响。上一期创新情况对企业专利申请成功率的影响与专利申请数的情况相似，企业上一期专利申请成功率增加 1%，本期专利申请成功率显著增加 0.20%左右，上一期累计专利授权数增加 1%，本期专利申请成功率显著下降 0.02%。在企业经营情况上，企业的营业收入增加 1%，专利申请成功率显著下降 0.05%左右。而在企业规模上，企业的总资产和员工数对专利申请成功率的影响不显著(表 8.8)。

表 8.8 引入国千人才对企业专利申请成功率的影响

变量	L0	L1	L2	L3
D	0.0731	−0.2547***	−0.3700***	0.1332
L. lnrate_suc	0.1994***	0.1998***	0.1989***	0.1989***
L. lnnum_gr	−0.0163***	−0.0160***	−0.0163***	−0.0161***
lnincome	−0.0513***	−0.0517***	−0.0513***	−0.0525***
lnasset	0.0105	0.0115	0.0109	0.0110
lnl	0.0045	0.0039	0.0036	0.0052
企业固定效应	存在	存在	存在	存在
时间固定效应	存在	存在	存在	存在
R^2	0.2266	0.2268	0.2256	0.2247
样本数	10974	10974	10943	10900

注：*** 表示 99%的置信水平。

在专利被引数上，引入国千人才对企业的当期专利被引数并没有显著影响，而 1 年后、2 年后企业的专利被引数显著上升，3 年后企业的专利被引数没有受到显著影响。上一期创新情况对企业专利被引数的影响与专利申请数、专利申请成功率的情况相似，企业上一期专利被引数增加 1%，本期专利被引数显著增加 0.14%～0.15%，上一期累计专利授权数增加 1%，本期专利被引数显著下降 0.08%。在企业经营情况上，企业的营业收入增加 1%，专利被引数显著上升 0.10%～0.11%。而在企业规模上，企业的总资产增加 1%，专利被引数显著上升0.13%～0.14%，企业的员工数增加 1%，专利被引数显著上升 0.15%～0.16%（表 8.9）。

表 8.9　引入国千人才对企业专利被引数的影响

变量	L0	L1	L2	L3
D	0.0969	0.1392**	0.2785***	−0.0553
L. lnnum_fct	0.1480***	0.1480***	0.1458***	0.1359***
L. lnnum_gr	−0.0827***	−0.0826***	−0.0817***	−0.0806***
lnincome	0.1043*	0.1032*	0.1002*	0.1074*
lnasset	0.1383**	0.1397**	0.1309**	0.1383**
lnl	0.1497***	0.1493***	0.1596***	0.1510***
企业固定效应	存在	存在	存在	存在
时间固定效应	存在	存在	存在	存在
R^2	0.3910	0.3908	0.3908	0.3842
样本数	5112	5112	5092	5062

注：*、**、*** 分别表示 90%、95%、99%的置信水平。

从以上实证分析中可知，企业引入国千人才对其专利申请的影响并不显著，引入国千人才对创新的影响主要体现在创新质量上，企业的专利被引数显著增加，而在专利申请成功率上，实证结果与理论模型的结论相一致，引入国千人才使得企业专利申请成功率显著下降。值得注意的是，引入国千人才对企业专利申请成功率和专利被引数的影响存在一定的滞后效应，当期的影响并不显著，而在 1 年、2 年后这一影响变得显著。

（三）引入国千人才对引入企业技术溢出的影响

在企业技术溢出的刻画上，本章将借鉴 Bloom 等（2013）的方法，从企业直接技术溢出度以及间接技术溢出度两个角度刻画企业技术溢出。假定存在 N 家企业，M 个技术领域，企业 i 所申请的专利分布情况用向量 $g_i=(s_{1,i},s_{z,i},\cdots,s_{m,i},\cdots s_{M,i})$ 表示，其中 $s_{m,i}$ 表示标准化后企业 i 在技术领域 m 中所申请的专利占专利申请总数的比例。其具体标准化公式为

$$s_{m,i}=\frac{\text{share}_{m,i}}{\sqrt{\sum_{j=1}^{M}\text{share}_{j,i}^{2}}}.$$

其中，$\text{share}_{m,i}$表示企业 i 在技术领域 m 中所申请的专利占专利申请总数的比例，则任意两个企业 i 和 j 之间的技术溢出可以表示为

$$sp_{i,j}=\sum_{k=1}^{M}\sum_{l=1}^{M}\theta_{k,l}s_{k,i}s_{l,j}=g_i\boldsymbol{\Omega}g_j^T,\forall i,j\in\mathbf{N}.$$

其中，$\theta_{k,l}$ 表示技术领域k 对技术领域l 的技术溢出度，$\boldsymbol{\Omega}$ 为一个$M\times M$的行业技术溢出矩阵，那么企业 i 的技术溢出度可以表示为

$$sp_i=\sum_{j\neq i}sp_{i,j},\forall i\in\mathbf{N}.$$

从上述分析可以看出，计算企业的技术溢出度关键在于测算行业技术溢出矩阵 $\boldsymbol{\Omega}$。Bloom 等(2013)的关于技术溢出矩阵 $\boldsymbol{\Omega}$ 的计算方法为

$$\boldsymbol{\Omega}=GG^T,\quad G=(g_1^T,g_2^T,\cdots,g_N^T).$$

这一技术溢出矩阵是对称的，这意味着企业 i 对企业 j 的技术溢出与企业 j 对企业 i 的技术溢出是完全相同的，这是因为这一矩阵对技术溢出的衡量是间接的，是企业对某一技术领域产生溢出效应后，再作用于该技术领域中的其他企业。而在现实中，企业间的技术溢出并非完全对称的，如企业 i 单方面引用了企业 j 的专利，那么这两个企业间的技术溢出便不再是对称的，本章将 Bloom 等(2013)的技术溢出矩阵 $\boldsymbol{\Omega}$ 定义为间接技术溢出矩阵 $\boldsymbol{\Omega}_{\text{jj}}$，并在专利引用数据的基础上构建直接技术溢出矩阵 $\boldsymbol{\Omega}_{\text{zj}}$，其中 $\boldsymbol{\Omega}_{\text{zj}}$的元素为

$$\omega_{k,l}=\frac{\text{fct}_{k,l}}{\sum_{i=1}^{M}\text{fct}_{i,l}}.$$

其中，$\text{fct}_{k,l}$表示技术领域 l 中的专利对技术领域 k 中的专利的引用次数。

由于本文所使用的是匹配数据，那么关于技术溢出矩阵的计算存在两种方式，一是先匹配后计算，二是先计算后匹配。先匹配后计算的优点在于匹配后企业数大大下降，计算量也随之大大下降，但缺点在于不同匹配方法下结果会出现一定差异，因此本章采用先计算后匹配的方

式。各年度技术溢出度总体情况如表 8.10 所示。

表 8.10　2001—2015 年技术溢出度总体情况

技术溢出	年份	企业/家	均值	标准差	最小值	最大值
直接技术溢出	2001	28677	32.207	50.216	0	313.527
	2002	33393	43.222	64.530	0	408.596
	2003	40433	51.258	77.776	0	487.240
	2004	44869	57.545	84.398	0	539.267
	2005	49655	64.606	93.939	0	610.557
	2006	57201	75.275	103.604	0	690.082
	2007	66111	72.206	96.604	0	694.286
	2008	76974	90.779	115.311	0	867.744
	2009	96626	124.575	143.926	0	1150.887
	2010	116569	159.200	180.491	0	1445.054
	2011	140019	220.114	236.784	0	1889.978
	2012	172790	284.255	306.950	0	2479.174
	2013	194830	313.710	347.529	0	2659.715
	2014	205732	398.107	430.697	0	3166.683
	2015	227256	430.909	484.108	0	3421.197
间接技术溢出	2001	28677	210.840	323.486	0	2234.018
	2002	33393	279.502	412.324	0	2864.895
	2003	40433	336.519	501.308	0	3487.945
	2004	44869	388.192	581.671	0	3969.912
	2005	49655	453.242	656.396	0	4510.329
	2006	57201	511.110	715.274	0	5047.182
	2007	66111	493.031	688.140	0	5221.733
	2008	76974	573.327	739.027	0	5928.675
	2009	96626	754.573	893.795	0	7469.797
	2010	116569	959.550	1117.445	0	9310.834
	2011	140019	1260.804	1387.417	0	11294.190

续表

技术溢出	年份	企业/家	均值	标准差	最小值	最大值
间接技术溢出	2012	172790	1450.188	1558.515	0	12822.250
	2013	194830	1450.462	1549.553	0	12180.740
	2014	205732	1657.698	1677.207	0	13834.460
	2015	227256	1771.425	1821.642	0	14095.000

从表 8.10 中可以看出，无论是直接技术溢出度还是间接技术溢出度，2001 年至 2015 年企业的技术溢出度总体呈上升趋势，这意味着企业间的技术溢出效应越发显著，总体而言，企业的专利对其他企业创新的促进作用越来越大。而引入国千人才对引入企业直接技术溢出度的影响如表 8.11 所示。

表 8.11　引入国千人才对企业直接技术溢出度的影响

变量	L0	L1	L2	L3
D	−0.0608	0.2211***	0.2475***	0.0185
L. sp_zj	0.0784***	0.0784***	0.0787***	0.0801***
L. lnnum_gr	−0.0012	−0.0013	−0.0025	−0.0023
lnincome	0.0921***	0.0923***	0.0892***	0.0880***
lnasset	0.0081	0.0078	0.0044	−0.0004
lnl	0.0014	0.0014	0.0043	0.0071
企业固定效应	存在	存在	存在	存在
时间固定效应	存在	存在	存在	存在
R^2	0.2238	0.2238	0.2160	0.2059
样本数	11697	11697	11676	11639

注：*** 表示 99%的置信水平。

从表 8.11 中可以看出，引入国千人才对企业的当期企业直接技术溢出度并没有显著影响，而在 1 年后、2 年后企业的直接技术溢出度显著上升，3 年后企业直接技术溢出度没有受到显著影响，而上一期企业直接技术溢出度增加 1%，本期企业直接技术溢出度显著增加 0.08%左右，上一期累计专利授权数对企业直接技术溢出度的影响不显著。在企业经营情况上，企业的营业收入增加1%，企业直接技术溢出度显著上升0.09%左右。而在企业规模上，企业的总资产和员工数对企业直接技术溢出度的影响并不显著。

而在企业间接技术溢出度上，引入国千对企业的当期以及1年后的企业间接技术溢出度并没有受到显著影响，而在2年、3年后企业的间接技术溢出度显著上升，而上一期企业直接技术溢出度增加1%，本期企业间接技术溢出度显著增加0.04%左右，上一期累计专利授权数对企业间接技术溢出度的影响不显著。在企业经营情况上，企业的营业收入增加1%，企业间接技术溢出度显著上升0.05%左右。而在企业规模上，企业的总资产和员工数对企业间接技术溢出度的影响并不显著(表8.12)。

表8.12　引入国千人才对企业间接接技术溢出度的影响

变量	L0	L1	L2	L3
D	−0.0552	−0.0070	0.2302***	0.1723***
L. sp_jj	0.0383***	0.0383***	0.0381***	0.0397***
L. lnnum_gr	−0.0087	−0.0088	−0.0082	−0.0063
lnincome	0.0527*	0.0529*	0.0487*	0.0462*
lnasset	0.0233	0.0231	0.0209	0.0153
lnl	0.0199	0.0199	0.0240	0.0294
企业固定效应	存在	存在	存在	存在
时间固定效应	存在	存在	存在	存在
R^2	0.2056	0.2056	0.1966	0.1847
样本数	11765	11765	11742	11703

注：*、***分别表示90%、99%的置信区间。

从以上实证分析中可知，企业引入国千人才能使得企业的技术溢出度显著提升，但同样存在滞后效应，直接技术溢出度在引入国千人才一两年后显著增加，而间接技术溢出度的滞后效应更为显著，在引入国千人才两三年后显著增加。

四、促进自由贸易港劳动力市场开放的战略举措

近年来，中国货物、资金国际流动性在不断提升，但人员流动性仍没有较大提升，与发达国家（地区）存在较大差距，甚至尚未达到中等偏上收入国家（地区）的平均水平，相关制度设计并不利于人力资本尤其是高端人才的跨境流动，在人力资本跨境流动管理上有着相关制度设计存在缺陷、申请审批程序烦琐、市场对资源的配置效应受限、国内各地方政府无序竞争、配套服务水平较低等五大问题。

随后，本章将创新引入异质性企业分析框架，分析人力资本流动对企业创新的影响，发现人力资本流动自由化会使得创新企业在进行创新时投入更多的高端人才，并提升企业的创新度，这些效应都是贸易自由化无法提供的。通过结合国千计划数据、专利数据库和上市公司数据库，本章也验证了理论分析中的结论。本章还发现引入国千人才对企业专利申请数的影响并不显著，引入国千人才对创新的影响主要体现在企业的创新质量以及技术溢出上，并且这些影响均存在一定的滞后效应，对企业引入国千人才当期的创新影响并不显著。

虽然加快要素尤其是高端人才要素自由流动对于中国创新型国家建设意义重大，但要素流动自由化进程过快会给中国经济乃至国家安全带来一定风险，因此应通过自由贸易港建设来对加快要素自由流动进行风险测试，以最小化今后在全国范围内加快要素自由流动所带来的风险。基于以上分析，本章对促进自由贸易港人力资本流动自由化提出以下政策建议。

第一，培育市场化人才引进体系。加强市场化人才引进体系建设，形成企业与海外高级人才良好的互动机制。根据企业和国内市场需求，加大对企业家和高级技术人员的引进力度，同时使国内研发机构和企业可以根据自身的行业类型和实际情况自主确定国际高级人才的引进方式，以便更好地发挥高级人才在其专业领域的创新能力。对于研发型机构和企业而言，应注重引进资历深、技术和研发经验丰富的人才，在引进高级人才要素后利用培训和研发交流等活动促进企业间和企业内的技

术溢出，以培育更多的研发储备人才。而对于科技创新型企业和互联网企业等企业而言，应更加注重对年轻化境外高级人才的引进，通过更多地开展交流会和研讨会等，加强文化多样性交流和思维碰撞，强化对时代潮流和行业动态的密切关注，提高企业在实用新型和外观设计方面的思维敏感性和创新能力。另外，研发机构和企业也可以自行成立高级人才要素引进机构，按照一定比例引进境外人才，以便更好地发挥不同类型高级人才要素对创新的驱动作用，提高企业的创新效率。构建与国际接轨的薪酬与激励制度，特别是对研发创新的薪资激励机制，积极探索引进海外高级人才的多元化分配方式和激励模式，引导企业内部建立多元人文关怀、企业文化交流和以能力和业绩为导向的人才评价机制等，使国际高级人才最大限度地发挥其创新能力。

第二，推进人才引进的“单一窗口”建设。借鉴自由贸易试验区“单一窗口”建设的经验，推进建设以“一窗受理、集成服务”为核心的人才引进“单一窗口”。推进行政审批资源协同化，在接件、办理、出件三个环节整合行政资源，实现审批服务事项由“一站式”向“一窗式”转变，单一部门独立收件向跨部门综合收件转变；推进行政审批服务标准化，编写行政审批办事指南和业务手册，优化、重组审批服务流程，减少不必要的环节和申请材料，细化、量化审批裁量标准，综合受理窗口对照材料清单实行“一次告知、一口受理”；推进行政审批信息共享化，依托政务服务网，积极推进部门业务专网与政务服务网互联互通，打破部门信息壁垒、前后置审批等“中梗阻”，通过完善信息支撑来助推“一窗受理”改革实际落地，打造全天候在线的网上审批服务平台。

第三，整合人才引进管理机构。引才政策要细化、具体化、准确化，目前外籍人才来华除工作之外还将进行诸如衣食住行等其他行为，这些行为受到外交部、公安部、教育部等部门共同管理，功能重叠、职能交叉的情况较为明显，在人才引进中应明确政府引才相关部门的权责划分，对相关管理部门进行整合，建立政府专门工作小组或者委员会强化人才引进过程中的部门协调，提升人才引进的质量与效率。

第四，完善高端人才配套服务。借鉴发达国家（地区）的先进经验，完善高端人才引进的配套服务体系，设立专门的境外人才咨询服务机构，提供就业需求和招聘信息、投融资信息、政策及法律咨询等服务，提供“一站式”服务，建设引入后的全程信息跟踪与工作反馈机制，实现人才信息和需求的及时对接，加大对科研机构研发和创新的经费投入或实施激励企业创新支出的税收政策，通过项目激发高级人才的创新潜能。完善知识产权保护制度，鼓励科研机构和企业为引进的境外高级人才设立各种激励政策以更有利于其创新能力的发挥。加大知识产权保护力度，健全知识产权保护法律，尤其是针对高级人才的知识产权保护，保障高级人才持续有效地发挥其创新能力。

第九章
以推进人民币国际化为核心的金融开放

2009年，中国成为世界第一大贸易出口国，并于2013年超越美国一跃成为全球第一大货物贸易国，在货物贸易上取得了巨大成就。然而中国在金融开放上的进展远落后于贸易，从发达国家（地区）的经验和学界的研究来看，金融开放是经济发展的重要动力。目前中国金融开放度与发达国家（地区）相比仍存在一定差距，在金融开放上需要突破，而突破的关键在于防范金融开放所带来的风险。自由贸易港建设能在较小范围内进行金融开放的试验，为今后中国金融全面开放提供经验借鉴。因此，在自贸试验区已有成果的基础上进一步通过自贸港建设推进以人民币国际化为核心的金融开放就具有必要性和现实性。

一、金融开放的国际背景分析

布雷顿森林体系在全球范围内构建了统一的货币制度，并且相对金本位制可以提供满足经济增长相应需求的货币供给，保证了资本跨国流动的可能性。但真正的全球性金融开放却兴起于布雷顿森林体系崩溃之时：国际金融危机使美元的国际地位下降，欧元的诞生和日本的崛起加剧了这一危机，使世界各国（地区）从固定汇率制转向浮动汇率制，并逐步放开对于资本跨国（地区）流动的限制。虽然从20世纪初开始资本全球化进程并不是一帆风顺，但在经历了二战、石油危机、债务危机后，经济全球化的趋势仍然强劲，国际金融市场也愈加繁荣。

21世纪以来，世界各国（地区）均已放松或解除外汇管制，逐步放开国（地区）内金融市场，各经济体之间还通过签署协定的方式形成一个日渐统一的国际标准，以促进全球金融市场的发展。与商品的国际贸易类似，金融开放最初也发生在发达经济体之间，并且随着市场的扩大和成熟，发达经济体的金融机构也开始通过收购、兼并等行为提高其全球影响力，占据垄断地位。究其原因可以发现，通过金融开放，发达国家（地区）可以促进经济增长（Edwards，2001），同时还可以分散国（地区）内金融风险，降低货币危机发生概率，并在危机过后尽快恢复经济发展（Ito，2004）。

近些年，以金砖五国为代表的新兴市场也开始通过不同程度的金融开放政策积极参与到金融全球化进程中，人民币加入特别提款权（special drawing right，SDR）更进一步说明发展中国家（地区）在全球金融体系的影响不容忽视，并将在将来进一步挑战发达经济体的地位。虽然在2016年发生了英国脱欧、美国退出TPP等经济金融逆全球化的事件，但在2017年12月，日本和欧盟还是签署了名为Economic Partnership Agreement的大规模自由贸易协议来对抗贸易保护主义。因而目前，全球金融形式总体上仍呈现货币体系全球化、金融市场国际化、国际金融机构竞争格局国际化、国际金融监管国际化的态势（南京大学中国经济改革研究基金会，2017）。

对于金融开放，学界一般从资本账户开放和金融市场开放两个维度展开研究，其中金融市场开放主要指股票市场开放（陈雨露、罗煜，2007）。学界整体上已经在股票市场开放可以促进经济增长这一点上取得了共识，但在资本账户开放是否会使经济增长这一问题上长期以来存在争议。因此，需要深入了解在自由贸易港实行金融开放会对自贸港乃至整个中国的经济造成什么样的影响。首先对于不同发展程度的经济体，金融开放对于经济增长的影响机制和最终效果都是不同的，发展中经济体有可能在金融开放的过程中受制于实体经济的发展而出现瓶颈，造成经济不能长期持续增长（李泽广、吕剑，2017）。如果从发展中国家

（地区）中再细分出一类“新兴市场国家（地区）”，则可以发现金融开放对于这一类国家（地区）的经济增长存在显著的正向作用（吴卫锋，2012），而具体到中国，无论是从整体上（张小波、傅强，2011）还是从各省（陶雄华、谢寿琼，2017）层面来看，都有学者通过实证研究证实了金融开放对中国经济增长的促进作用。

当然金融开放也会给一国（地区）经济带来风险，降低该国（地区）经济的稳定性。特别对于发展中国家（地区）而言，更容易在打开金融市场后受到世界经济波动的影响。近些年中国学者也在不遗余力地研究这一问题，发现如果在宏观经济较平稳的时期，金融开放反而能将本国（地区）的经济冲击稀释，减小国（地区）内经济波动，不过值得注意的是，在宏观金融风险较大时，金融开放也会加剧国（地区）内经济波动。综合看来，现在正是进一步打开中国金融市场的良好时机，可以以自由贸易港为起点，逐步落实金融开放政策，探索出一条适合中国走的金融发展之路。与此同时，也要不断完善金融市场体系，增强其抵御风险的能力。

二、金融开放的国际经验借鉴

本章将主要对日本、韩国、新加坡、欧盟金融开放的相关经验进行归纳总结，为自贸港金融开放提供相关经验借鉴。

（一）日本

20 世纪 60 年代后半期，日本国内金融业开始对外开放，但是外资银行在日本经营却受限制，比如不得自由设立存款利率，对资金的吸收进行价格竞争受到限制。同时日本相互持股的交易惯例也阻碍了国外金融机构收购日本企业。而日本金融机构不断向海外发展，因此日本的金融对外开放在金融机构进出方面呈现极不平衡的格局。

1980 年日本修改外汇法，逐渐废除“日元转换”的限制，基本上放开了资本管制，实现了资本项目下的日元可兑换，推动了外资向日本金融、证券市场的投资。在 1986 年，日本又进一步于东京设立境内离岸金融市场，使金融开放得以继续推进。金融开放扩大了金融市场规模，丰富了企业的融资渠道，加大了金融机构的竞争，促进了非银行金融机构的发展。

在对外投资方面，日本对外证券投资远远高于直接投资。证券投资总额从 1984 年的 876 亿美元增加到 1987 年的 3397 亿美元，而直接投资总额从 1984 年的 379 亿美元增加到 1987 年的 770 亿美元。日元升值大大降低了日本企业到海外投资的成本。这一时期日本加快海外直接投资，促进国内产业结构升级。同时日本企业大肆收购美国的金融业和房地产，获得高收益，国际收支顺差加大。在引进外资方面则以间接投资为主。20 世纪七八十年代，日本将技术引进作为外资管理的重要内容，采取个别审批制度，引进直接投资的目的是获得外资的商标和技术，企业资金主要用于企业内部技术改造和固定资产更新。所以日本企业广泛利用外国间接投资，填补资金缺口，购买或者学习西方先进生产技术，模仿、改进外国产品来提高自己产品的质量，这有利于向技术型产业转型升级，同时避免对外资的过度依赖。

但 20 世纪 90 年代后，在高速增长时期发挥高效作用的引进吸收型技术遇到一系列问题。泡沫经济时期，大企业把资本市场融入的资金用于外汇市场和股票市场，没有用于实体经济，不利于技术进步；泡沫破裂后，整个社会处于惜贷局面，企业融入的资金减少，不利于经济转型。

（二）韩国

韩国在 20 世纪 80 年代扩大金融开放，但金融市场的过度开放，催生了韩国对国际市场高度依赖的外向型经济，1997 年金融危机显示了韩国金融市场的脆弱性。国际市场一旦有任何“风吹草动”，海外资本往往就会大规模出逃，所以韩国没有结合本国实际情况，实施合理的金融开放顺序，其经济转型是不成功的。

1993 年韩国为了成为 OECD 成员，同意向发达国家（地区）投资者逐步开放金融市场。韩国首先放开了国外短期信贷市场，限制长期贷款和股权投资市场。由于韩国政府之前一直为企业提供贷款担保，所以金融开放促使大企业过度借贷，短期外债急剧增加，负债率攀升，财务风险加大。同时借入的短期资金不是投放在实体经济，而是投在股票和房地产项目上，这加重了通货膨胀和经济泡沫。1997 年危机爆发后，大量的财阀破产倒闭，银行不良贷款剧增，银行业受到严重打击，不利于经济稳定发展。

在吸引外资方面，韩国于 1984 年建立了外商投资负面清单管理制度，逐步缩减负面清单，外资涉及的行业范围越来越广。但是到 1997 年金融危机前，韩国更多地依赖外资贷款，外商直接投资仅占国内投资的 0.5%，而且主要集中于低技术行业和资源密集型行业，国际资本对促进韩国技术进步作用不大，不利于韩国经济转型。1997 年金融危机后，韩国接受 IMF 的改革计划，更进一步放松监管，进行金融开放，通过吸引外资达到稳定金融体系和摆脱危机困境的目的。自由化的政策和韩元急速贬值导致韩国资产价格低廉，外商直接投资迅速增加，主要集中于服务业和高科技行业。尤其韩国政府为了挽救银行业，向外资企业出售银行股票，期望国际资本带来先进的管理经验，稳定国内的金融体系。虽然这项举措制约了财阀的势力，但由于引进的大多是投资基金，其以赚取短期收益为目的，没有达到韩国政府的预期。

在对外投资方面，20 世纪 90 年代之前，韩国进行对外直接投资是为了保障自然资源供应；20 世纪 90 年代中期以后，韩国进行对外直接投资主要是为了规避贸易摩擦和利用国外低成本劳动力。韩国是个高度依赖于出口导向型经济的国家，这导致了目前韩国的经济结构不平衡。尤其是韩国的支柱产业，如电子、汽车和轮船制造等高技术制造业，以及化工行业和钢铁行业等的发展，无不与国际市场需求和原材料价格走势息息相关，国际市场稍有变化或者韩元汇率稍有波动，便很容易对企业的经营产生重大影响，并传导至韩国金融市场。所以韩国积极与能源富裕的国家和其他周围国家签订自由贸易协定，拓宽其进口和出口市场，以维持经济环境稳定，促进经济结构转型。

（三）新加坡

早在 1968 年，新加坡就授权美国美洲银行从事亚洲货币单位的相关经营业务，创建了亚洲美元市场。1978 年新加坡全面取消外汇管制，吸引了大量的国际资本和外资银行在新加坡设立分支机构。新加坡离岸市场采用内外分离的模式，这既可以有效地利用外资，使本国金融业与国际市场接轨，促进金融体制的改革，提高金融业经营水平，又有效阻止了资本频繁进出本国市场等外来冲击损害本国经济。新加坡坚持新元不国际化的立场，实行防止新元流出境外的监管措施，同时政府通过强制的公积金制度，将本国居民的一部分私人储蓄转化为政府控制，同时注意限制国外资本的流入，确保国内金融控制权在自己手中，这有利于国内金融业的稳定。其次，新加坡采取选择性引入的方法，通过执照限制进入市场以及控制其经营业务范围，对外资银行进行较为严格的监管。此外，金融管理当局也明确了外资银行的引入目的，即引入对新加坡经济做出贡献、长期经营的大型国际金融机构。新加坡政府从源头上把关，避免了大量银行倒闭事件。在营业执照的控制方面，新加坡对于商业银行颁发三种执照，分别使其可以进行全面经营、部分经营以及离岸经营。通过这种分类授权，新加坡政府加强了对于外资金融机构的经营监管，鼓励本地银行进行合并和改革，提高了新加坡银行的竞争力。

在外商直接投资方面，对投资于劳动密集型和技术水平较低的工业，取消外商优惠待遇并加以限制，以促进外商将资金和就技术投向高科技的工业。1988 年外资投入制造业金额达到 17 亿新元，占制造业投资额的 83.6%，其中石油部门最多，其次是电子部门。新加坡政府于 1980 年开始兴建新技术研究开发密集区——科技园区，要求每项研发活动必须有本国科技人员参加，外资必须与新加坡的有关机构或公司联合进行科技开发，而且一切研究成果必须在新加坡运用，这样有重点地促进高科技的研究和开发，促进产业机构向高科技、高附加值转变。

1985 年新加坡遭遇第一次经济衰退后，政府提出将海外投资作为促进本国经济长期发展的策略来实施，以世界为“腹地”，发展外向型经济，减少外向型经济的波动。鼓励国内企业将劳动密集型工业向外转移，主要投资在东南亚，推动国内产业结构高度化。一般是以淡马锡为代表的政联企业担当起新加坡海外投资的先锋，取得成功和经验后，中小企业再纷纷跟进。同时政府为了获取一般贸易途径和技术特许得不到的先进技术，采取到欧美等国家（地区）进行研究开发型直接投资的措施，直接猎取最新技术和市场，比如新加坡开始对美国硅谷地带的高科技创新企业进行风险投资。这种研究开发型直接投资有助于提高全要素生产率，推动科技创新型经济的发展。

（四）欧盟

从表面来看欧盟国家的金融开放度较高，比如在其对 WTO 金融开放的承诺中，并没有发现欧盟成员对外资金融机构设置带有歧视性质的准入障碍，其资本账户也有着很高的开放度。但实际上，外资金融机构并没有在欧盟市场中占据较大市场份额，反而在越发达的成员中，其市场份额越低。欧盟金融市场的内向国际化水平已经较高，外向国际化水平仍然很低，因而欧盟实际的开放度很低。这主要是由于欧盟国家在金融开放过程中所采取的特别保护政策，而这同时也体现欧盟在金融开放过程中的特点，主要包括：

第一，以对等开放为原则，尤其注重对等。通过欧盟发布的银行、保险和投资指南可以发现，欧盟与其他国家（地区）在缔约时要相互给予国民待遇，如果对方没有履行这一约定，那欧盟也不会允许对方的金融机构进入自己的市场。欧洲大多数国家，无论是欧盟成员还是非成员，都非常重视这一对等原则，以此作为对方金融机构进入本国市场开展经营业务的先决条件。比如，法国要求想要进入其市场的非欧盟成员的金融机构，其母国（地区）必须也要允许法国金融机构在其市场经营。所以法国并不看重外资金融机构的营业场所位置和注册国家（地区），而是通过其最终所有者进行判断，来执行对等开放的原则。此外欧洲其他国家（地区）也都制定了类似的规则。对等开放原则在很大程度上保护了本国（地区）金融的安全以及金融机构的权益，防止外资金融机构不受控制地大量涌入本国（地区）市场，对本土金融机构造成冲击，也能保证本国（地区）金融机构顺利进入缔约国（地区）的金融市场，和对方金融机构有着平等的机会和环境进行竞争。但代价就是欧盟国家的实际金融开放度要大大低于其他发达经济体，从而进一步造成一些经济发展的迟缓甚至停滞。

第二，长期采取以银行为主导的混合经营模式，银行功能繁多，并对证券和保险业有控制权。欧盟国家在金融方面历来采取这种制度,没有将银行、证券、保险三种金融业务分开经营。这种方式虽然可能较为适应欧盟的经济状况,但却使外资金融机构难以融入欧盟金融市场。这种情况在德国尤为明显,德国在二战后的经济复苏时期就开始实行全能银行制,这种大包大揽的银行制度使各类金融机构间不存在清晰的业务界限,也没有细致的分工,银行可以综合经营其本身的存款、贷款业务以及证券、保险的相关业务。但这种方式在经济分工高度全球化的今天是否还可以继续实施,是个不容忽视的问题。

第三,确保维持规模庞大的公共金融体系。欧洲大陆的大多数国家都很看重政府在经济中的调节作用,因此其在金融市场上也一直保持着规模庞大的公共金融机构。2004 年年底,公共银行资产就占了德国银行总资产的 57%,超过了半数。这种国有机构占据市场主导地位的情况也是外资金融机构难以融入德国金融市场的重要原因之一。首先,大量公共金融机构会在无形中将本国金融市场划分为两块,即公共金融机构和私人金融机构。而公共金融机构所在的领域一般为政府管制领域,限制外资进入,或者是偏向公益服务类的业务,如用于长期住房建设、公共事业投资或者面向中小企业的特殊政策性目标服务。这些业务利润较低,外资一般不愿进入。所以规模庞大的公共金融体系会阻止市场的进一步开放,使外资进入时左右为难。其次,公共金融机构还会享受到各种政府的补贴性待遇,使外资金融机构难以在同一公平环境下与其竞争。无论是法国的合作银行还是德国、西班牙和瑞士的储蓄银行都由于存在政府的背书,明显占据着金融市场的优势地位。综上可以发现,公共金融机构的存在,尤其是在其规模庞大的情况下,对于金融开放的确存在着明显的阻碍作用,但也确实可以有效保护国(地区)内金融市场的稳定以及促进国(地区)内金融机构的成长。

第四,严格限制外资并购。自 1999 年开始,欧盟银行业发生的所有并购交易中,只有不到 20%属于跨境交易,而在非金融行业中,这一比例却高达 50%。可以发现欧盟各国同中国类似,在贸易高度开放的同时,对于金融开放却一直持有审慎的态度。与中国不同的是,欧盟各国经常发生本国银行之间的并购，但相同的是，都对跨境金融机构的并购有着或多或少的限制。当然，欧盟对于本国金融机构进行的对外并购活动并没有太严格的限制。比如在法国，不管外资机构要收购多少股份，哪怕在收购后不能掌握其控制权，都必须在收购前先行申请，在获得批准后才能进行收购。针对金融机构，并购发生的重要原因之一就是分摊风险。然而欧盟作为一个大经济体在经济和金融方面越来越存在趋同现象，这无疑使欧盟各成员国内的金融并购变得越来越没有分摊风险的作用，加之其对于外资进入的严格限制，可能造成欧盟各国内的企业融资不足，从而阻碍经济的进一步发展。这究竟是保护还是损害了欧盟的利益，还有待通过进一步研究和观察来验证。

三、自由贸易试验区下的金融开放

2013 年中国在上海设立了内地首个自由贸易试验区，而上海作为中国内地金融业最发达的国际大都市，自然也承担了试点金融开放的责任。两年后，国务院在上海自贸试验区的基础上，在同一年先后设立了天津、广东、福建 3 个自由贸易试验区。中国人民银行又进一步制定了具体实施细则，并对上海自贸试验区的金融开放提出了新的“金改 40 条”，再次加大金融开放的探索和实施力度。各自贸试验区的具体金融开放细则大致可以总结如下。

（一）上海自贸试验区（2013 年）

总体要求：服务实体经济，参与国际竞争；改革创新，先行先试；坚持风险可控。

创新有利于风险管理的账户体系：①个人可通过设立本外币自由贸易账户实现分账核算管理，进行投融资；②各自由贸易账户之间的资金可自由划转；③自由贸易账户可办理跨境融资、担保等业务；④金融机构通过设立试验区分账核算，以单元为主体开立自由贸易账户，提供相关金融服务。

探索投融资汇兑便利：①促进企业跨境直接投资便利化；②便利个人跨境投资；③稳步开放资本市场；④促进对外融资便利化；⑤提供多样

化风险对冲手段。

扩大人民币跨境使用:①金融机构可在审慎原则下直接办理经常项下直接投资的跨境人民币结算业务;②为跨境电子商务提供人民币结算服务;③金融机构和企业可从境外借用人民币资金,但不得用于投资;④企业可开展集团内双向人民币资金池业务。

稳步推进利率市场化:①推进试验区利率市场化体系建设;②完善利率市场化的定价监测机制;③探索实现大额可转让存单的发行;④条件具备时开放一般账户小额外币存款利率上限。

深化外汇管理改革:①发展总部经济和新型贸易,促进贸易投资便利化;②简化直接投资外汇登记手续;③开展境内外租赁服务;④取消向境外支付担保费的核准,机构可直接办理担保费购付汇手续;⑤开展大宗商品衍生品的柜台交易,完善结售汇管理。

风险监管:①进行跨境资金异常流动监控,履行反洗钱、反恐融资、反逃税义务;②通过建立综合信息监管平台对区内非金融机构进行监管;③分账核算单元业务计入其法人行的资本充足率核算,以平衡为原则进行流动性管理;④实施金融宏观审慎管理,加强各监管机构之间的沟通;⑤确定风险可控、稳步推进的原则。

(二)上海自贸试验区(2015 年)

总体要求:服务实体经济,促进贸易和投资便利化;坚持风险可控;建立上海国际金融中心,为全国深化金融改革和扩大金融开放服务。

率先实现人民币资本项目可兑换:①逐步提高资本项下各项目可兑换度;②抓紧启动自由贸易账户本外币一体化各项业务,拓展自由贸易账户功能;③规范自由贸易账户开立和使用条件,严格实行银行账户实名制;④允许个人开展境外实业投资、不动产投资和金融类投资;⑤扩大机构和个人在境内外证券期货市场投资;⑥建立健全宏观审慎管理框架下的境外融资和资本流动管理体系;⑦创新外汇管理体制,探索限额内可兑换试点,放宽跨境资本流动限制。

进一步扩大人民币跨境使用:①支持企业的境外母公司或子公司在境内发行人民币债券;②支持个体工商户向其在境外经营主体提供跨境

人民币资金支持;③拓宽境外人民币投资回流渠道,创新人民币金融产品在国际范围交易。

扩大金融服务业对内对外开放:①支持民营资本进入金融业;②支持各类符合条件的银行业金融机构进入自贸试验区经营;③支持有资格的银行扩大相关离岸业务;④设立面向机构投资者的非标资产交易平台;⑤支持证券期货经营机构开展证券期货业务交叉持牌试点;⑥允许公募基金管理公司设立专门从事指数基金管理业务的专业子公司;⑦支持证券期货经营机构开展跨境经济和跨境资产管理业务,开展参与境外证券期货和衍生品交易试点;⑧支持设立专业从事境外股权投资的项目公司,支持投资者设立境外股权投资基金;⑨允许外资金融机构在自贸试验区内设立合资证券公司(外资持股比不超过49%);⑩支持设立保险资产管理公司及子公司、保险资金运用中心;⑪完善再保险产业链;⑫支持设立外资健康保险机构;⑬支持互联网金融的创新发展;⑭支持科技金融发展,探索投贷联动试点,促进创业;⑮研究开展金融业综合经营,探索设立金融控股公司;⑯试点开展涉及外资的国家安全审查;⑰发展各类功能性金融机构;⑱支持设立法人金融机构,拓展海外市场。

加快建设面向国际的金融市场:①支持中国外汇交易中心建设国际金融资产交易平台;②加快上海黄金交易所国际业务板块后续建设;③支持上海证交所在自贸试验区设立国际金融资产交易平台,有序引入境外长期资金参与境内股票、债券、基金市场;④支持上海期货交易所加快国际能源交易中心建设,尽快上市原油期货;⑤设立上海保险交易所;⑥支持上海清算所提供航运金融和大宗商品场外衍生品的清算服务;⑦支持股权托管交易机构为科技型中小企业提供综合金融服务,吸引境外投资者参与。

加强金融监管,防范风险:①完善金融监管体制;②加强金融监管服务能力建设,探索本外币一体化监管体系;③加强各监管机构之间的沟通协调;④加强跨境资金流动监测分析机制和反洗钱、反恐怖融资以及反逃税工作机制;⑤进一步完善金融信用制度建设;⑥试点措施与国家法律法规不一致的,提请国务院做出调整。

（三）福建自贸试验区

总体要求：服务实体经济；深化两岸金融合作；推进准入前国民待遇和负面清单管理模式；坚持风险可控。

扩大人民币跨境使用：①银行可为企业直接办理跨境投资人民币结算业务；②在宏观审慎原则下，自贸试验区银行可与中国台湾同业按一定比例跨境拆入人民币短期借款；③企业可在框架下从境外借用人民币资金用于自贸试验区建设，但不得用于投资证券等；④金融机构和企业可在境外发行人民币债券，自贸试验区内企业的母公司可在境内发行人民币债券；⑤设立跨境人民币投资基金，开展跨境人民币双向投资业务；⑥开展人民币计价结算的跨境租赁资产交易；⑦跨国企业开展集团内跨境双向人民币资金池业务；⑧符合条件的企业可以开展人民币境外证券和境外衍生品等投资业务；⑨个人可开展经常项下、投资项下跨境人民币结算业务。

深化外汇管理改革：①促进贸易投资便利化；②实行限额内资本项目可兑换；③推动外债宏观审慎管理，逐步统一境内机构外债政策；④发展总部经济和结算中心；⑤支持银行发展人民币与外汇衍生产品服务。

拓展金融服务：①探索相应的账户管理体系，促进贸易投资便利化；②创建金融集成电路卡“一卡通”示范区；③支持企业依法申请互联网支付业务许可开展业务。

金融协作：促进海峡两岸金融合作。

风险监管：①遵循“展业三原则”建立内控制度，完善审查机制；②真实合法交易；③加强跨境资金流动监管；④保护金融消费权益；⑤加强各监管机构之间的沟通；⑥探索在自贸试验区内建立和完善跨境资金流动监测预警指标体系。

（四）天津自贸试验区

总体要求：服务实体经济；深化体制机制改革；有效防范金融风险；稳步有序推进开放。

扩大人民币跨境使用：①可从境外按宏观审慎原则借用人民币资金

用于国家宏观调控方向的领域，金融机构可向境外同业跨境拆出短期人民币资金；②可在境外发行人民币债券，自贸试验区内企业的母公司可在境内发行人民币债券；③完善以人民币计价的交易平台，提供人民币计价的交割和结算服务；④符合条件的企业可开展人民币境外证券投资和境外衍生品等投资业务；⑤跨国企业开展跨境双向人民币资金池业务；⑥研究个人开展人民币境外投资的可行性。

深化外汇管理改革：①促进贸易投资便利化；②实行限额内资本项目可兑换；③推动外债宏观审慎管理，逐步统一境内机构外债政策；④发展总部经济和结算中心；⑤支持银行发展人民币与外汇衍生产品服务。

拓展金融服务：①探索相应的账户管理体系，促进贸易投资便利化；②创建金融集成电路卡"一卡通"示范区。

金融协作：津京冀地区金融协同。

风险监管：①真实合法交易；②加强跨境资金流动监管；③保护金融消费权益；④加强各监管机构之间的沟通。

其他：促进租赁业发展。

（五）广东自贸试验区

总体要求：服务实体经济；全面深化改革；坚持粤港澳一体化发展；坚守金融风险底线。

扩大人民币跨境使用：①开展跨境人民币双向融资；②支持融资租赁机构开展跨境双向人民币资金池业务、人民币租赁资产跨境转让业务；③跨国企业开展跨境双向人民币资金池业务；④完善交易平台，推动跨境交易以人民币计价和结算；⑤拓展跨境电子商务人民币结算业务；⑥研究个人以人民币开展投资和进行资产转移业务的可行性。

深化外汇管理改革：①促进贸易投资便利化；②实行限额内资本项目可兑换；③推动外债宏观审慎管理，逐步统一境内机构外债政策；④发展总部经济和结算中心；⑤支持银行发展人民币与外汇衍生产品服务。

拓展金融服务：①探索相应的账户管理体系，促进贸易投资便利化；②创建金融集成电路卡"一卡通"示范区；③推动社会信用体系建设，探索在跨境融资中引入信用评级机制；④加大对于创新创业的金融支持力度。

金融协作：深化粤港澳区域金融合作。

风险监管：①加强组织协调；②遵循“展业三原则”，加强跨境资金流动风险防控；③加强反洗钱、反恐融资管理；④保护金融消费权益；⑤加强各监管机构之间的沟通。

综合对比可以看出，中国自贸试验区在人民币资本项目可兑换方面改善明显，与实现完全可兑换距离并不遥远，但在人民币跨境流动、金融服务开放范围和多样性方面还做得不够，并且各自贸试验区在金融协作方面也只重点着眼于周边地区，只有上海定位于国际市场。同时，对于金融监管体系的建设也仍在探索中，相应的法律法规以及配套措施也处于筹划阶段，这也削弱了中国抵御金融风险的能力，限制了金融开放的速度。

四、促进自由贸易港金融开放的战略举措

人民币国际化是中国现阶段金融开放的核心内容，推进人民币国际化不仅可以推动中国金融市场的逐步开放，更能够对宏观经济产生直接影响：一方面可以带动金融行业转型升级，助推中国供给侧结构性改革；另一方面也能削弱美元的霸权地位，减少中国对美元的依赖，降低大量储备外汇的风险，同时帮助货币政策得到进一步完善（樊茹月，2017）。

已有研究认为，人民币国际化需要五大条件：强大的经济实力、综合国力；开放的金融市场；稳定的币值和合理的汇率制度；其他国家对于中国政治稳定的信心；占比较大的贸易交易量（彭红枫等，2015）。对照中国当今的现实情况可以发现，经济强大、政治稳定、外贸交易量大都是有利于人民币国际化的条件，这表明中国已经具备了推进人民币国际化的基础，2016 年 10 月人民币被国际货币基金组织批准加入 SDR 也充分说明了这一点。但围绕另外两个条件，学界尚有争论。有的学者认为，要先完成汇率改革（简称“汇改”），开放金融市场，再大力推进人民币国际化，以防对国内金融的稳定造成重大冲击；另有学者认为，可以先于汇改完成人民币国际化。

其实早在 2005 年，中国就实行了第一轮汇改，在此之后，又根据中国的经济现状和国际形势不断对汇率制度进行调整。经济学上把汇率制度分为固定汇率制和浮动汇率制，但金融开放也并不意味着完全实行浮动汇率，在不同形势下，固定汇率制或者有限度的浮动汇率都是保持经济金融稳定的好选择。故完全可以在不断加大汇改力度的同时，推进人民币国际化。同时，在自由贸易港推进人民币国际化还可以更好地控制风险，避免国际金融对境内市场造成冲击，在理论上兼顾了改革与稳定。因此，我们可以一方面继续加快实行利率和汇率市场化，另一方面在自由贸易港这一区域范围内推进人民币国际化的进程。

无论是从以往的货币国际化历史还是从学界的研究结果看，人民币国际化都将是一个长期过程，这一结果的实现是市场和政府政策共同作用的结果，其中市场作用又占据主导地位，但在自贸港这一局部地区，政府政策的作用同样十分重要。学界一般认为，一种货币的国际化从空间上看，是从周边化到区域化再到国际化；从职能上看，是从结算货币到投资货币再到储备货币。人民币尚处于国际化的起点，自 2008 年开始，中国与马来西亚、阿根廷、韩国等 33 个有贸易往来的国家先后签署双边货币互换协议，避免了双方都要兑换美元这一中间过程，并在随后于 2011 年 8 月在全国范围内推广人民币的跨境贸易结算。在已有基础上，2017 年 7 月的中央财经领导小组会议进一步提出要有序推进资本项目开放，稳步推动人民币国际化。自由贸易港的成立也应成为人民币国际化的新契机，通过各种政策助推人民币国际化与金融开放同步发展。

（一）提高大宗商品国际定价权以提升人民币国际地位

第一，贸易主体放开。全面放开境内外企业和个人在自贸港内注册贸易公司、开设离岸银行账户、从事大宗商品贸易和交易、进行贸易金融产品投融资。充分利用世界油商大会成果，搭建多渠道招商平台，实行准入前国民待遇加负面清单管理制度，打造国际化、法制化、便利化的营商环境。在符合国家相关产业政策的前提下，全面放开自贸港内企业与港外境内企业的贸易限制（内贸）。

第二，经营资质放开。全面允许所有不同税号下的保税燃料油混兑。同时,赋予自贸港进一步先行先试的权力,全面放开自贸港内油品贸易企业在原油、成品油方面的经营资质、进出口资质和配额,推进自贸港内油品贸易企业资质合法的国家层面特许认可,营造全面开放的经营环境。

第三,交易模式创新。允许有实力的进出口企业开展大宗商品场外(over-the-counter,OTC)交易,加快油品场外交易品种的研发。允许在自贸港内建设具有连续交易、电子撮合和竞价交易属性的大宗商品交易所,提升大宗商品交易的国际性价格发现功能,增强大宗商品的金融化和证券化属性。适时推出各种以人民币计价的大宗商品远期、期货、期权、掉期等衍生品交易,开展期现结合的投融资和风险管理业务。允许中介机构开展标准化大宗商品上市辅导服务,丰富大宗商品交易品种。适时推出大宗商品交易清算所,推动建设具有国际影响力的、以油品为核心的大宗商品交易人民币价格指数,对标布伦特和美国西德克萨斯轻质原油(WTI),进一步增强中国的大宗商品国际定价权,打造世界级油品交易中心。

第四,数据产业支撑。按照浙江省委省政府推进"最多跑一次"改革、打破信息孤岛的总体部署,打造一流的大宗商品交易数据中心、信息中心、资讯中心和集成服务中心,在自贸港内建成一个高效、统一、权威、开放、安全的油品全产业链大数据平台,形成质检、仓储、物流、交易、金融等后台数据与动态指数等前台数据相结合的世界一流的大宗商品数据存储、发布和运用中心,实现 EDI 标准化。通过大数据指导产业发展、进出口贸易和人民币的跨境使用,形成世界性影响力。

(二)港内企业全面推行人民币跨境贸易结算

Kenen(2011)研究认为,货币国际化的核心内容之一就是进行跨境贸易结算。而自 2009 年试点开展跨境贸易人民币结算业务开始,中国就着手为人民币的跨境贸易结算进行布局。中国人民银行明确提出了"在出口信用证、托收、汇款等业务领域以人民币报关,并以人民币结算的进出口贸易结算方式"。经过近 10 年的努力,中国已与多个国家和地区达成货币互换协议,并通过天津、广东、福建、上海等自贸试验区的建设推进其发展。但人民币跨境贸易结算仍面临着跨境结算规模偏小、企业议价能力薄弱、利用香港离岸金融市场进行套利、进行虚假贸易等问题(王朝勇等,2015)。学者也对其影响因素进行了分析,比如商业银行金融服务水平有限、境外人民币汇率波动较大、没有成熟的人民币境外结算与清算系统、境外人民币来源不足、非居民持有人民币的风险对冲机制缺失等(李婧,2011)。

据此,要使自贸港内企业可以顺利推行人民币跨境贸易结算,需要在以下方面做出努力:第一,培养港内企业,尤其是本土企业的创新能力。创新是竞争力的重要来源,无论是发明创造一项新技术,或者是对已有技术进行首次商业化,都可以提高企业在行业内的地位,增加议价能力与话语权。当中国企业在各自的行业内的地位变得举足轻重时,以人民币进行跨境贸易结算也就变得水到渠成。第二,完善商业银行的境外金融服务系统,探索建立与自由贸易港相适应的本外币账户管理体系。在初始阶段,可以对商业银行的境外服务资质进行管控,仍以“五大行”为主对境外客户提供金融服务,但应注重服务的多样化,尤其关注个人客户的需求,并与境外银行签订协议,帮助其建立一套完善的人民币结算体系。第三,增加自贸港内金融市场上的人民币金融产品。使人民币持有者的投资渠道多样化,既可以用来换取商品、服务,又可以进行投资,增加人民币持有者对于人民币的需求,降低其持有人民币带来的风险。人民币持有量的上升会使越来越多的个人或企业在考虑到币种兑换的成本后,愿意直接使用人民币进行贸易。第四,扩大人民币离岸市场规模。目前来看,中国香港有着最大的人民币离岸市场,并且在初期市场人民币的存量较小时,汇率波动曾经非常大,这恶化了贸易环境,并给投机者创造了套利空间,造成虚假的跨境贸易交易。反之,如果一种货币的汇率比较稳定,波动较小,就会增强货币持有者的信心,使其乐于用该货币进行贸易结算或投资。可以利用自贸港的优势地理条件建设一个人民币境内离岸市场,进一步扩大人民币的交易规模。

(三)将自由贸易港逐步发展为人民币境内离岸市场

通过中国香港的例子可以发现,大力发展离岸市场可以有效提升人民币在国际货币体系中的地位。离岸市场为非居民进行本币交易提供了平台,是当代金融业全球化得以迅猛发展的重要因素之一,也可以在本国(地区)金融市场开放度不足情况下为境外市场提供本币流动性与投融资渠道(丁一兵,2016)。但离岸市场仅是提升货币地位的一种手段,如果不能与在岸市场有效对接,形成协同发展,那么单单强调离岸市场的发展反而会加大境内货币调控难度,使境外资本更容易对在岸市场造成冲击,从而增加未来人民币定价权的不确定性。在岸市场完全开放后,离岸市场将与在岸市场相互融合,进而在不同的地理位置形成一个覆盖全球的、不间断交易的人民币市场。而原人民币离岸市场与在岸市场的界限也将淡化,表现为共同参与人民币业务的各金融中心之间的关系(乔依德等,2014)。石建勋、孙亮(2017)通过研究发现人民币在离岸市场的一体化已经初具雏形,但人民币在岸离岸市场的一体化水平仍较低,因此有必要进一步加强两者之间的联系。

为了更好地在这一时期提高离岸市场与在岸市场的一体化水平,可以借助自由贸易港处于“境内关外”的独特优势,建立一个人民币境内离岸市场。参考美国的国际银行设施(IBFs)和日本的公开市场(JOM),为了吸引离岸市场的金融机构到自贸港的金融市场上来,可以允许位于自贸港的银行通过设立单独账户的方式使用其境内的机构和设备向非居民客户提供存款和放款等金融服务,鼓励其从事离岸业务,同时中央银行可以放松对其贷款利率以及存款准备金率的要求,甚至允许其自行设定。这样一来,得益于自由贸易港独特的地理位置和政策待遇,建立境内离岸市场可以进一步增强人民币在离岸市场和在岸市场之间的流动,更好地促进人民币国际化,并且以点带面使全国范围内的金融市场开放得以稳步实施。另外,建立一个规模庞大的境内离岸金融市场还可以更好地避免人民币定价权被外国控制的风险,以最大限度地规避类似美元国际化时经历过的危机。

(四)设立自贸港金融机构,为境外投资者提供尽可能多的安全稳定的人民币投资产品

虽然当下中国经济的增长势头不同于往日那种令世人惊讶的速度,

但这也是经济转型和谋求可持续发展的必然代价。不可否认的是，中国依然是世界上经济发展速度最快的几个经济体之一，并且这种经济增长的稳定性普遍为外界所看好。经济的高速发展就意味着高投资回报，但与发展速度不相匹配的是，在金融方面，中国内地几乎没有为广大境外投资者提供人民币投资产品的交易市场，这就限制了人民币回流，同时也造成境外投资者对人民币需求的降低。在中国香港，许多与内地达成协议的外资银行陆续推出了一些以人民币计价的投资产品，包括保险、证券以及基金等，并且由于人民币的升值压力一直未变，外界也大都看好人民币升值空间，导致这些投资产品销量大好。

从现有情况看，可供国际投资者投资的人民币资产还非常有限，可供选择的期限也不尽合理，尤其缺乏流动性良好的短期固定收益产品，这就导致有效的人民币回流机制难以形成。针对以上问题，中国可以在自贸港开设自己的金融机构，提供多种人民币投资产品，拓宽人民币回流渠道，形成一个安全稳定的人民币投资产品交易市场。金融市场开放比资本账户开放难度更大，带来的风险也更高，但欲发展人民币投资产品就必须紧密配合金融市场开放。鉴于中国香港的成功经验，内地可在自贸港先行设置专门的商业银行经营人民币理财产品，再视情况逐步开设证券、基金交易所，从而为境外投资者提供不同期限、风险的差异化人民币投资产品。配合汇率与利率的逐步市场化，使境外资金对于境内经济的影响范围慢慢扩大，同时逐步完善相关法律法规，以点带面推动人民币国际化。

（五）扩大人民币的对外直接投资，鼓励企业做大做强，力争在自贸港内培育一批具有国际竞争力的大型跨国企业

研究发现 OFDI 对人民币国际化有正面影响（林乐芬、王少楠，2015），而实现 OFDI 的重要途径之一就是中国企业在国外成立子公司，通过绿地投资或者横向兼并形成跨国公司。与以往注重依靠 FDI 实现融资、学习先进技术的目标不同，OFDI 可以增加人民币的流出，在获得更高投资收益的同时还可以增加人民币的关注度，让国际上越来越多的国家（地区）逐渐习惯使用人民币作为结算和流通的货币，让越来越多的

投资者相信人民币的坚挺，看到中国经济的繁荣。此外，可以结合吸引境外对人民币金融产品进行投资的方法实现一个从流出到流入的循环，不断扩大人民币在世界范围内的流通量。

跨国公司的出现是加速经济全球化发展的重要因素，近些年随着中国经济的蓬勃发展，中国已有越来越多的企业开始在海外投资设厂，但总体来看，这些子公司规模依然不大，并且大多设立于发展中经济体，在行业中也还没有形成很强的竞争力。很多企业为了合理避税，降低生产成本，都会将企业注册地选择在贸易自由港，中国的自贸港也可以凭借这一优势，吸引更多的大型企业投资设厂。并且与新加坡、中国香港等著名自贸港相比，中国新的自贸港无论设置在上海、浙江或者其他省市，都可以凭借巨大的市场优势为企业家创造更多的创业机会。因此，鼓励企业做强做大，政府甚至可以在关键时刻给予帮助，为中国企业在国际市场增强竞争力提供帮助。

第十章
自由贸易港建设的政策仿真模拟

自由贸易港的建设将以怎样的方式影响中国宏观经济增长、产业区位扩张、产业聚集形成是中国必须积极思考和谨慎预测的关键性问题。基于对现实条件与政策目标的拟合，我们决定对新经济地理学的重要模型——“中心-外围”模型(Core-Periphery Model)进行必要的拓展，并使用贸易成本内生化的“中心-外围”模型对自由贸易港建设的政策影响进行仿真模拟，从而证明自由贸易港建设对中国改革开放和发展的重大意义。

基于对中国国情以及自由贸易港建设的实际考量，我们将政府最优选择和国际收支平衡表纳入两地区“中心-外围”模型之中，实现“冰山成本”的内生化与动态化。我们将“中心-外围”模型中原本对称的两个地区分别抽象为大国和世界其他地区，并假设由于大国与世界其他地区的贸易成本不同，两地区之间存在非对称的产业区位分布。接下来，我们将自由贸易港建设的政策效果刻画为贸易自由化——贸易成本的降低，以及金融自由化——国际资本流动性的增加。通过设定大国政府执政的效用函数以及国际收支平衡，我们将实现政府基于自身效用最大化条件下选择的最优贸易成本，使得贸易成本成为一个内生变量，并由此观察自由贸易港建设对中国宏观经济所可能产生的影响。我们将使用 Maple 软件对模型进行比较静态分析，使用 Dynare 和 Matlab 软件对模型进行动态分析与政策仿真模拟，考察自由贸易港建设的策略、效果以及对国际外生冲击的敏感性。

我们将下文分为四部分。第一部分为克鲁格曼(Krugman)"中心-外围"模型的基本推导；第二部分为我们对"中心-外围"模型的拓展；第三部分为自由贸易港建设的影响分析，包括比较静态分析与动态仿真模拟；最后，我们将基于理论研究结果提出对中国建设自由贸易港有价值的研究结论与政策建议。

一、基准模型：两地区"中心-外围"模型

Krugman构建的"中心-外围"模型将地理要素纳入由Dixit & Stiglitz(1977)构建的垄断竞争与产品异质性模型之中，开拓了"新经济地理学"的研究范畴。新经济地理学作为空间经济学的主要研究分支之一，以厂商的产业区位转移决策作为模型的微观机制，观察要素和产品在地理空间上的聚集现象，探讨产业空间聚集与区域增长的动力来源，成为诸多新贸易理论与新增长理论的重要基石。

"中心-外围"模型通过研究两个对称区域的生产、贸易、要素流动等经济行为，分析产业聚集与产业转移在地理空间上产生的原因、过程与再平衡的构成。"中心-外围"模型模拟了在劳动力要素自由流动的情况下，基于垄断竞争的厂商对生产区位的内生选择，两个原本要素禀赋和技术水平相同的对称生产区位是如何分别演化为经济繁荣的中心区位与经济贫乏的外围区位的过程，以及在演化过程中两个区位的福利水平变化。

自"中心-外围"模型产生伊始，模型的运用与拓展便成为众多经济学家研究的焦点和解释现实问题的常用工具。其中较具有代表性的文献包括：Krugman & Venables(1995)、Puga(1997)对"中心-外围"模型劳动力要素流动机制的拓展；Venables(1996)拓展了包含企业间垂直关联的"中心-外围"模型，提供了新的产业区位聚集的解释；Helpman(1998)、Ottaviano等(2002)、Baldwin & Venables(2013)用房产部门取代农业部门并将其纳入"中心-外围"模型，考虑了住房对"中心

-外围”结构均衡的影响。由此可见，Krugman 所构建的“中心-外围”模型在宏观经济与国际贸易领域运用之广。为了能够更顺利地对“中心-外围”模型进行拓展，首先需要对“中心-外围”模型进行简要的介绍，以下列举了该模型的基础假设与关键性步骤，更为详细的推导可见 Fujita 等(2001)的研究成果。

(一)消费者行为

Krugman 对“中心-外围”模型进行了如下假设：①制造业产品品种足够丰富，从而使得整个产品空间是连续的。企业生产“异质性”产品，这一系列产品互相之间存在固定的替代性。②仅存在两个生产部门，即农业部门和制造业部门。农业部门生产完全同质的单一产品，服从完全竞争的市场规则。制造业部门生产可相互替代的异质性产品，服从垄断竞争的市场规则。③消费者对于农业产品和制造业产品具有相同的偏好。

由此可得 C-D 函数形式的消费者效用函数：

$$U_c = M^{\mu}A^{1-\mu}, \quad M = \left[\int_0^n m(i)^{\rho}\mathrm{d}i\right]^{\frac{1}{\rho}}, \quad 0 < \rho < 1.$$

其中，M 代表制造业产品消费额，A 代表农业产品消费额，μ 为制造业部门产品的份额。制造业产品市场存在$[0,n]$上连续的异质产品，制造业产品消费 M 为 CES 函数形式。其中，n 为制造业市场上存在的企业数量和产品种类，$m(i)$为产品 i 的消费量，产品替代弹性为 $\rho=\frac{\sigma-1}{\sigma}$。替代弹性 ρ 反映了产品差异化的程度，ρ 越小则产品差异度越大，消费者对不同种类产品的需求就越强。由此可得消费者的预算约束条件，以及成本最小化要求下的价格指数：

$$C = p_{\mathrm{A}} + \int_0^n m(i)^{\rho}\mathrm{d}i, P = \left[\int_0^n p(i)^{1-\sigma}\mathrm{d}i\right]^{1/(1-\sigma)} = p_{\mathrm{M}}n^{1/(1-\sigma)}.$$

其中，p_{A} 为农业产品价格，p_{M} 为制造业产品价格，又基于消费者效用最大化条件可得产品需求函数：

$$m(i) = \mu C\frac{p^{\sigma-1}}{p^{\sigma}}, \quad i \in [0,n].$$

（二）生产者行为

在研究生产者最优行为时，Krugman 假设制造业产品生产存在规模经济，不同地区的不同厂商具有相同的技术，面临相同的固定成本与边际成本，劳动是生产过程中唯一需要投入的要素，从而得到 r 地区厂商的利润函数为

$$\pi = p_{\mathrm{M}} q_{\mathrm{M}} - w_{\mathrm{M}}(F + c_{\mathrm{M}} q_{\mathrm{M}}).$$

其中，π 为厂商利润，w_{M} 为制造业工人工资，F 为固定成本，c_{M} 为边际成本。由边际成本等于边际收益的均衡条件可得厂商的均衡价格 p_{M}，并由零利润条件可得均衡产量 q_{Me}：

$$p_{\mathrm{M}} = \frac{c_{\mathrm{M}} w_{\mathrm{M}}}{\rho}, \quad q_{\mathrm{Me}} = \frac{F}{c_{\mathrm{M}}}(\sigma - 1).$$

Krugman 在“中心-外围”模型中引入了 Samuelson（1952）提出的“冰山成本”T，用以计算国际贸易过程中因运输而导致的损失，并假设在同一地区内的运输不存在冰山成本，由此定义在 r 地区生产的产品在 s 地区的交货价为

$$p_{\mathrm{M}r,s} = p_{\mathrm{M}} T_{r,s}.$$

假设世界上存在 R 个地区，可得 s 地区的价格指数函数与工资函数：

$$\left.\begin{aligned} P_s &= \Big[\sum_{r=1}^{R} n_r (p_{\mathrm{M}r} T_{\mathrm{M}r,s})^{1-\sigma}\Big]^{1/(1-\sigma)}, \quad s = 1, 2, \cdots, R, \\ w^{\mathrm{M}r} &= \left(\frac{\sigma - 1}{\sigma c_{\mathrm{M}}}\right)\left[\frac{\mu}{q_{\mathrm{M}r,s}} \sum_{s=1}^{R} C_s (T_{\mathrm{M}r,s})^{1-\sigma} P_s^{\sigma-1}\right]^{1/\sigma}. \end{aligned}\right\} \tag{10.1}$$

为了简化模型，Krugman 对生产成本的单位进行了假设：

$$c_{\mathrm{M}} = \rho = \frac{\sigma - 1}{\sigma}, \quad F = \frac{\mu}{\sigma}.$$

则式（10.1）调整为

$$P_r = \left[\frac{1}{\mu} \sum_{s=1}^{R} L_{\mathrm{M}s} (w_{\mathrm{M}s} T_{\mathrm{M}s,r})^{1-\sigma}\right]^{1/(1-\sigma)},$$

$$w_{\mathrm{M}r} = \Big[\sum_{s=1}^{R} C_s (T_{\mathrm{M}r,s})^{1-\sigma} P_s^{\sigma-1}\Big]^{1/\sigma}.$$

其中，C_s 为 s 地区的消费约束，$L_{\mathrm{M}s}$ 为 s 地区制造业充分就业下的劳动力供给。

（三）两地区“中心-外围”模型均衡与“非黑洞”条件

为了更进一步地简化模型，Krugman 提出了以下假设：①世界上只存在两个地区；②世界上所有的制造业劳动力单位为 μ，农业劳动力单位为 $(1-\mu)$；③农业劳动力工资为 1。由于农业产品市场是完全竞争的，且不存在“冰山成本”，由此可得世界上所有的农业劳动力在两个地区间均匀分配。

假设地区 1 的制造业劳动力份额为 λ，由此可得 Krugman 的 4R 方程：

$$\left.\begin{aligned}
&C_1=\mu\lambda W_1+\frac{1-\mu}{2},\quad C_2=\mu(1-\lambda)W_2+\frac{1-\mu}{2};\\
&P_1=[\lambda W_1{}^{1-\sigma}+(1-\lambda)(W_2T)^{1-\sigma}]^{1/(1-\sigma)},\\
&\quad P_2=[(1-\lambda)W_2^{1-\sigma}+\lambda(W_1T)^{1-\sigma}]^{1/(1-\sigma)};\\
&W_1=(C_1P_1^{\sigma-1}+C_2P_2^{\sigma-1}T^{1-\sigma})^{1/\sigma},\quad W_2=(C_2P_2^{\sigma-1}+C_1P_1^{\sigma-1}T^{1-\sigma})^{1/\sigma};\\
&\omega_1=\frac{W_1}{P_1^{\mu}},\quad \omega_2=\frac{W_2}{P_2^{\mu}}.
\end{aligned}\right\}$$

Krugman 使用全微分的方法对 4R 方程进行了分析，得出了“非黑洞”条件：

$$\mu<\rho=\frac{\sigma-1}{\sigma}.$$

“非黑洞”条件规定了方程存在瞬时均衡的最小产品替代率。以上为 Krugman 两地区“中心-外围”模型的简要推导。接下来，我们考虑将政府最优选择与国际收支平衡纳入模型之中，使得本国最优“冰山成本”T 成为一个内生变量，以实现政府效用的最大化。

二、模型拓展：贸易成本内生化的“中心-外围”模型

在完成了对两地区“中心-外围”的简单介绍后，接下来，我们将对两地区“中心-外围”模型进行必要的拓展，建立贸易成本内生化的“中心-外围”模型，以模拟设立自由贸易港对中国经济发展与金融稳定所产生的效果。

(一)"中心-外围"模型的假设调整

首先,我们将调整两地区"中心-外围"模型的一个基本假设。Krugman在建立两地区"中心-外围"模型时,假设两地区之间的"冰山运输"成本是一致的,即 $T_{r,s}=T_{s,r}=T$。由于Krugman讨论的内容为在规模经济、要素流动均衡下的经济体在空间上的聚集,这样的假设并无不妥,但这并不符合中国对外贸易的实际情况。因此,我们首先对"中心-外围"模型的一些基本假设进行调整。

我们将地区1抽象为对世界经济金融具有影响力的大国,将地区2抽象为除该大国外的其他地区。很显然,世界其他地区运往大国的制造业产品所需要支付的"冰山成本"T不仅包括运输费、保险费、报关费、报检费、港口建设费等进口费用,其中最核心的成本还包括该大国所制定的进口关税。由此,我们认为大国"冰山成本"T是一个由大国政府以自身经济发展与金融环境为依据设定的最优贸易壁垒,是一个内生变量;而相反,大国运往世界其他地区的制造业产品所需要支付的"冰山成本"T_w是一个外生变量,是世界各贸易国(地区)设定的贸易壁垒水平的综合反应,是世界贸易环境的一个定量描述。我们对大国"冰山成本"T和世界"冰山成本"T_w的设定是符合实际的,因为大国调整进口费率的成本较小,而世界其他贸易国(地区)共同调整进口费率的成本就非常大,即使在全球一体化进程不断推进和区域贸易协定不断推广的目前,无论是贸易协定的维持还是调整都需要参与国(地区)支付大量的成本并进行长期的商榷,因此,在短期内我们将世界"冰山成本"T_w视为一个常数。基于此,我们重构Krugman的4R方程如下:

$$\left.\begin{aligned}
&C=\mu\lambda W+\frac{1-\mu}{2},\quad C_w=\mu(1-\lambda)W_w+\frac{1-\mu}{2};\\
&P=[\lambda W^{1-\sigma}+(1-\lambda)(W_wT_w)^{1-\sigma}]^{1/(1-\sigma)},\\
&P_w=[(1-\lambda)W_w^{1-\sigma}+\lambda(WT)^{1-\sigma}]^{1/(1-\sigma)},\\
&W=(CP^{\sigma-1}+C_wP_w^{\sigma-1}T_w^{1-\sigma})^{\frac{1}{\sigma}},\\
&W_w=(C_wP_w^{\sigma-1}+CP^{\sigma-1}T^{1-\sigma})^{1/\sigma};\\
&\frac{\omega}{P^{\mu}}=\frac{\omega_w}{P_w^{\mu}}.
\end{aligned}\right\}$$

其中，下标为 w 的变量即为世界其他地区的经济变量，没有下标的变量即为大国的经济变量。

（二）政府执政效用函数与国际收支平衡

在我们的拓展模型中，大国的“冰山成本”T 是一个内生变量，代表了大国基于本国利益考虑而制定的最优贸易成本。为解决大国执政的最优化问题，我们设定如下具有 C-D 函数形式的执政效用函数：

$$U=C^{\theta_C}R^{\theta_R}.$$

其中，U 为政府执政效用，C 为消费约束，等价于支出法国内生产总值中最终消费的部分。由于在“中心-外围”模型中，劳动力是唯一的要素投入，因此，我们不考虑国内生产总值中资本形成的部分，并以消费约束代表该国的经济发展水平。R 为适当外汇储备，用以描述政府为实现本国宏观环境稳定以及本国进口产品需求而持有的适当数量的外汇储备。C 的函数表达形式在 4R 方程中已经给出，因此我们需要进一步讨论 R 的函数表达形式。由此，我们引入“蒙代尔-弗莱明”模型中的 BP 曲线：

$$B=\mathrm{NX}-\mathrm{NF}$$

其中，B 为国际收支平衡量，NX 为经常账户余额，NF 为资本账户余额。经常账户余额函数与资本账户余额函数在“蒙代尔-弗莱明”模型中已经给出，形式如下：

$$\mathrm{NX}=\mathrm{EX}-\mathrm{IM},\quad \mathrm{NF}=\tau(i_{\mathrm{w}}-i)M_{\mathrm{w}}.$$

其中，EX 为出口额；IM 为进口额；τ 为资本流动自由度，反映了国际资本流动性的大小，τ 越接近 1 意味着资本的流动性越强，越接近 0 表示资本的流动性越弱；i_{w} 为世界整体的真实利率水平；i 为本国的真实利率水平；M_{w} 为国际资本总量。“中心-外围”模型描述了内部规模经济所引导的产业内贸易对贸易方产品多样性的增加与福利水平的提高。为了计算出大国的国际收支平衡量，就必须分析“中心-外围”模型中的产业内贸易是如何展开的。我们将通过三个步骤来分析本国的净出口额：第一步，计算本国与世界其他地区的制造业产量；第二步，计算本国与世界其他地区的贸易量;第三步,计算参与国际贸易产品的到岸价并求出经常账户余额。

依据 Krugman 对“中心-外围”模型的单位标准化,可以得到本国的制造业均衡产量:

$$Q=nq=\frac{L}{\mu}\frac{F}{c_m}\left(\frac{\rho}{1-\rho}\right)=\frac{\lambda\mu}{\mu}\frac{\mu/\sigma}{\rho}\sigma=\lambda\mu.$$

基于相同的计算可以得到世界其他地区的制造业产量 $Q_w=(1-\lambda)\mu$。又由价格函数可知,在本国生产的制造业产品中,λ 份额被用于本国消费,而$(1-\lambda)$份额被用于外国(地区)消费;同理,世界其他地区的制造业产品用于贸易的份额为 λ,用于本地消费的份额为$(1-\lambda)$。由此可得本国的出口额与进口额(即世界其他地区的出口额):

$$\mathrm{EX}=\lambda(1-\lambda)p_{cif,w},\quad \mathrm{IM}=(1-\lambda)\lambda p_{cif}.$$

由消费函数可知,本国消费了世界上 λ 份额的制造业产品,而世界其他地区实际上消费了$(1-\lambda)$份额的制造业产品。由于本国的出口量与世界其他地区的出口量相同,因此,经过产业内贸易后,两方的消费份额并未发生实际的改变,并且当模型处于 0.5 的对称均衡点时,由于两地的到岸价是一致的,双方的贸易行为也不会引起经常账户的变化。但是,当双方的“冰山成本”不相同时,经常账户余额将改变。在“中心-外围”模型中,Krugman 给出了产品的到岸价:

$$\left.\begin{aligned}p_{cif\,w}&=p_w T_w=w_w T_w,\\ p_{cif}&=pT=wT.\end{aligned}\right\}$$

由此可以计算出本国的经常账户余额,函数形式如下:

$$\mathrm{NX}=\mu\lambda(1-\lambda)(w_w T_w-wT).$$

在计算了经常账户余额后,我们将进一步计算资本账户余额。为此,我们需要给出本国的真实利率水平与世界的真实利率水平 i_w。与世界“冰山成本”T_w 不同,我们假设国际真实利率水平与本国真实利率水平都是随即期经济波动而改变的,这一假设与全球金融市场信息获得成本低、资金流动性强、利率调整自由化等一系列特征相符。为了方便,我们使用购买力平价理论的一价定律来描述本国货币与其他货币之间的汇率关系：

$$S=\left(\frac{P_{w}}{P}\right)^{\mu},\quad S_{w}=S^{-1}.$$

基于此，我们使用拓展的泰勒规则来拟合本国与国际的真实利率水平，函数形式如下：

$$\left.\begin{aligned}i_{t}&=r_{0}\left(\frac{P_{t}}{P_{t-1}}\right)^{\mu\theta_{\pi}}\left(\frac{C_{t}}{C_{t-1}}\right)^{\theta_{g}}\left(\frac{S_{t}}{S_{t-1}}\right)^{\theta_{s}}-\left(\frac{P_{t}}{P_{t-1}}\right)^{\mu},\\ i_{w,t}&=r_{w_{0}}\left(\frac{P_{w,t}}{P_{w,t-1}}\right)^{\mu\theta_{\pi w}}\left(\frac{C_{w,t}}{C_{w,t-1}}\right)^{\theta_{gw}}\left(\frac{S_{w,t}}{S_{w,t-1}}\right)^{\theta_{sw}}-\left(\frac{P_{w,t}}{P_{w,t-1}}\right)^{\mu}.\end{aligned}\right\}$$

其中，两期制造业产品价格指数的比值代表了当期的通货膨胀变量，两期消费约束的比值代表了当期经济增长变量，两期汇率指数的比值代表了当期的汇率波动变量，μ 为制造业产品在整个消费中所占有的比率，在两地区"中心-外围"模型中，农业产品具有价格单位为 1，劳动力比率恒定为$(1-\mu)$，且不存在运输成本等特点，从而在长期内不会对经济活动造成影响。由此，我们可以得到本国国际收支平衡量的具体函数形式：

$$B_{t+1}=(1+i_{w,t})B_{t}+\mu\lambda_{t}(1-\lambda_{t})(w_{w,t}T_{w}-w_{t}T_{t})-\tau(i_{w,t}-i_{t})M_{w}.$$

由于外汇储备管理中存在直接投资收益的部分，由此我们假设两期国际收支平衡量之间存在增长，增长率即为当期的国际真实利率 i_{w}。以本国国际收支平衡量为基础，我们对适当外汇储备 R 的函数形式进行讨论。有关一国适当的外汇储备数量，诸多学者都依赖于各自的样本与研究成果提出了不同的见解，其中较具有影响力的有：① Triffin(1947)提出的进口比率理论。该理论将一国(地区)的外汇储备视为购买国(地区)外产品的资金，因此，其适当的外汇储备额应当与进口额构成固定比例。②Agarwal(1971)提出的机会成本理论。该理论从边际主义的角度出发，考虑一国持有外汇储备的机会成本，并强调当一国(地区)为持有外汇储备而放弃消费与投资的边际成本等价于外汇储备投资的边际收益时，一国(地区)持有的外汇储备量是适量的。③Johnson(1972)提出的货币供应量理论。该理论以 Triffin 比率为基础，强调外汇储备的货币效应，并认为一国（地区）的外汇储备实质上是外汇发行国货币的超发所引起的。鉴于 Triffin 比率的泛用性以及与本模型以国际贸易平衡为研究对象的契合性，我们选择使用 Triffin 比率来测度模型中的适当外汇储备 R。其函数形式如下：

$$R=\frac{B}{\mu\lambda(1-\lambda)}. \tag{10.2}$$

式(10.2)描述了 Triffin 比率下的适当外汇储备 R，即国际收支平衡量除以进口额。在得到了适当外汇储备 R 的函数形式后，我们需要解决政府执政效用的最大化问题：

$$\left.\begin{aligned}&\max\quad U_t=C_t^{\theta_C}R_t^{\theta_R},\\&\text{s.t.}\quad C_t=\mu\lambda_t w_t+\frac{1-\mu}{2},\\&\text{s.t.}\quad R_{t+1}=(1+i_{\mathrm{w},t})R_t+(w_{\mathrm{w},t}T_{\mathrm{w}}-w_tT_t)-\frac{\tau(i_{\mathrm{w},t}-i_t)M_{\mathrm{w}}}{\mu\lambda_t(1-\lambda_t)}.\end{aligned}\right\}$$

建立拉格朗日函数可求得消费约束 C 与适当外汇储备 R 的替代关系：

$$\frac{R_t}{C_t}=\frac{\theta_R}{\theta_C}\frac{\tau(i_{\mathrm{w},t}-i_t)M_{\mathrm{w}}}{[\mu\lambda_t(1-\lambda_t)]^2\,\mathrm{w}_t}.$$

消费约束 C 与适当外汇储备 R 的替代关系函数反映了在政府执政效用最优化条件下，政府对经济发展与本国金融环境稳定之间的取舍态度。

（三）贸易成本内生化的“中心-外围”模型

至此，我们完成了对两地区“中心-外围”模型的拓展。我们将两地区“中心-外围”模型抽象成了一个大国与世界其他地区的国际贸易模型，并通过添加政府执政效用、国际收支平衡量、大国与国际利率调整函数，实现了大国贸易成本的内生化，从而构建了两地区“中心-外围”与国际收支平衡动态模型。该模型为包含 13 个方程和 13 个内生变量的多元高次方程组，函数形式如下：

$$\left.\begin{aligned}
&C_t=\mu\lambda_t w_t+\frac{1-\mu}{2},\\
&C_{w,t}=\mu(1-\lambda_t)W_{w,t}+\frac{1-\mu}{2};\\
&P_t=[\lambda_t W_t^{1-\sigma}+(1-\lambda_t)(W_{w,t}T_w)^{1-\sigma}]^{1/(1-\sigma)},\\
&P_{w,t}=[(1-\lambda_t)W_{w,t}^{1-\sigma}+\lambda_t(W_tT_t)^{1-\sigma}]^{1/(1-\sigma)};\\
&W_t=[C_tP_t^{\sigma-1}+C_{w,t}P_{w,t}^{\sigma-1}T_w^{1-\sigma}]^{1/\sigma},\\
&W_{w,t}=[C_{w,t}P_{w,t}^{\sigma-1}+C_tP_t^{\sigma-1}T_t^{1-\sigma}]^{1/\sigma};\\
&\frac{\omega_t}{P_t^{\mu}}=\frac{\omega_{w,t}}{P_{w,t}^{\mu}};\\
&S_t=\left(\frac{P_{w,t}}{P_t}\right)^{\mu},\\
&S_w=S_t^{-1};\\
&i_t=r_0\left(\frac{P_t}{P_{t-1}}\right)^{\mu\theta_\pi}\left(\frac{C_t}{C_{t-1}}\right)^{\theta_g}\left(\frac{S_t}{S_{t-1}}\right)^{\theta_s}-\left(\frac{P_t}{P_{t-1}}\right)^{\mu},\\
&i_{w,t}=r_{w0}\left(\frac{P_{w,t}}{P_{w,t-1}}\right)^{\mu\theta_{\pi w}}\left(\frac{C_{w,t}}{C_{w,t-1}}\right)^{\theta_{gw}}\left(\frac{S_{w,t}}{S_{w,t-1}}\right)^{\theta_{sw}}-\left(\frac{P_{w,t}}{P_{w,t-1}}\right)^{\mu};\\
&R_{t+1}=(1+i_{w,t})R_t+(\omega_{w,t}T_w-\omega_tT_t)-\frac{\tau(i_{w,t}-i_t)M_w}{\mu\lambda_t(1-\lambda_t)};\\
&\frac{R_t}{C_t}=\frac{\theta_R}{\theta_C}\frac{\tau(i_{w,t}-i_t)M_w}{[\mu\lambda_t(1-\lambda_t)]^2\omega_t}.
\end{aligned}\right\}\tag{10.3}$$

式(10.3)分别为:Krugman 的 4R 方程、一价定律下的本国与国际汇率方程、拓展的泰勒规则下的本国与国际真实利率方程、适当外汇储备 R 的动态方程、适当外汇储备 R 与消费约束 C 的替代关系函数。

接下来,我们将使用上述两地区“中心-外围”模型的拓展模型模拟中国建设自由贸易港对其经济发展、国际收支平衡、外汇储备变动、金融环境稳定等一系列重要宏观环境变量所造成的影响,并以此评测和估计中国建设自由贸易港的政策效果。

三、自由贸易港建设的影响分析

在完成了对贸易成本内生化的“中心-外围”模型的构建后,我们尝试以模型为基础，对自由贸易港建设进行比较静态分析与动态仿真模拟，以观察中国建设自由贸易港，实施贸易自由化与金融自由化政策对中国主要经济变量所带来的影响。

（一）参数设定

在分析之前，我们将就模型中涉及的参数进行必要的设定，以方便我们对模型的后续分析与讨论。模型中涉及的参数总计 15 个，分别为 μ、ρ、T_w、θ_C、θ_R、r_0、r_{w0}、τ、M_w、θ_π、θ_s、θ_g、$\theta_{\pi w}$、θ_{sw}、θ_{gw}。其中，前 9 个参数关系到模型的稳态值，后 6 个参数则与模型的动态反映相关。

μ 为制造业产品在总消费中所占的份额，同时也代表了制造业产业在经济中所占的份额，我们将 2003 年至 2016 年间中国第二产业产值占 GDP 的比例作为标准，在 2003 年至 2016 年间，中国第二产业产值占 GDP 的比例始终保持在 0.4～0.5。Fujita 等（2001）构建的以“中心-外围”模型为核心的空间经济模型中 μ 的取值皆为 0.4，以此代表制造业份额在世界经济中的平均水平，综合考虑 Krugman 对 μ 的设定，以及中国制造业大国的实际情况，我们选取 $\mu=0.45$。ρ 为制造业产品的替代弹性，代表了制造业产品的差异度。ρ 越大，产品差异度越小。鉴于“中心-外围”模型的“非黑洞”条件，以及制造业产品间可替代性的实际情况，我们选择 $\rho=0.6$。T_w 代表了世界“冰山成本”，Krugman 在构建两地区“中心-外围”模型时，对不同的 T 取值所产生均衡进行过细致的梳理，其结果为当“冰山成本”高时（$T=2.1$），两地区的劳动力分布必然存在稳定的对称均衡（图 10.1）（Fujita et al.，2001）。因此，为了保证本模型的重要均衡条件——地区间劳动力真实工资均衡，我们选择 $T_w=2.1$。θ_C 和 θ_R 分别为政府效用函数对消费增长与外汇储备的反映系数，基于 2003 年至 2016 年中国支出法 GDP 中最终消费与外汇储备的比值，我们选择 $\theta_C=0.6$，$\theta_R=0.4$。r_0 和 r_{w0} 分别为本国与国际基准利率，我们选择中国的无风险利率 1.038 作为 r_0 的取值，以美国同业拆借利率 1.015 作为 r_{w0} 的取值。τ 代表了中国的国际资本流动性，依据“蒙代尔-弗莱明”模型的要求，τ 的取值在 0～1，τ 越大则资本流动性越强。我们采取 Mace（1991）提供的国际资本流动性检测方法对中国的国际资本流动性进行估计，采用的样本为

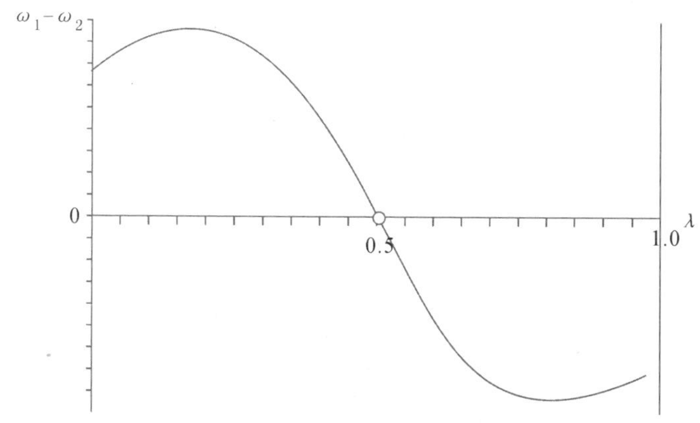

图 10.1　$T=2.1$ 时的稳定对称均衡

OECD 数据库提供的 G20 国家消费与经济增长的数据，样本的时间跨度为 2005 年至 2015 年，这是因为从 2005 年起，中国开始实施以市场需求为主导的浮动汇率制度，同时也开始了人民币升值之路。因此，我们认为，当前中国的国际资本流动性应当基于汇率改革之后的样本数据进行估计。同时，印度数据由于时间较短，被剔除出了估计样本。基于上述样本，我们进行了带约束条件的 OLS 回归，回归模型如下：

$$\left.\begin{aligned}\Delta\log C_t^j &= \beta_1\Delta\log C_t^a+\beta_2\Delta\log y_t^j+v_t^j,\\ \Delta\log C_t^a &= \frac{1}{J}\sum_{j=1}^{J}\Delta\log C_t^j.\end{aligned}\right\}$$

其中，$\log C$ 和 $\log y$ 分别代表了样本国家的消费增长与经济增长情况。依据模型的估计结果，我们选择 $\tau=0.7$，这一结果与刘金全等(2006)的估计结果近似。这说明，中国目前的资本市场开放水平已经较高，但尚未达到完全开放($\tau=1$)。M_w 为国际资本总量，是世界总资本与本国总资本的比值。我们使用 OECD 数据库提供的 G20 国家 GDP 数据的 2015 年样本进行估计，以中国 GDP 占世界比例的倒数作为国际资本总量的取值，设 M_w 为 6.5，即中国 GDP 约占世界主要国家(地区)总 GDP 的 15.4%。θ_π、θ_g、θ_s、$\theta_{\pi w}$、θ_{gw}、θ_{sw} 分别为本国与国际货币政策的反映系数，依据 Taylor (1993)、谢平、罗雄(2002)以及黄志刚、郭桂霞(2016)的研究，我们选择对上述反映系数分别取 0.76、0.19、1、0.5、0.5、1。参数设定的汇总见表 10.1。接下来对模型的分析,我们都将以上述参数设定为标准进行展开。

表 10.1 参数设定

反映系数	取值	反映系数	取值
μ	0.450	M_w	6.500
ρ	0.600	θ_π	0.760
T_w	2.100	θ_g	0.190
θ_C	0.600	θ_s	1.000
θ_R	0.400	$\theta_{\pi w}$	0.500
r_0	1.038	θ_{gw}	0.500
r_{w0}	1.015	θ_{sw}	1.000
τ	0.700		

(二)自由贸易港建设的比较静态分析

为模拟自由贸易港建设的政策效果,我们需要对贸易成本内生化的"中心-外围"模型进行比较静态分析。在模型所涉及 13 个动态方程中,Krugman 的 4R 方程描述了劳动力要素流动均衡和国际产业区位分配,而剩余的 6 个方程描述了本国国际收支的动态平衡与政府的最优决策。劳动力要素流动均衡与本国外汇储备平衡是整个模型实现稳态的基础。首先,我们将基于 4R 方程讨论国际产业区位分配的比较静态分析。

Krugman 在构建"中心-外围"模型时,使用全微分方程的方式,对制造业份额的变动导致的其他变量的变动进行过细致的分析,并由此总结出了价格指数效应与境内市场效应。简而言之,Krugman 的分析结果证明制造业份额 λ 的增加会引起当地制造业价格指数 P 的下降以及名义工资 W 的增加,并最终使得该地区真实工资获得增长。Krugman 对"中心-外围"模型的一系列分析都建立在对称瞬时均衡的基础之上,即两地区的"冰山成本"一致,制造业在两地区之间以 0.5∶0.5 的比例均衡分布,这一假设条件在前文中已被我们拓展。由于我们的拓展模型所涉及的变量与方程较多,且不能使用对称均衡的特点使微分方程简化,因此我们尝试使用数值模拟与作图的方式对"冰山成本"、制造业份额所引致的一系列变量的变动进行分析。

我们使用 Maple 软件提供的牛顿迭代法对多元高次方程求数值解，为了对拓展模型中世界“冰山成本”T_w 和要素替代弹性 ρ 的变化具有一个直观的了解，我们将 T_w 分别设定为 1.5、1.7、1.9、2.1，ρ 分别设定为 0.33、0.5、0.6，亦即要素替代弹性 σ 为 1.5、2、2.5，令本国“冰山成本”T 从 1 至 3，按 0.01 的步长求解，并以数值解结果作拟合图[①]，结果如图 10.2 和图 10.3 所示。

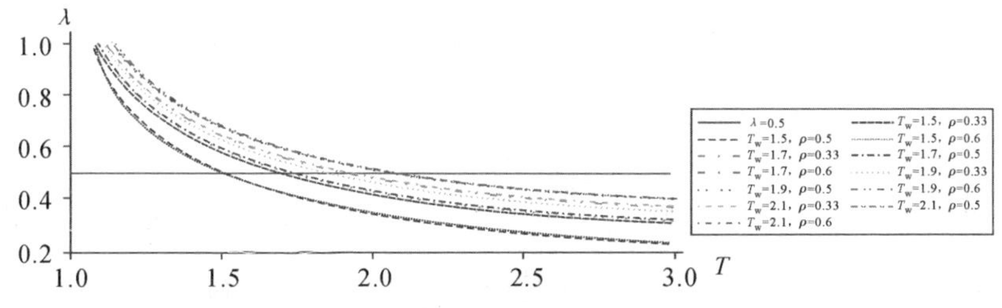

图 10.2　制造业份额 λ 随冰山成本 T 的变化趋势

图 10.2 中的曲线详细地展示了随着本国“冰山成本”T 的增加，本国制造业份额 λ 的变化趋势，为了保证函数值在经济模型中是有意义的，我们截取了 λ 值域在[0,1]的部分。从整体上看，T 和 λ 呈现负相关的关系，随着 T 的增加，λ 的值会逐渐减小，也就是说，当 T 值域为(1,3]时，$\frac{d\lambda}{dT}<0$。并且，当 T 和 T_w 相等时，$\lambda=0.5$，此时的状态即为 Krugman 在“中心-外围”模型中关注的对称分布状态。由此，我们可以观察到，具有相同 T_w 值的曲线都会在“$\lambda=0.5$”处相交，即穿过(T_w，0.5)的对称点。进一步，我们还可以发现，对于穿过同一均衡点的曲线，ρ 的值越大，其曲线切线斜率的下降速度越快，且 T 的值越接近 T_w，λ 的变化幅度越小，相对地，T 的值越远离 T_w，λ 的变化幅度越大，这可以从曲线的两端线段分散，而接近 T_w 的区域线段重叠看出。再者，T 值域为(1,3]时，曲线斜率的下降速度是不断减缓的，由此可以推测曲线的二

① 依据 Krugman 的假设，“冰山成本”应不小于 1，当不存在贸易成本时，$T=1$。当然，假如一国(地区)政府大力推广出口信贷、出口补贴等鼓励制造业厂商出口的政策，T 的取值是可能小于 1 的，但在此，我们不讨论这种特殊情况。

阶导数$\frac{d\lambda^2}{dT^2}>0$。当然，这一系列特点仅在 T 属于(1,3]以及 λ 属于[0,1]时才是有效的，对于函数在其他值域的形式可能出现的变化，由于缺乏经济上的意义，我们不做进一步的分析。图 10.2 从整体上反映了自由贸易港建设的产业聚集效应，即随着贸易成本的降低，本国占世界制造业的比重会不断增加，这体现为以本国为中心的产业转移向心力。

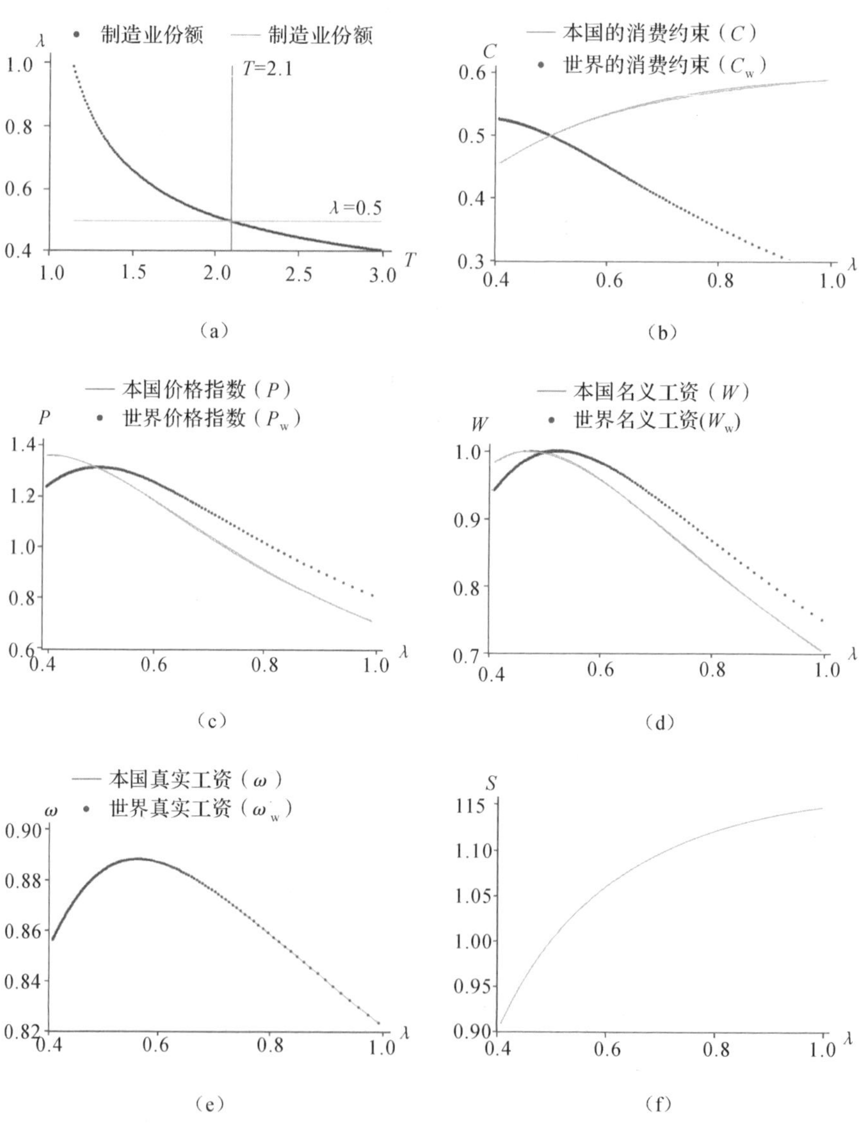

图 10.3 制造业份额变动的影响

之后，我们将在参数设定的条件下对贸易成本内生化的“中心-外围”拓展模型进行比较静态分析。当 $\mu=0.45$，$\rho=0.6$，$T_w=2.1$ 时，“冰山成本”T 与制造业份额 λ 的关系如图 10.3(a)所示，其函数的曲线特征已经在上文有详细说明，在此不再赘述。图 10.3(a)中横轴 $T=2.1$ 与 $\lambda=0.5$ 再一次强调了当两地区冰山成本相等时，制造业份额在两地区呈对称均衡的特点。

图 10.3(b)描述了消费约束 C 和 C_w 与制造业份额 λ 的关系。可以发现，随着 λ 的增加，本国的消费约束 C 是不断递增的，而世界的消费约束 C_w 则是不断递减的，这也可以从消费约束的函数形式汇总看出。这意味着，由于模型假设中农业产品的恒定性和对称性，两地区之间制造业份额的分配决定了两地区的消费水平，同时也决定了两地区的经济发展水平。又因为“冰山成本”与制造业份额负相关，可以断言，降低“冰山成本”将增加制造业份额，并提高本国的消费水平，有利于其经济发展，这正反映了自由贸易港建设导致的产业转移对中国经济发展的正向作用。同样的，在 $\lambda=0.5$ 时，$C=C_w$ 是一个对称均衡。

图 10.3(c)描述了价格指数 P、P_w 与制造业份额 λ 的关系。随着制造业份额的变动，价格指数 P 和 P_w 都呈现出先增后减的特点，世界价格指数 P_w 的极值点比本国价格指数 P 的极值点更小且在横轴上更靠右，两个价格指数函数相交于 $\lambda=0.5$ 处。价格指数的下降意味着生产 1 单位制造业产品所需要的最小成本的减少，这也同样意味着整个社会消费成本的下降和社会福利水平的提高。然而，由于价格指数函数趋势非单调性的特点，降低“冰山成本”所引起的福利水平变化会受到稳态位置的影响。

图 10.3(d)描述了名义工资 W、W_w 与制造业份额 λ 的关系。名义工资与制造业份额的函数曲线表现出了与价格指数函数类似的特征。

图 10.3(e)描述了真实工资 ω、ω_w 与制造业份额 λ 的关系。在“中心-外围”模型的基本假设中，劳动力在地区间的流动是没有成本的，并且提供劳动力的消费者也不存在“货币幻觉”，这就使得劳动力会自发地选择真实工资更高的地区。因此，在图 10.3(e)中，每一个均衡状

态下本国真实工资 ω 与世界真实工资 ω_w 是相等的。依据模型中真实工资的计算方法，$\omega=\omega_w$，$W/P^{0.45}=W_w/P_w^{0.45}$，真实工资是一个关系到名义工资与价格指数的变量，其函数形式也受到这两个相关变量函数形式的影响。依据图 10.3(e)对真实工资随制造业份额变化的趋势，真实工资是存在极值的，极值点 λ 的取值大约在 0.5～0.6，即当制造业份额在两地区的分配从不均衡向均衡转移时，两地区的福利水平是上升的。价格指数，即名义工资与真实工资函数的变化趋势，反映了自由贸易港建设的产业聚集效应对社会福利水平的提高，这一提高表现为随着中国制造业份额的增加，中国真实工资将呈现不断上升的趋势。

图 10.3(f)描述了汇率 S 与制造业份额 λ 的关系。汇率的计算方式是基于一价定律的，因此汇率为两地区制造业价格指数的 μ 次方的比值，且两地区汇率呈倒数关系。在图 10.3(f)中，汇率 S 随着制造业份额 λ 的提升不断提升，这说明，虽然世界价格指数 P_w 和本国价格指数 P 存在同向趋势，但其差额实际是不断扩大的，意即一国（地区）制造业的发展，能够实际提升该国（地区）货币的国际购买力，这反映了自由贸易港建设对中国国际竞争力的增强。由上述分析结果可知，在拓展了“冰山成本”的相关假设后，制造业份额的变动对相关变量产生的影响与 Krugman 的分析结果是一致的。

而后，我们将对本国外汇储备平衡进行比较静态分析。由国际收益平衡量 B 的函数形式可知，跨期国际收益平衡量的增减受到三个方面的影响。第一，外汇储备的直接投资收益，该数值受到国际真实利率 i_w 的影响。当国际真实利率为正时，外汇储备的直接投资收益呈现一种循序渐进的积累过程，反之则会造成外汇储备的损失。该部分表现了外汇储备的利率风险以及作为其他货币可能的通货膨胀损失。第二，经常账户余额，该数值受到两地区到岸价的影响。决定两地区到岸价的关键变量是内生的本国“冰山成本”T，当本国“冰山成本”T 大于世界“冰山成本”T_ω 时，经常账户余额表现为逆差，反之则为顺差，这证明了贸易自由化措施对拓展本国对外贸易的必要性。第三，资本账户余额，该数值受到两地区真实利率的影响。本国资本账户余额的盈亏反映了在本国资本市场开放度下，本国真实利率 i 与国际真实利率 i_w 的差额所引起的国际资本流动。该部分是国际资本追逐高收益市场的具体体现，也是检测中国金融自由化措施对其金融市场发展与金融环境稳定的重要标准。上述三个部分的收益波动，构成了国际收益平衡的稳态与长期趋势。又因为，适当外汇储备 R 是国际收益平衡量 B 与进口量的比值，本国进口量 $\mu\lambda(1-\lambda)$ 是一个关于本国制造业份额 λ 的函数。$\lambda(1-\lambda)$ 在[0,1]内存在极大值 0.25，此时 $\lambda=0.5$，即 Krugman 的两地区对称均衡。由此可知，当 λ 在[0,0.5)时，R 是一个关于 λ 的递减函数；当 λ 在(0.5,1]时，R 是一个关于 λ 的递增函数，而 $\lambda>0.5$ 意味着本国的制造业份额高于世界其他地区制造业份额的总和，这在世界历史上是未曾出现过的情况，即使是 1860 年的英国与 1927 年的美国也均止步于 0.45。据此，我们认为，本国的制造业份额应当小于 0.5，亦即 R 与 λ 是负相关关系。当然，上述有关适当外汇储备 R 的分析忽略了动态方程中随 λ 变动的其他变量对稳态造成的影响，这些内容将在动态分析中展开。

综上所述，有关政府执政效用函数的两个核心变量：消费约束 C 与适当外汇储备 R 分别是制造业份额 λ 的增函数和减函数。因此，随着自由贸易港的建设所带来的贸易自由化政策的实施，“冰山成本”T 的减少会引起的制造业份额 λ 的增加，消费约束 C 与适当外汇储备 R 呈现出此消彼长的关系。政府为实现执政效用的最大化，就需要在经济发展水平与国际金融环境稳定之间做出抉择，由此近似模拟出政府的无差异曲线[如图 10.4(a)所示]，以及政府执政效用 U 与制造业份额 λ 可能的变化趋势[如图 10.4(b)所示]。

至此，基于数值模拟与比较静态分析，我们已了解了贸易成本内生化的“中心-外围”模型中涉及的 13 个内生变量之间的函数关系。在这 13 个变量中，本国“冰山成本”T 是整个模型的关键变量。从函数关系观察，由本国“冰山成本”T 的变化所引致的制造业份额 λ 的变化会影响消费约束 C、价格指数 P、外汇储备 R、真实工资 ω 以及汇率 S。从实际角度来看，自由贸易港建设产生的产业聚集效应将会影响本国的经济发展，进出口贸易，通货膨胀，利率、汇率波动，国际收益盈亏以及金融市场稳定等方方面面，政府基于自身的执政偏好决定本国与国际、生产与贸易、经济与金融之间的彼此平衡，并依此制定最契合本国制造业发展水平的贸易成本。接下来，我们将对模型进行动态仿真模拟，具体分析建设自由贸易港对中国主要宏观变量的影响。

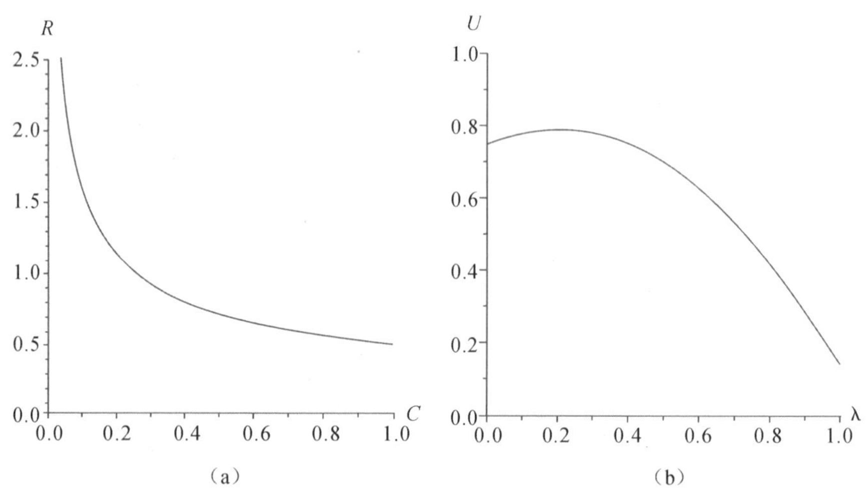

图 10.4 政府无差异曲线与效用函数的比较静态分析

(三)自由贸易港建设的动态仿真模拟

为能够适应当前世界多极化发展的时期特征，逐步融入深入经济全球化，中国迫切需要一个贸易自由化、投资自由化、金融自由化的高度开放与体制健全并存的国际贸易园区。自由贸易港的建设正是中国应对国际贸易发展趋势与本国经济发展需求而采取的核心宏观政策。运用上文中构建的贸易成本内生化的“中心-外围”模型，我们将对自由贸易港的政策效果进行动态仿真模拟。

由贸易成本内生化的“中心-外围”模型的比较静态分析可知，模型稳态建立在劳动力要素流动均衡和本国国际收支的平衡的基础上，由政府执政的最优化问题内生决定本国“冰山成本”T，从而完成国际产业区位分配。因此，我们认为，仅仅降低本国“冰山成本”T，而不采取其他配套的政策措施,可能只会收到一时之效。但从长期来看,由于模型的参数没有发生实质性的改变,基于政府优化自身效用的模型自稳定机制,本国“冰山成本”T 可能会再一次被提高,从而抵销“冰山成本”下降带来的制造业份额增量与经济收益,甚至可能会因为“超调”,使得模型在更低效的稳态上实现均衡。由此我们提出命题 1。

命题 1:独立的贸易自由化政策措施是无效的。

有效实施贸易自由化政策的必要条件是正确利用模型的自稳定机制——消费约束 C 与适当外汇储备 R 的替代关系。由模型的参数设定可知,本国真实利率 i 与国际真实利率 i_w 的稳态值分别为 0.038 与 0.015,这意味着,相比于国际投资,本国投资的收益率更高,从而吸引了更多的国际资本投资,实现了资本账户的顺差。国际资本流动性 τ 是两地区利率差额与国际资本总量乘积的系数,反映了该国金融市场的对外开放度与吸引国际资本投资的效率。金融自由化政策的实施将提高 τ 的数值,从而在原有的稳态值基础上提高适当外汇储备 R 的数值。同时,τ 数值的变化也会影响到 C 与 R 的替代关系,促使本国“冰山成本”进行相应的调整,使模型在更高效的稳态上实现均衡。由此我们提出命题 2。

命题 2:贸易自由化与金融自由化政策的共同实施将有利于中国经济发展。

基于命题 2 的表述,我们进一步讨论贸易自由化与金融自由化政策的实施对中国宏观环境可能造成的影响。在模型中,贸易自由化与金融自由化共同实施的政策效果体现为本国“冰山成本”T 的调整。由于本国制造业份额 λ 在现实意义上不可能大于 0.5,可知本国“冰山成本”T 应大于世界“冰山成本”T_w。那么,贸易自由化政策的实施会使得本国“冰山成本”的数值减小,亦即本国“冰山成本”T 的值会更趋近于世界“冰山成本”T_w。在本文的比较静态分析中,我们证明 T 的值越接近于 T_w,制造业份额 λ 的变动趋势就越小,由制造业份额变动所引起的相关宏观变量的变动趋势也越小。因此,贸易自由化与金融自由化配套政策会使得中国宏观环境对国际政策变动的反应更稳健。由此我们提出命题 3。

命题 3:在实施贸易自由化与金融自由化政策后,中国宏观环境对国际政策变动的反应更稳健。

为验证上述三个命题，我们运用 Dynare 与 Matlab 软件，以上文中的参数设定对模型进行动态模拟，模拟结果如表 10.2 所示。

表 10.2 仿真模拟结果

变量	稳态值	变量	稳态值
T	2.8606	W_w	1.0408
λ	0.1976	R	2.5042
C	0.3897	S	0.8069
C_w	0.6508	S_w	1.2394
P	1.8955	i	0.0380
P_w	1.1766	i_w	0.0150
W	1.2900		

由表 10.2 可知，贸易成本内生化的“中心-外围”模型动态模拟的稳态值与我们在上文的分析结果一致，其中本国制造业份额 λ 的值为 19.76%，模拟结果与国家发改委于 2015 年发布的中国制造业的全球占比数据(约 20%)是一致的[①]。适当外汇储备 R 的值为 2.5，与国际资本总量 M_w 的比值为 38%，与央行 2014 年发布的中国外汇储备的全球占比数据(约 33.3%)近似[②]。本国“冰山成本”T 的值为 2.86，高于世界“冰山成本”的参数值 2.1，反映了中国进口产品存在较高关税成本的现实，并由此造成了中国消费约束 C、价格指数 P 等宏观变量与世界宏观变量的差距，证明了高贸易成本对中国制造业企业造成的实际损失(余淼杰，2010，2011；胡鞍钢，2012)。

首先，我们对本国“冰山成本”T 提供一个确定性外生冲击－0.1，这一冲击等价于中国建设自由贸易港后，其贸易自由化政策行为对中国整体贸易成本的降低。中国整体贸易成本降低的定量预测在自由贸易港建设完成之前是较难的，因为这关系到自由贸易港的国际贸易总量在

① 资料来源：http://www.ce.cn/cysc/newmain/yc/jsxw/201507/30/t20150730_6085533.shtml

② 资料来源：http://www.guancha.cn/economy/2014_04_15_222366.shtml

中国整体国际贸易总量中所占的比例，以及自由贸易港内的贸易成本与非自由贸易港内贸易成本之差。由此，我们尝试对贸易成本的替代变量“冰山成本”T 提供一个较小的负方向的确定性外生冲击，用来模拟贸易自由化政策实施所产生的经济运行趋势变化，并以此检测命题 1 的正确性。模拟结果如图 10.5 所示。

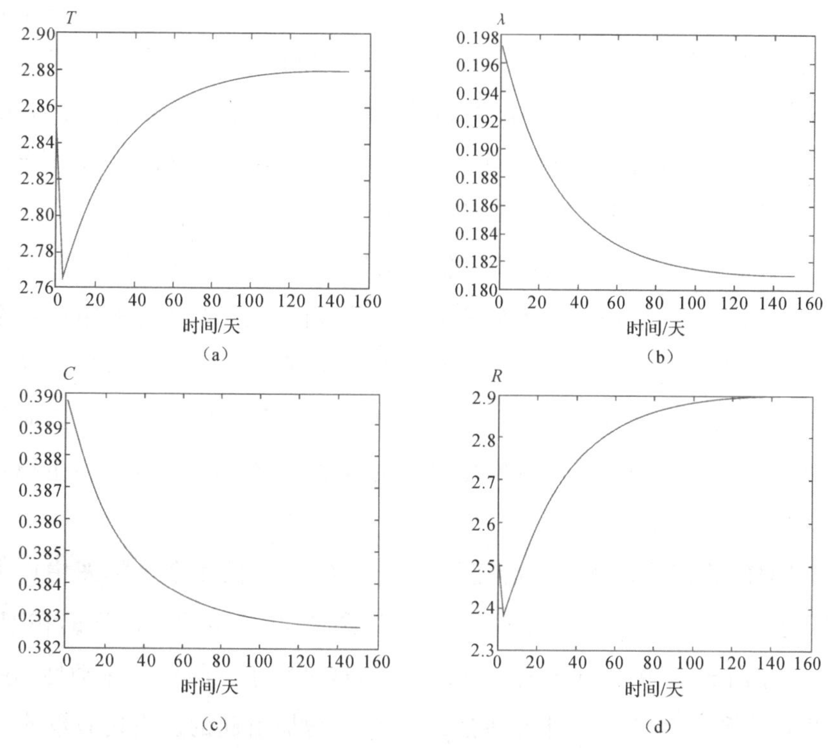

图 10.5　贸易自由化政策引致的宏观变量变动

图 10.5 中 4 个坐标图分别展示了模型核心变量 T、λ、C 和 R 在确定性外生冲击影响下的变动。在图 10.5(a)中，T 的数值由于受到外生冲击的影响，首先出现了较明显的下降，从 2.86 降低至接近 2.76，随后由于模型的自稳定机制，T 的数值缓慢上升，并最终达到了比原值更高的位置，反映了模型对 T 值突然下降产生的过度反应。图 10.5(b)和图 10.5(c)坐标图中的变量 λ 与 C 表现出了相似的变化轨迹，即随着 T 值的上升，制造业份额 λ 与消费约束 C 逐渐下降，并最终稳定在了新的稳态值上。图 10.5(d)坐标图中的变量——适当外汇储备 R 的趋势则与 T 相似，先

减少，而后则不断上升并明显地超过了初始值，说明了 R 值对外生冲击的敏感性。图 10.5清晰地描述了中国单独实施贸易自由化政策对中国宏观环境可能产生的效果。在贸易自由化政策实施的初期，由于中国进口产品贸易成本降低，更多的进口产品会进入中国的市场，从而造成暂时性的进口增长，体现为经常账户余额的下降以及适当外汇储备均衡值的减少。然后，本国的产业发展与经济增长并未随着"冰山成本"的降低而提高，这使得中国的外汇储备减少体现为净损失，且又因为模型的自稳定机制，本国"冰山成本"自发调整，逐步上升，并最终到达了新的稳态。由此可证得命题 1，单独实施贸易自由化政策是无效的，且可能因为"超调"效应使得中国进口商品的贸易成本进一步升高。

其次，我们将对参数国际资本流动性 τ 提供一个确定性外生冲击 0.05。基于与贸易自由化政策模拟相同的理由，金融自由化政策所导致的确定性外生冲击被视为自由贸易港建设对中国整体资本市场流动性的部分影响。另外，我们将不对本国"冰山成本"T 提供外生冲击，而是通过对模型参数的调整观测模型自稳定机制下，本国宏观变量内生稳定的效果(图 10.6)。

同样，我们将模型的核心变量分配在图 10.6 的 4 个坐标图中以方便观察。从图 10.6(a)中 T 的变动可以看出，在外生冲击产生的初期，本国"冰山成本"T 出现了暂时性的提升，这是由于国际资本流动性 τ 的外生冲击所导致的适当外汇储备 R 的突然增加引起的。由比较静态分析可知，T 与 λ 呈反比，λ 与 R 呈反比，由此可推导得 T 与 R 呈正比，所以 R 值的突然增加会引起 T 的同趋势变动，并接连地引起 λ 值与 C 值的瞬时降低。在经历了短暂的逆向波动后，模型的自稳定机制会积极地调整本国"冰山成本"T 直至新的稳态。在新的稳态下，由于贸易成本的降低，本国制造业呈现出良性的发展，制造业份额 λ 与消费约束 C 都高于原值，但本国进口额的增加也会导致适当外汇储备 R 的减少。由此，可证得命题 2，金融自由化与贸易自由化的共同实施能够促进中国经济发展。

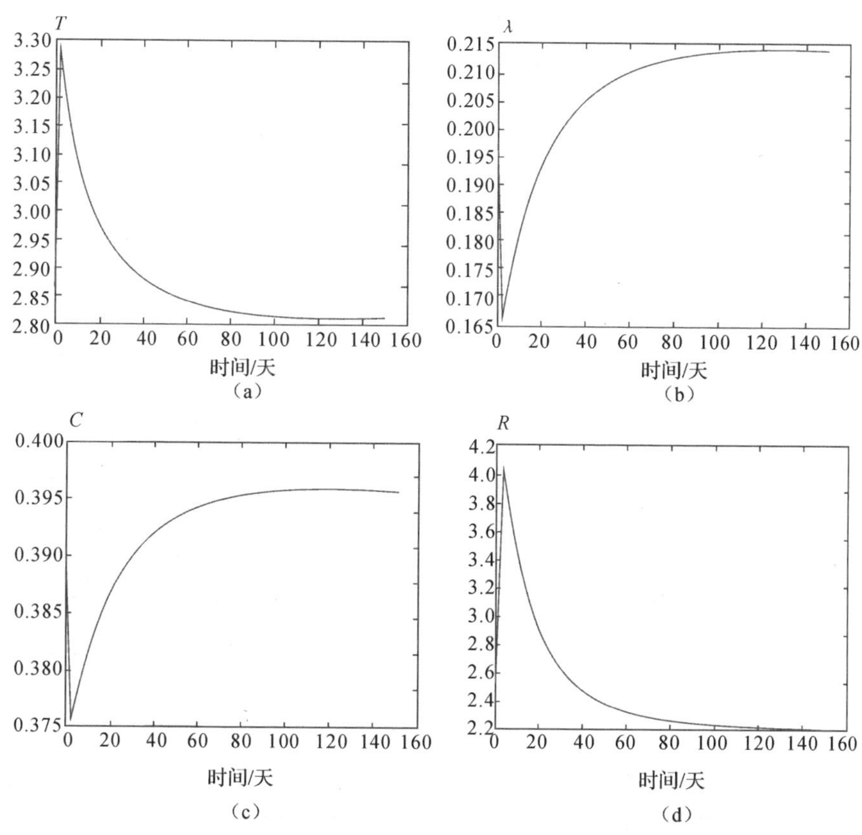

图 10.6 贸易自由化与金融自由化政策引致的宏观变量变动

为了更清晰地展现出独立的贸易自由化政策和贸易自由化与金融自由化配套政策的区别，我们将两次模拟的稳态值结果列示于表 10.3。表 10.3 中稳态值一列与表 10.2 的数值相同，即参数设定条件下的仿真模拟结果。政策模拟 1 一列为独立的贸易自由化政策的稳态值，政策模拟 2 一列为贸易自由化与金融自由化共同实施的稳态值。两列变动比例分别为两次政策模拟稳态值相比于原稳态值的变动比例。比较两次政策模拟的结果，独立的贸易自由化政策所引起的“超调”反应对模型的稳态值影响不大，且由于本国“冰山成本”T 的变动偏离对称均衡位置，因此名义工资 W、W_w 呈现出同方向的变动，适当外汇储备 R 出现了较明显的增幅；贸易自由化与金融自由化共同实施所引起的政策效果是在参数调整与模型自稳定机制共同作用下实现的，本国的产业发展目标得到了实现，经济体量增加，适当外汇储备 R 出现了小幅度的降低。

表 10.3 政策仿真模拟值与变动百分比

变量	稳态值	政策模拟 1	模拟 1 变动比例/%	政策模拟 2	模拟 2 变动比例/%
T	2.8606	2.8807	0.70	2.8118	−1.71
λ	0.1976	0.1809	−8.45	0.2134	8.00
C	0.3897	0.3826	−1.82	0.3957	1.54
C_w	0.6508	0.6640	2.03	0.6501	−0.11
P	1.8955	1.9502	2.89	1.7639	−6.94
P_w	1.1766	1.1816	0.42	1.2080	2.67
W	1.2900	1.3224	2.51	1.2565	−2.60
W_w	1.0408	1.0555	1.41	1.0597	1.82
R	2.5042	2.8982	15.73	2.3641	−5.59
S	0.8069	0.7981	−1.09	0.8434	4.52
S_w	1.2394	1.2529	1.09	1.1857	−4.33
i	0.0380	0.0380	0.00	0.0380	0.00
i_w	0.0150	0.0150	0.00	0.0150	0.00

命题 1 和命题 2 的论证为自由贸易港的政策实施提供了初步建议与理论依据。自由贸易港的建设需要兼顾国际贸易市场与国际资本市场两个方面，充分实现自由贸易港内的贸易自由化与金融自由化，实施境外货物自由流动、免征关税、境外资金自由流动、无外汇管制等一系列政策措施。以此实现自由贸易港建设的使命，促进全国的经济发展，享受经济全球化为中国带来的直接利益。

（四）自由贸易港建设受外生冲击的影响分析

通过对贸易成本内生化的“中心-外围”模型提供确定性外生冲击的方式，我们完成了对命题 1 和命题 2 的论证，确定了贸易自由化与金融自由化配套政策的有效性。仿真模拟结果深度契合自由贸易港建设的指导思想与政策使命，强化了对自由贸易港建设与中国经济增长的愿景。然而，通过自由贸易港这一国际化平台，中国国内的经济金融市场将进一步融入国际市场，也更有可能受到国际政策冲击的影响，从而引起本国宏观变量的波动。为了排除这一顾虑，证实自由贸易港建设对本国宏观环境的稳定作用，我们将通过向模型提供随机性外生冲击的方式，分析政策实施前后，中国宏观变量对国际政策环境变动的敏感性，并以兹作为对命题3的论证。我们将提供三种国际政策变动的随机性外生冲击，包括：紧缩性的国际货币政策，表现为国际基准利率 r_{w0} 的提高；扩张性的国际货币政策，表现为国际通货膨胀值 π_w 的提高；保护性的国际贸易政策，表现为世界“冰山成本”T_w 的提高。

1. 紧缩性的国际货币政策

首先，我们检测紧缩性的国际货币政策对本国产业区位造成的影响。我们假设国际基准利率 r_{w0} 为随机性外生冲击，服从 $AR(1)$ 过程[①]：

$$\ln(r_{w0,t})=(1-\rho)\ln(r_{w0})+\rho\ln(r_{w0,t-1})+\varepsilon_{r,t}.$$

其中，ρ 为 r_{w0} 的自回归系数，取值0.95，ε_r 为白噪音过程，均值为0，标准差为0.01，模拟结果如图10.7所示。

在图10.7中，我们展示了在紧缩性的国际货币政策外生冲击下，本国主要宏观变量的变化趋势。由于国际基准利率 r_{w0} 的提高，国际资本从本国资本市场流向国际资本市场，造成本国适当外汇储备 R 的持续下降。为保持国际收支平衡，本国“冰山成本”T 相应下降，通过经常账户余额的增加来弥补资本账户余额的减少。在冲击发生的整个过程中，本国的产业区位分配与经济发展出现了暂时性繁荣，制造业产品成本降低，本国汇率增长，货币购买力提升。当冲击结束后，各宏观变量将回归原稳态值。通过比较图10.7中实线与虚线的波动幅度，可以发现，除了本国“冰山成本”T 在配套政策实施后敏感性高于配套政策实施前，其余的宏观变量都表现出对紧缩性的国际货币政策的稳健性。上述趋势的形成原因已在比较静态分析中提及，即 T 的值越趋近于 T_w，λ 的变化程

① 一阶自回归过程。

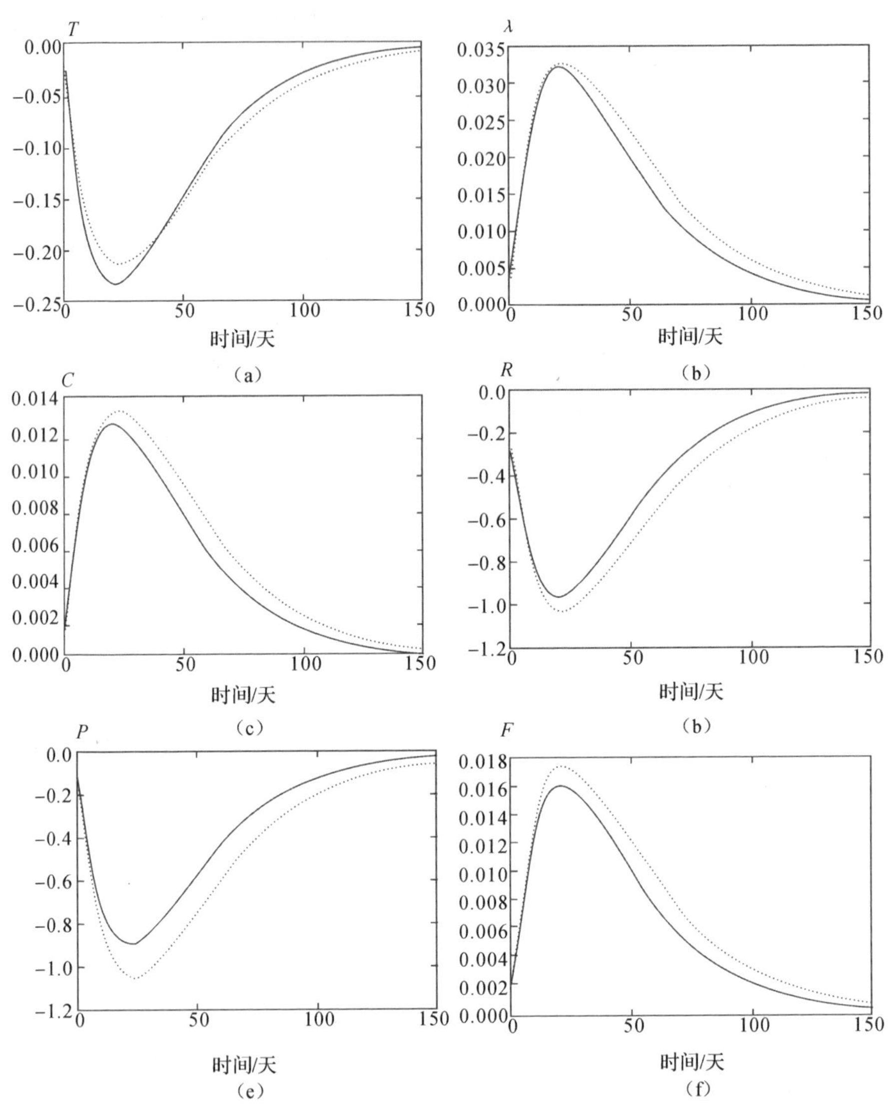

图 10.7 紧缩性的国际货币政策外生冲击模拟

注:虚线代表贸易自由化与金融自由化配套政策实施前的宏观经济稳态,实线代表政策实施后的宏观经济稳态。

度越小。同理,当 T 接近 T_w 时,λ 的小幅度改变就将造成 T 值较大的变化。

2. 扩张性的国际货币政策

其次,我们检测扩张性的国际货币政策对本国产业区位造成的影响。我们假设国际基准利率 π_w 为随机性外生冲击，函数形式如下：

$$\pi_{w,t}=\left(\frac{P_{w,t}}{P_{w,t-1}}\right)^{\mu}e\varepsilon_{\pi,t}.$$

其中，$\varepsilon_{\pi,t}$ 为 t 时的白噪音过程，均值为 0，标准差为 0.01，模拟结果如图 10.8所示。

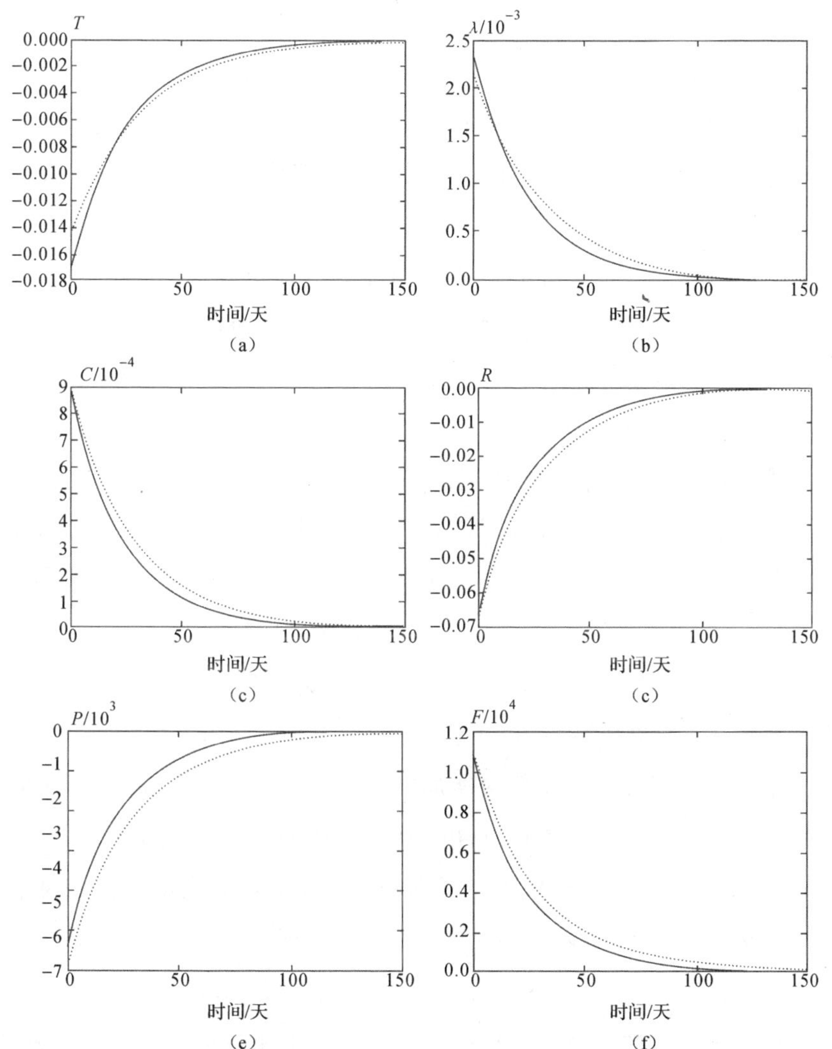

图 10.8　扩张性的国际货币政策外生冲击模拟

注：虚线代表贸易自由化与金融自由化配套政策实施前的宏观经济稳态，实线代表政策实施后的宏观经济稳态。

扩张性的国际货币政策以通货膨胀的形式表现，由于模型中假设劳动力不存在“货币幻觉”，因此这一措施会直接导致本国制造业份额 λ 的短暂激增，消费约束 C 的增加与本国“冰山成本”T 的减少，本国制造业价格指数 P 的降低以及本国汇率 S 的上升。从整体趋势上看，扩张性的国际货币政策与紧缩性的国际货币政策对本国的产业区位分配产生了相似的效果，这是因为在货币中性条件下，国际货币通货膨胀并不会对国际制造业产出份额$(1-\lambda)$产生正效果(Lucas，1972)，反而造成了劳动力的流失，促进了本国的产业发展。与国际基准利率造成的外生冲击结果不同，国际通货膨胀造成的影响更直接，因此，图形中不存在宏观变量波动的先扩张再收缩的过程，而是直接从非稳态值向稳态值调整。同样，通过比较图 10.8 中实线与虚线的波动幅度，可以证明，本国宏观变量在贸易自由化与金融自由化配套政策实施后表现出对扩张性的国际货币政策的稳健性。

3. 保护性的国际贸易政策

最后，我们检测保护性的国际贸易政策对本国产业区位造成的影响。我们假设世界“冰山成本”T_w 为随机性外生冲击，服从 $AR(1)$ 过程：

$$\ln(T_{w,t})=(1-\rho)\ln(T_w)+\rho\ln(T_{w,t-1})+\varepsilon_{T,t}.$$

其中，ρ 为 T_w 的自回归系数，取值 0.95，ε_T 为白噪音过程，均值为 0，标准差为 0.01，模拟结果如图 10.9 所示。

保护性的国际贸易政策会增加本国制造业产品的贸易成本，从而在短期内迫使本国“冰山成本”T 相应提高，适当外汇储备的数量也会增加，对本国的经济发展造成不良的影响。基于本国政府的最优化决策对国际贸易成本增加的反应，本国“冰山成本”逐渐下降直至低于原稳态值，这一状态对本国产业区位分配是有利的，暴露出贸易保护主义政策在长期上的无效性。同样，通过比较图 10.9 中实线与虚线的波动幅度，可以证明，本国宏观变量在贸易自由化与金融自由化配套政策实施后表现出对保护性的国际贸易政策的稳健性。尤其值得关注的是图 10.9(e)中价格指数 P 的波动趋势，相比于政策实施前(虚线)，政策实施后

(实线)的波动幅度更小,且波动起始位置位于0点下方。价格指数 P 的减少反映了产品生产成本的降低与社会福利水平的提高。这进一步体现了自由贸易港建设对本国宏观环境的稳定作用。

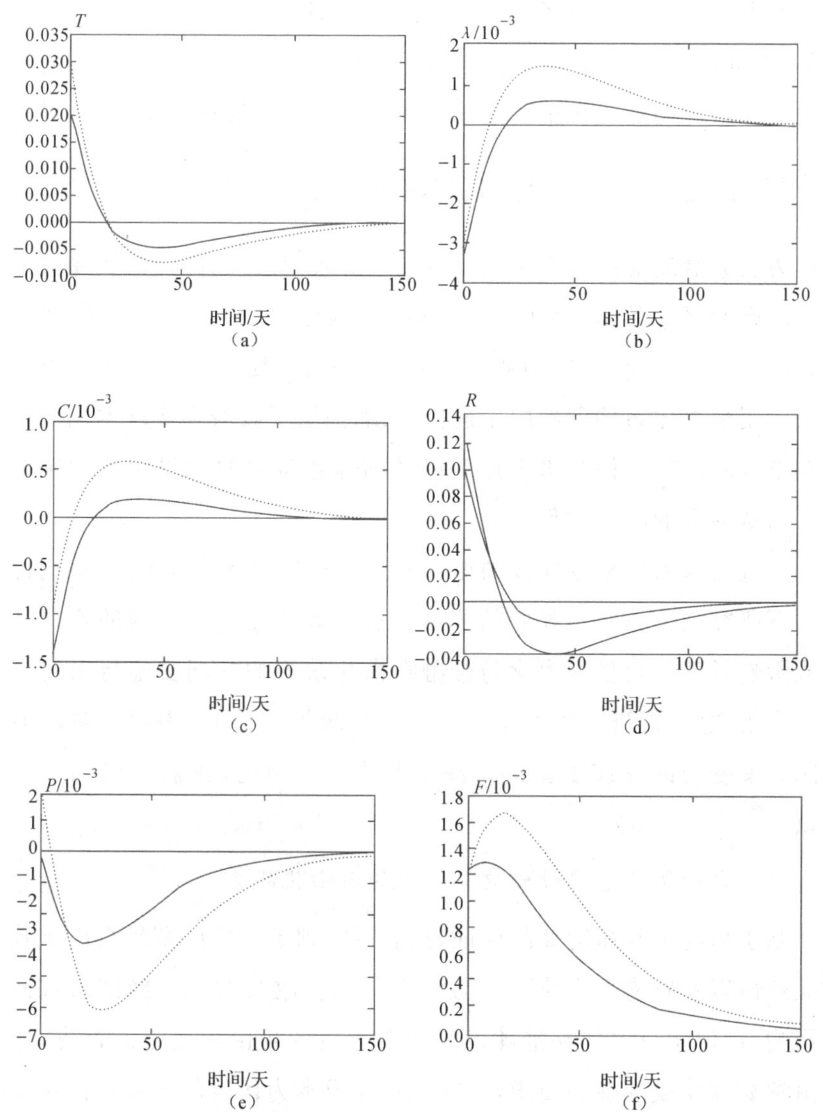

图 10.9　保护性的国际贸易政策外生冲击模拟

注:虚线代表贸易自由化与金融自由化配套政策实施前的宏观经济稳态,实线代表政策实施后的宏观经济稳态。

结合命题1、命题2和命题3的研究结论,我们证明,自由贸易港的建设不仅能够促进中国对外贸易发展,提升中国国际收支水平,扩大中国产业区位规模,推进中国市场主动开放战略,提高中国经济发展速度,还能够深化中国金融市场改革,稳定国内与国际宏观环境,实现中国在贸易、投资、金融、运输等重要环节内与国际惯例接轨。自由贸易港建设对中国在新时期深入实施国家发展战略具有重大战略意义。

四、自由贸易港建设的政策建议

为能够恰当地模拟自由贸易港建设的政策效果,即降低贸易成本所引致的产业聚集效应,我们以 Krugman 两地区"中心-外围"模型为基础,并纳入政府执政效用函数与国际收支平衡,使得贸易成本成为政府执政效用最大化条件下的内生选择,从而描绘了政府为实现本国产业区位调整、经济增长、福利水平提升以及国际竞争力的增强而自发选择建设自由贸易港的决策过程。

通过对自由贸易港建设的比较静态分析与动态仿真模拟,我们得到了如下研究结论:第一,独立的贸易自由化政策无法对中国的宏观经济造成影响;第二,贸易自由化与金融自由化政策的共同实施将引发产业区位聚集效应,促进中国经济增长;第三,政策实施后,中国宏观环境对国际政策变动的反应更稳健。基于上述研究结论,我们提出如下政策建议:

(一)自由贸易港建设需要全方位的自由化战略

基于命题1和命题2的论证,我们观察到了独立的贸易自由化政策的无效性以及贸易自由化与金融自由化配套政策对中国经济宏观面的正影响,这说明自由贸易港建设需要全方位的自由化政策。首先,作为自由贸易港建设的核心要求,以降低贸易成本为代表的贸易自由化政策是势在必行的,为了保证贸易自由化政策的有效性,就需要自由贸易港内部实施开放的金融自由化措施作为配套。通过贸易与金融、货物与资本两个流通渠道的共同开放,自由贸易港建设的产业聚集效应才能够形成,自由贸易港建设对宏观经济的一系列正向效果才能够体现。由此可知，只有坚持实施全方位对外开放的自由化战略，才能将自由贸易港建设成为中国沿海地区重要的海上开放门户与共享全球化利益的核心平台。

（二）自由贸易港建设有利于中国宏观环境的稳定

基于命题3的论证，我们观察到，当中国宏观环境受到国际政策外生冲击影响时，建设自由贸易港能使中国主要宏观变量表现得更为稳健。自由贸易港作为中国与国际交流与合作的重要枢纽，有利于国内市场与国际市场的进一步融合。这有助于中国积极发挥市场自身的稳定调节机制，有效减少要素流动摩擦，降低政府监管成本，使中国能更从容地应对国际贸易政策与货币政策冲击对中国宏观环境造成的影响，为中国经济新一轮的发展提供更稳定的环境。由此可见，自由贸易港建设是开放性与稳健性并行的，符合“以开放促改革、促发展”的战略要求。

（三）自由贸易港建设能够提升中国的产业聚集力

基于对自由贸易港建设的动态仿真模拟结果，我们观察到，降低本国贸易成本能够有效提升制造业聚集力，这表现为贸易自由化与金融自由化政策所引发的以自由贸易港为中心的产业引力的增强。自由贸易港的建设能够降低国际贸易成本，加快国际资本流动，扩张产业区位份额，强化中国的产业聚集力和向心力。自由贸易港将成为中国吸纳国际创新思维和先进产业要素的重要窗口，汇聚全球第三次工业革命力量，成为全球海洋产业供应链的管理中枢，形成以海洋经济为核心的高端产业聚集。

（四）自由贸易港建设能够成为中国经济发展的新引擎

基于对自由贸易港建设的动态仿真模拟结果，我们观察到，随着中国产业引力的增强，其经济发展将得到进一步的促进，这表现为贸易自由化与金融自由化政策对中国经济规模的提升与对异质性产品需求的扩大。自由贸易港的建设能够激发市场潜在活力，拓展产品需求种类，推进企业自主创新能力，调整优化产业结构，将自由贸易港构建成为长三角地区重要的经济增长极。在国际上，自由贸易港容纳全球不同所有制、不同产业类型的企业进驻。在国内，自由贸易港分享中国经济发展红利，积极与国内各个地区进行经济互动。自由贸易港海纳百川、兼容并蓄的发展模式，为经济发展注入新的红利，有利于实现包容性增长的宏伟目标。

（五）自由贸易港建设能够提升中国的国际地位与国际话语权

基于对自由贸易港建设的动态仿真模拟结果，我们观察到，中国实施贸易自由化措施，将吸引更多产业入驻中国市场，从而降低产品的生产成本，提升本国产品竞争力，同时提升汇率，增强本国货币购买力，这一过程可以视为国际战略利益再分配的抽象表达。纵观国际格局的风云变化，产业区位的重组在其中扮演着重要的作用，正如前文所提及的事实依据，英、美在鼎盛时期的制造业份额都曾接近过全球的45%。如今，正值国际体系重构的重要时期，又恰逢中华民族崛起的关键时期，自由贸易港的建设对于中国进一步参与全球产业链重构、国际规则改革与国际秩序的调整有着重大意义。自由贸易港的建设将使中国在全球博弈中占据优势地位，是中国提升国际话语权和谋求发展权利的战略举措。

综上所述，我们通过推导和拓展新经济地理学的重要模型“中心-外围”模型，从多个方面分析和模拟了自由贸易港建设的政策影响。我们认为，自由贸易港必能肩负中国坚持改革开放和发展的重要使命，对中国实现经济发展增速、金融环境稳定、产品需求扩张、产业区位拓展、国际地位提升具有显著的战略价值。

参考文献

[1] 曹建明.关税与贸易总协定[M].北京:法律出版社,1994.

[2] 陈浪南,童汉飞,谢绵陛.世界自由贸易区发展模式比较[J].税务研究,2005(8):87-90.

[3] 陈伟光."一带一路"建设与提升中国全球经济治理话语权[M].北京:人民出版社,2017.

[4] 陈永山,汪慕恒,郭哲民,等.世界各地的自由港和自由贸易区[M].厦门:厦门大学出版社,1988.

[5] 陈雨露,罗煜.金融开放与经济增长:一个述评[J].管理世界,2007(4):138-147.

[6] 陈章喜.世界自贸园区模式比较与横琴自贸园区的定位[J].中共珠海市委党校珠海市行政学院学报,2015(3):67-71.

[7] 成思危.从保税区到自由贸易区:中国保税区的改革与发展[M].北京:经济科学出版社,2003.

[8] 崔卫杰.正确认识自由贸易港的发展方向[J].海外投资与出口信贷,2017(6):8-12.

[9] 丁嘉伦."逆全球化"背景下中国金融如何安全平稳开放[J].国际融资,2017(9):39-42.

[10] 丁一兵.离岸市场的发展与人民币国际化的推进[J].东北亚

论坛,2016(1):21－30.

[11] 杜强.论世界自由港的发展[J].国际贸易问题,1991(10):20－24,49.

[12] 敦志刚.全球自由贸易园区的比较研究及对中国的借鉴[D].北京:中共中央党校,2016.

[13] 樊茹月.人民币国际化对我国经济的影响探究[J].时代经贸,2017(36):9－10.

[14] 冯其予.全面新格局加快形成[N].经济日报,2018－03－04(1)。

[15] 冯茜,杨建全.上海自贸区税制改革经验对西安的启示[J].知识经济,2017(20):26.

[16] 冯宗宪,王珏,王华.丝绸之路经济带建设的区域差异化研究——基于可变交易成本的区域均衡模型[J].西安交通大学学报(社会科学版),2015(3):6－12.

[17] 傅元海,唐未兵,王展祥.FDI溢出机制、技术进步路径与经济增长绩效[J].经济研究,2010(6):92－104.

[18] 高海红,余永定.人民币国际化的含义与条件[J].国际经济评论,2010(1):46－64.

[19] 高凛.自贸试验区负面清单模式下事中事后监管[J].国际商务研究,2017(1):30－40.

[20] 谷源洋.世界自由港的发展与演变[J].世界经济,1987(10):29－33.

[21] 管晓明.人民币国际化稳步推进[J].中国金融,2016(21):36－37.

[22] 贵丽娟,胡乃红,邓敏.金融开放会加大发展中国家的经济波动吗?——基于宏观金融风险的分析[J].国际金融研究,2015(10):43－54.

[23] 郭信昌.世界自由港和自由贸易区概论[M].北京:北京航空学院出版社,1987.

[24] 郭兴艳. 香港:全世界最开放的自贸港[J]. 中国中小企业,2013(9):70-71.

[25] 海关总署. 关于简化和协调海关制度的国际公约(京都公约)[M]. 北京:中国海关出版社,2003.

[26] 韩永辉,罗晓斐,邹建华. 中国与西亚地区贸易合作的竞争性和互补性研究——以"一带一路"战略为背景[J]. 世界经济研究,2015(3):89-98,129.

[27] 洪山. 世界自由港的发展及其特点[J]. 对外经贸实务,1996(10):32-35.

[28] 胡鞍钢. 高关税贸易引起净损失的估计(1987—2000)[M]//胡鞍钢,主编. 国情报告. 北京:党建读物出版社,2012:303-307.

[29] 胡凤乔. 世界自由港演化与制度研究[D]. 杭州:浙江大学,2016.

[30] 胡加祥. 国际投资准入前国民待遇法律问题探析——兼论上海自贸区负面清单[J]. 上海交通大学学报(哲学社会科学版),2014(1):65-73.

[31] 黄汉生. 世界自由港的历史演变及其发展特点[J]. 南洋问题研究,1992(4):49-56.

[32] 黄建忠,陈子雷,蒙英华,等,编. 中国自由贸易试验区研究蓝皮书(2016)[M]. 北京:经济科学出版社,2017.

[33] 黄玲. 金融开放的多角度透视[J]. 经济学(季刊),2007(2):421-442.

[34] 黄茂兴. 供给侧结构性改革与中国自贸试验区制度创新[M]. 北京:经济科学出版社,2017.

[35] 黄先海,陈航宇. "一带一路"的实施效应研究——基于 GTAP 的模拟分析[J]. 社会科学战线,2016(5):39-49.

[36] 黄先海,陈航宇. 自由贸易试验区与开放倒逼改革[J]. 江海学刊,2017(1):77-82.

[37] 黄先海,胡馨月,陈航宇. 知识产权保护、创新模式选择与我国贸易扩展边际[J]. 国际贸易问题,2016(9):110-120.

[38] 黄先海，余骁．以“一带一路”建设重塑全球价值链[J]．经济学家，2017(3)：32－39.

[39] 黄志刚，郭桂霞．资本账户开放与利率市场化次序对宏观经济稳定性的影响[J]．世界经济，2016(9)：3－27.

[40] 黄志勇，李京文．实施自由贸易港战略研究[J]．宏观经济管理，2012(5)：31－33.

[41] 李金珊，胡凤乔．国际关系体系下欧洲关税制度的变迁与自由港功能形态的演化[J]．浙江大学学报（人文社会科学版），2014(6)：85－97.

[42] 李婧．从跨境贸易人民币结算看人民币国际化战略[J]．世界经济研究，2011(2)：13－19.

[43] 李凯杰．中国自由贸易试验区向自由贸易港转变研究[J]．国际经济合作，2017(12)：35－39.

[44] 李力．世界自由贸易区研究[M]．北京：改革出版社，1996.

[45] 李力．中国保税区应向自由贸易区转型[J]．特区实践与理论，2001(6)：31－32，40.

[46] 李善民．中国自由贸易试验区发展蓝皮书[M]．广州：中山大学出版社，2016.

[47] 李向阳．构建“一带一路”需要优先处理的关系[J]．国际经济评论，2015(1)：54－63.

[48] 李泽广，吕剑．金融开放的“数量效应”与“质量效应”再检验——来自跨国的经验证据[J]．国际金融研究，2017 (4)：56－65.

[49] 李忠民，刘育红，张强．“新丝绸之路”交通基础设施、空间溢出与经济增长——基于多维要素空间面板数据模型[J]．财经问题研究，2011(4)：116－121.

[50] 梁琦，钱学锋．外部性与集聚：一个文献综述[J]．世界经济，2007(2)：84－96.

[51] 林乐芬，王少楠．“一带一路”建设与人民币国际化[J]．世界经济与政治，2015(11)：72－90.

[52] 林雄.中国自贸区建设与国际经验[M].广州:中山大学出版社,2016.

[53] 刘秉镰,章彰.港口与保税区一体化的经济效益分析[J].南开经济研究,1997(3):32-37.

[54] 刘恩专.我国保税区发展的历史回顾与绩效评价[M].北京:经济科学出版社,2013.

[55] 刘恩专.新时期自由贸易港区建设的若干思考[J].港口经济,2008(10):23-26.

[56] 刘金全,于冬,张成军.我国国际资本流动性程度和非流动性原因的度量与检验——来自中美日三国消费模式对比的经验证据[J].财经研究,2006(3):82-92.

[57] 刘金全,张小宇.时变参数"泰勒规则"在我国货币政策操作中的实证研究[J].管理世界,2012(7):20-28.

[58] 刘晓琴.自由贸易港 经济开放新引擎[J].海运纵览,2017(11):20-22.

[59] 刘重.国外自由贸易港的运作与监管模式[J].交通企业管理,2007(3):35-36.

[60] 马庆强.基于人民币国际化的自贸试验区跨境人民币政策研究[J].新金融,2016(3):40-43.

[61] 庞明川,朱华,刘婧.基于准入前国民待遇加负面清单管理的中国外资准入制度改革研究[J].宏观经济研究,2014(12):12-18.

[62] 彭红枫,陈文博,谭小玉.人民币国际化研究述评[J].国际金融研究,2015(10):12-20.

[63] 乔依德,李蕊,葛佳飞.人民币国际化:离岸市场与在岸市场的互动[J].国际经济评论,2014(2):93-104,6.

[64] 商务部国际贸易经济合作研究院课题组.中国(上海)自由贸易试验区与中国香港、新加坡自由港政策比较及借鉴研究[J].科学发展,2014(9):5-17.

[65] 上海财经大学.全球100个自由贸易区概览[M].上海:上海

财经大学出版社，2013.

[66] 申现杰，肖金成. 国际区域经济合作新形势与我国“一带一路”合作战略[J]. 公安研究，2015(5)：93 - 94.

[67] 沈世顺. 世界自由港和自由贸易区[J]. 国际问题研究，1984(3)：50 - 61.

[68] 沈玉良，彭羽. 上海自由贸易试验区建设自由贸易港区路径分析[J]. 上海经济，2017(4)：5 - 11.

[69] 施琍娅. 金融服务“对接”自贸港建设[J]. 中国外汇，2017(24)：41 - 43.

[70] 石建勋，孙亮. 人民币在岸-离岸汇率波动性问题研究：特征、诱因与对策[J]. 现代财经-天津财经大学学报，2017(5)：3 - 15.

[71] 陶雄华，谢寿琼. 金融开放、空间溢出与经济增长——基于中国31省份数据的实证研究[J]. 宏观经济研究，2017(5)：10 - 20.

[72] 田珍. 中国建设自由贸易港的战略意义与发展措施[J]. 国际经济合作，2017(12)：29 - 34.

[73] 佟家栋. 中国自由贸易试验区的改革深化与自由贸易港的建立[J]. 国际商务研究，2018(1)：13 - 18.

[74] 汪健，林国龙. 新加坡港航体系信息化研究[J]. 物流技术，2016(5)：55 - 59.

[75] 汪洋. 推动形成全面开放新格局[N]. 人民日报，2017 - 11 - 10(4).

[76] 王朝勇，孙延风，裴志利. 人民币跨境贸易结算的问题与对策[J]. 税务与经济，2015(3)：22 - 25.

[77] 王晓红. 推动形成对外直接投资发展新局面[N]. 光明日报，2018 - 01 - 30(11).

[78] 吴卫锋. 新兴市场国家在金融开放与经济增长关系中的作用——兼论对中国金融开放的启示[J]. 山西财经大学学报，2012(11)：33 - 45.

[79] 谢平，罗雄. 泰勒规则及其在中国货币政策中的检验[J]. 经济

研究,2002(3):3-12.

[80] 许德翔,邵李津.福建自贸试验区投资便利化实践与探索——基于创新驱动视角[J].福建金融,2017(11):30-35.

[81] 薛安伟.要素流动视角下中国产业升级的路径研究[D].上海:上海社会科学院,2015.

[82] 余淼杰.加工贸易、企业生产率和关税减免——来自中国产品面的证据[J].经济学(季刊),2011(4):1251-1280.

[83] 余淼杰.中国的贸易自由化与制造业企业生产率[J].经济研究,2010(12):97-110.

[84] 袁新涛."一带一路"建设的国家战略分析[J].理论月刊,2014(11):5-9.

[85] 张富强.关于中国自贸区税制设计可复制性的法律思考[J].社会科学战线,2015(2):219-227.

[86] 张释文,程健.我国自由贸易港建设的思考[J].中国流通经济,2018(2):91-97.

[87] 张小波,傅强.金融开放对中国经济增长的效应分析及评价——基于中国1979—2009年的实证分析[J].经济科学 2011(3):5-16.

[88] 赵爱玲.建设自由贸易港,助力全面开放新格局[J].中国对外贸易,2017(11):70-71.

[89] 钟坚.美国对外贸易区的发展模式及其运行机制[J].特区经济,2000(6):27-29.

[90] 周海成.上海自贸区金融改革创新助推人民币国际化[J].时代金融,2017(29):85-86.

[91] 朱凯杰,杨斌.中国四大自贸区域投资环境比较[J].价格月刊,2017(5):86-90.

[92] 邹俊善.自由港专题系列研究之一——自由港经济影响的分析(上)[J].水运管理,1992(1):44-47.

[93] AGARWAL J P. Optimal monetary reserves for developing

countries[J]. Review of world economics,1971(1):76 - 91.

[94] AMARJIT KAUR. Labour migration in Southeast Asia: migration policies,labour exploitation and regulation[J]. Journal of the Asia-Pacific economy,2010(1):6 - 19.

[95] Asian Development Bank (ADB), Asian Development Bank Institute (ADBI). Infrastructure for a seamless Asia[M]. Tokyo: ADBI,2009.

[96] BALDWIN R, VENABLES A J. Spiders and snakes: offshoring and agglomeration in the global economy[J]. Journal of international economics,2013(2):245 - 254.

[97] BERNARD, REDDING, SCHOTT. Multi-product firms and trade liberalization[J]. Quarterly journal of economics, 2011(3): 1271 - 1318.

[98] BLOOM, SCHANKERMAN, VAN REENEN. Identifying technology spillovers and product market rivalry[J]. Econometrica, 2013(4):1347 - 1393.

[99] DIXIT A K, STIGLITZ J E. Monopolistic competition and optimum product diversity[J]. American economic review,1977(3):297 - 308.

[100] ECKEL C, NEARY J P. Multi-product firms and flexible manufacturing in the global economy[J]. Review of economic studies, 2010 (1):188 - 217.

[101] EDWARDS S. Capital mobility and economic performance: are emerging economies different? [J]. NBER working papers,2001.

[102] FLEMING J M. Domestic financial policies under fixed and under floating exchange rates[J]. Staff papers,1962(3):369 - 380.

[103] FUJITA M,KRUGMAN P R,VENABLES A J. The spatial economy: cities, regions, and international trade[M]. Cambridge: MIT Press,2001.

[104] HELPMAN E. The size of regions[J]. Topics in public economics:theoretical and applied analysis,1998:33 - 54.

[105] HOPENHAYN H A. Entry,exit,and firm dynamics in long run equilibrium[J]. Econometrica,1992(5):1127 - 1150.

[106] ITO H. Is financial openness a bad thing? An analysis on the correlation between financial liberalization and the output performance of crisis-hit economies[J]. Social science electronic publishing,2004(32926).

[107] JOHNSON H G. The Monetary approach to balance-of-payments theory[J]. Journal of financial & quantitative analysis,1972(2):1555 - 1572.

[108] KENEN P B. Currency internationalization:an overview[J]. Bis papers chapters,2011(4):277 - 287.

[109] KRUGMAN P, VENABLES A J. Globalization and the inequality of nations[J]. Quarterly journal of economics,1995(4):857 - 880.

[110] KRUGMAN P. Geography and trade. Cambridge:MIT press,1991.

[111] KRUGMAN P. Increasing returns and economic geography [J]. Journal of political economy,1991(3):483 - 499.

[112] KRUGMAN P. Scale economies,product differentiation,and the pattern of trade[J]. American economic review,1980(5):950 - 959.

[113] LOWELL L B. Some developmental effects of the international migration of highly skilled persons[R]. Geneva:International Labor Office, 2002.

[114] LUCAS R E. Expectations and the neutrality of money[J]. Journal of economic theory,1972 (2):103 - 124.

[115] MACE B J. Full insurance in the presence of aggregate uncertainty[J]. Journal of political economy,1991 (5):928 - 956.

[116] MAYER T, MELITZ M, OTTAVIANO G. Market size, competition,and the product mix of exporters[J]. American economic

review,2014(2):495 - 536.

[117] MELITZ M J. The impact of trade on intra-industry reallocations and aggregate industry productivity [J]. Econometrica, 2003 (6): 1695 - 1725.

[118] MELITZ, BURSTEIN. Trade liberalization and firm dynamics [C]// Applied economics, econometric society monographs (vol. 2): Advances in Economics and Econometrics Tenth World Congress. Cambridge: Cambridge University Press.

[119] MELITZ, OTTAVIANO. Market size, trade, and productivity [J]. Review of economic studies, 2008(1):295 - 316.

[120] MOUNTFORD A. Can a brain drain be good for growth in the source economy? [J]. Journal of development economics, 1997 (2): 287 - 303.

[121] MUNDELL R A. Capital mobility and stabilization policy under fixed and flexible exchange rates[J]. Canadian journal of economics & political science, 1963(4):475 - 485.

[122] NOVY D. Is the iceberg melting less quickly? International Trade Costs after World War Ⅱ[J]. Social science electronic publishing, 2006.

[123] Organization U N I D. Export processing zones in developing countries[M]. Vienna: Industrial Development Organization, 1980.

[124] OTTAVIANO G, TABUCHI T, THISSE J F. Agglomeration and trade revisited[J]. International economic review, 2002 (2):409 - 435.

[125] PETRI P A, PLUMMER M G, ZHAI F. The trans-Pacific partnership and Asia-Pacific integration: a quantitative assessment[M]. Washington: Peterson Institute for International Economics, 2012.

[126] PUGA D. The rise and fall of regional inequalities [J]. European economic review, 1997(2):303 - 334.

[127] REDDING S J, BERNARD A B, Schott P K. Multi-product

firms and product switching[J]. American economic review,2010(1):70 - 97.

[128] ROBERT-NICOUD F, BALDWIN R, FORSLID R, et al. The core-periphery model: key features and effects[J]. Public policies & economic geography,2004(3):483 - 499.

[129] ROBERT-NICOUD F. The structure of simple "new economic geography" models[J]. Journal of economic geography,2005(2):201 - 234.

[130] RODRIGUE J P, Notteboom T. Dry ports in European and North American intermodal rail systems: two of a kind? [J]. Research in transportation business & management,2012(5):4 - 15.

[131] SAMUELSON P A. The transfer problem and transport costs: the terms of trade when impediments are absent[J]. Economic journal,1952 (246):278 - 304.

[132] SRIVASTAVA P. Regional corridors development in regional cooperation[R]. Manila: Asian Development Bank,2011.

[133] STARK O, HELMENSTEIN C, PRSKAWETZ A. A brain gain with a brain drain? [J]. Economic letters,1997 (2):227 - 234.

[134] TAYLOR J B. Discretion versus policy rules in practice[C]// Carnegie-Rochester Conference Series on public policy. Cambridge: Elsevier, 1993 : 195 - 214.

[135] TRIFFIN R. International versus domestic money[J]. American economic review,1947(2):322 - 324.

[136] VENABLES A J. Equilibrium locations of vertically linked industries[J]. Cepr discussion papers,1996(2):341 - 359.

索 引

Y

Z

图书在版编目（CIP）数据

中国特色自由贸易港发展战略研究 / 黄先海等著. —杭州：浙江大学出版社，2019.2
ISBN 978-7-308-18459-5

Ⅰ.①中… Ⅱ.①黄… Ⅲ.①自由贸易区—经济发展—研究—中国 Ⅳ.①F752

中国版本图书馆 CIP 数据核字(2018)第 172812 号

中国特色自由贸易港发展战略研究
黄先海 陈航宇等 著

责任编辑 杨利军
文字编辑 陈思佳
责任校对 刘 郡 李瑞雪
封面设计 项梦怡
出版发行 浙江大学出版社
（杭州市天目山路 148 号 邮政编码 310007）
（网址：http://www.zjupress.com）
排 版 杭州中大图文设计有限公司
印 刷 浙江省邮电印刷股份有限公司
开 本 710mm×1000mm 1/16
印 张 18
字 数 265 千
版 印 次 2019 年 2 月第 1 版 2019 年 2 月第 1 次印刷
书 号 ISBN 978-7-308-18459-5
定 价 58.00 元

浙江大学出版社市场运营中心联系方式：0571－88925591；http://zjdxcbs.tmall.com